Serge G. Fafalen

Docteur en droit, Avocat, Solicitor

MLaws/LLM, MA (Fin), MAS (Tech Mgmt)

Les désordres politiques du droit

Philosophie des jeux de règles
et des règles de jeux, en droit

Mars 2022

ROCKDALE LAW BOOKS

Hong Kong

47_22/2706

An imprint of ROCKDALE MANAGEMENT LIMITED, HONG KONG S.A.R.

www.rockdalaw.com | books+info@rockdalaw.com>

ISBN 978-988-75502-4-2

9 789887 550242

(Citation suggérée)

Serge G. Fafalen, *Les désordres politiques du droit,*

Rockdale Law Books, Hong Kong 2022

SUR L'AUTEUR

Docteur en droit et avocat genevois, titulaire de trois brevets d'avocat (Suisse, London & Wales et Hong Kong) et de trois Masters (MLaws/LLM en droit, MA en finance, HEC-EPFL MAS en gestion des technologies), l'auteur pratique le Barreau depuis 1984.

Il est établi à Hong Kong (Chine) depuis 2004, où il exerce au sein de son propre bureau d'avocats.

Il a siégé quinze années au Comité anti-blanchiment (*Anti-Money Laundering Committee*) de la Law Society of Hong Kong ; et il a été appointé Conseiller honoraire (*Honorary Legal adviser*) de la Hong Kong Exporters' Association (HKEA) en 2008.

Par le passé, il a aussi assumé les fonctions de : -Membre du *Professional Services Committee* du Hong Kong Trade Development Council (HKTDC), un Comité alors présidé par The Hon. Leung Chun-Ying (HKSAR Chief Executive 2012-2017, actuel CCPPC Vice-Chairman), puis par The Hon. Paul Chan Mo-po (actuel HKSAR Financial Secretary) ; -Chairman du *Europe Committee* de la Hong Kong General Chamber of Commerce (HKGCC), la plus importante Chambre de Commerce de Hong Kong ; -Président de la Chambre de Commerce de Suisse (Swisscham) à Hong Kong ; -Chairman du *Tax & Legal Committee* et membre du *Comité des Conseillers* de la Chambre de Commerce de France à Hong Kong ; -Représentant des Promotions Economiques du Canton de Fribourg, du Canton de Genève, puis du GGB[a] Invest Western Switzerland pour le Greater China, Hong Kong & Macao.

Il a aussi été l'Associé-en-charge de la succursale de Genève de l'une des plus importantes Etudes d'avocats de Suisse ; et un éphémère Associé de la deuxième plus grande firme d'avocats de Chine.

Il a également enseigné le droit en qualité d'*Adjunct Professor* dans une Université américaine à Genève.

Photo de couverture

MASQUE DU THÉÂTRE TRAGIQUE ANTIQUE

Masque en pierre (Rome, 1er-2ème siècle après J.-C.), copie d'un masque en lin porté par les acteurs du théâtre tragique, ayant probablement orné un édifice romain. Propriété de la 'Hamilton Collection' du British Museum. De 1764 à 1798, Sir William Hamilton (1730-1803) fut Ambassadeur de l'Empire britannique au Royaume de Naples et des Deux-Siciles, où il collectionna les objets d'art antique romain, notamment ceux excavés à Pompéi et à Herculanum, qui furent acquis par le Parlement de la Couronne à titre onéreux dès 1772 et subséquemment entrés dans les collections officielles du Musée.

NOTA BENE

Cet ouvrage fait partie d'une série de plusieurs volumes à éditer par ROCKDALE LAW BOOKS en 2022 et 2023, constituant une **seconde édition** de la trilogie du même auteur, intitulée *Quelle Morale pour la règle au XXIe siècle*, publiée en 2020 par l'éditeur juridique suisse SCHULTHESS MÉDIAS JURIDIQUES SA, dont ce volume reprend, de manière **révisée et abondamment augmentée**, les pages 1 à 64 (§§1-2 du Chapitre III) du *Volume 2 - Les Désordres du Droit* (ISBN 978-3-7255-8795-7).

Cet ouvrage a été mis sous presse avant l'intervention de la Russie en Ukraine, qui a débuté le 24 février 2022.

TABLE DES MATIÈRES

AVANT-PROPOS

Le 23 juillet 2020, depuis la Bibliothèque-Musée présidentielle 'Richard Nixon', de la ville de Yorba Linda en Californie, le Secrétaire d'Etat américain Michael (Mike) R. Pompeo, qui était alors Ministre des Affaires Etrangères des Etats-Unis d'Amérique, prononça un discours *urbi et orbi* aux accents philosophiques et prophétiques, qu'il intitula (en toute simplicité) :

« *La Chine Communiste et le Futur du Monde Libre* ». [1]

Qui eut pu croire que ce lieu avait été choisi au hasard, en vue de délivrer *la bonne parole* ?

Lors de la Présidentielle de 1968, alors que la rue était en flammes, marquant, par de violentes protestations, les virulentes oppositions populaires, pro-Démocrates et anti-Républicains, à la Guerre du Vietnam (1955-1975) et aux discriminations raciales (culminant avec l'assassinat, en avril 1968, du leader du 'Mouvement des droits civils', Martin Luther King Jr.), Richard Nixon, alors candidat des Républicains à la Présidence, Sénateur de Californie et ex-Vice-Président américain (1953-1961), *chercha à exploiter la très légitime angoisse populaire vis-à-vis du crime et du désordre.* [2]

Dans sa campagne de 1968, Richard Nixon avait en effet pris pour cheval de bataille un thème dénommé *Law & Order* (Loi & Ordre) : une déclaration de guerre au crime, en particulier ceux qui concernent les personnes et la propriété ; une ligne dure de politique criminelle, comprenant une militarisation des forces de police, la multiplication des poursuites pénales, des arrestations et des incarcérations de masse et le durcissement des politiques judiciaires relatives aux peines.

Or en 2020, face à l'effondrement de l'économie et aux désastres de politique diplomatique extérieure et de politique sanitaire intérieure, c'est bien le *modèle Law & Order* de Richard Nixon que le Président sortant, Donald J. Trump, alors candidat des Républicains à sa succession lors de la Présidentielle de 2020, tenta de *recycler* -mais sans y parvenir.

Ainsi, avec son discours de juillet 2020, dans des sanglots longs qui n'étaient pas sans rappeler ceux du *D-Day*, le Secrétaire d'Etat Mike Pompeo ne tenta-t-il pas de faire d'une pierre deux coups ? :

- mettant en garde le « *monde libre* » contre une menace venue de Chine ; et qui chercherait à perturber l'ordre international ; et
- mettant en garde l'Amérique contre l'élection de ses adversaires politiques (le ticket démocrate Joe Biden-Kamala Harris), qu'il prétendait incapables de faire face au désordre domestique.

> (Bible, *Marc* 11.23) *En vérité, je vous le dis, si un homme dit à la montagne : 'Ôte-toi de là et jette-toi dans la mer' ; et s'il ne doute pas en son cœur, mais qu'il y croit ; alors ce qu'il a dit s'accomplira.*

Et en *dommage collatéral* à cette déclaration (qui était autant déclaration de guerre que déclaration de foi) le fait de souligner toute la pertinence de la question qui sert de *fil conducteur* à cet ouvrage, et qui demande :

> *-Quels visages peut-on encore distinguer dans le miroir d'un droit de plus en plus flou, qui reflète une légalité et une moralité de plus en plus ridées ?*

En préliminaire, il faut bien entendre le son et les *tremolos* de ce prêche -qui résume tout l'essentiel des défis géopolitiques du vingt-et-unième siècle.

> (Pompeo) *C'est un honneur d'être ici à Yorba Linda, où le père de Nixon avait construit cette maison où il <le Président Nixon> est né et a grandi.*

Un lieu mythique ? Le *monde*, redevable à Richard Nixon et à sa famille de *Quakers* (un mouvement religieux, qui fut appelé *La Société des Amis*) ; endetté envers cet avocat, qui fut le trente-septième Président des Etats-Unis ?

Avec l'aide de son Conseiller à la Sécurité Nationale (et Prix Nobel de la Paix 1973), Henry Kissinger, Richard Nixon avait alors : (*i*) [USA/Chine] *Normalisé* les relations diplomatiques entre les Etats-Unis et la Chine en effectuant, en février 1972, une visite iconique en Chine, à Beijing, qui déboucha sur la géopolitique de la *'Chine Unique'* ; et (*ii*) [USA/URSS] *Pacifié* la course aux armements entre les Etats-Unis et l'URSS, en effectuant, en mai 1972, une visite à Moscou, qui déboucha sur les traités de limitation des armes stratégiques 'SALT I'. [3]

> (Pompeo) *Nous* [soit quatre haut fonctionnaires américains : -Mike Pompeo, le Ministre des Affaires Etrangères ; -Robert O'Brien, le Conseiller à la Sécurité Nationale ; -William Barr, le Ministre de la Justice ; et -Chris Wray, le Directeur du Service des Renseignements intérieurs et de la Police fédérale , le FBI] *avons un but clair, une véritable mission ;* [...] *<qui est> de rendre clair que les menaces que la 'China Policy' du Président Trump sont claires et que notre stratégie pour renforcer ces libertés a été établie.*

> *L'Ambassadeur O'Brien a parlé d'idéologie. Le Directeur Wray, d'espionnage. Le Ministre Barr, d'économie. Et mon but, maintenant, c'est de récapituler tout ça pour le peuple américain et de détailler ce que la menace chinoise signifie pour notre économie, notre liberté et, en vérité, pour le futur de nos démocraties libres dans le monde.*

Nouvelles *Lumières* ou *Bande des Quatre* ? Trois-pour-quatre mousquetaires, devisant *un* (dollar) *pour tous et tous pour un* (dollar) ?

Economie, Liberté, Démocratie... et toujours la guerre ? Sale temps pour l'OTAN et pour l'impératif catégorique de *l'un pour tous et tous pour un* ?

Quelle *mesure* des dégâts dans la rage pour ou contre la machine ? Quelle vérité dans les sons de cette musique à trois temps aux quatre vents, de cette marche militaire à reculons où la blanche vaut encore deux noires et la croche, la moitié de sa moitié ? Ce qui est *clair-et-distinct* dans ce tableau *à la Caravaggio*, n'est-ce pas le clair-obscur de l'échafaud ?

> (Pompeo) *Et qu'est-ce que le peuple américain a à montrer maintenant, après 50 ans de relations avec la Chine ? Est-ce que les théories de nos leaders* [Nixon et Kissinger], *d'une évolution chinoise vers la liberté et la démocratie, se sont vérifiées ? C'est comme ça que la Chine définit 'une situation win-win' ? Bon alors on doit admettre une dure vérité,* [...] *la dure vérité que si on veut avoir un XXIe siècle libre, et pas le siècle chinois dont rêve Xi Jinping, le vieux modèle de la relation aveugle avec la Chine, ça ne va pas le faire. On ne peut pas continuer <comme> ça, on ne peut pas y revenir <non plus>.*

> [...] *Comme le Président Trump l'a dit très clairement, on a besoin d'une stratégie qui protège l'économie américaine et, en effet, notre 'way of life'. Le monde libre doit triompher contre cette nouvelle tyrannie.*

Dans les prairies du *American way of life*, promesse de bonheur pour le troupeau asservi volontairement à la *big tech* du silicone, au *big data* dans la Vallée ; au *binge watching* de Hollywood, au *binge trading* de Wall Street ; aux grandes oreilles de *big brother*, aux jeux de trônes des trilliardaires ?

Promesse de salut pour tous les gueux dans l'idée fixe de semblance de sa gouvernance, dans l'idée folle de la fiction d'une démocratie faite de mirages (*Weapons of Mass Destruction*), de flux et reflux (Irak, Afghanistan), de murs et de barreaux (Mexique, Guantanamo) ?

Quel *remake* annoncent donc les bruits de bottes des gorilles de service(s) qui n'ont plus rien de secret et qui défilent sous les drapeaux d'un néolibéralisme aux couleurs défraîchies ?

> (Pompeo) *L'âge de l'inévitable <amitié sino-américaine> est du passé. La vérité, c'est que nos politiques, et celles des autres Nations libres, ont ressuscité l'économie flageolante de la Chine, seulement pour voir Beijing mordre les mains internationales qui l'avaient nourri. Nous avons ouvert les bras aux citoyens chinois, seulement pour voir le Parti Communiste Chinois (PCC) exploiter notre société libre et ouverte.* [...]
>
> *La Chine a envoyé des propagandistes à nos conférences de presse, dans nos centres de recherche, nos collèges, nos écoles et même à nos réunions de parents d'élèves.* [...] *On a donné au PCC et au régime lui-même un traitement économique*

spécial, seulement pour voir le PCC insister en silence sur ses abus des droits de l'homme comme prix d'entrée pour l'accès au marché des compagnies occidentales. [...] *<Comme le dit le Ministre Barr>, l'ambition ultime de la Chine ce n'est pas de commercer avec les Etats-Unis, c'est de les prendre à l'abordage.* [...] *La Chine nous a volé notre précieuse propriété intellectuelle et nos secrets d'affaires, causant des millions de pertes d'emplois.* [...] *Elle a aspiré les chaînes de production en dehors de l'Amérique et y a ensuite ajouté une touche de travail esclavagiste.* [...] *Nixon avait peur d'avoir créé un 'Frankenstein' en ouvrant le monde au PCC -et nous y voilà.*

Le film de notre vie ne serait-il donc qu'un *remake* de *Frankenstein ?* Notre époque, celle des éléphants dansant de Fantasia, de zombies d'un *Walking Dead* à la sauce Matrix, de *pirates* des Danaïdes lancés à l'assaut de nos Etats de droit ? *Allons enfants (de la patrie)* : tout *bien* (utilitaire anglo-saxon ?) considéré, depuis le temps de la perfide Albion, en diplomatie guerrière, le drone et son nucléaire, dignes héritiers du *noble* (Lord Palmerston) et de sa canonnière ?

(Pompeo) *Et <le> Président Trump a dit : Assez !* [...] *Certains insistent pour préserver le modèle d'un dialogue-pour-le-dialogue. Bon, pour être clair, on va continuer à parler.* [...] *J'ai été à Honolulu pour rencontrer Yang Jiechi* [le plus haut diplomate chinois]. *Toujours les mêmes vieilles rengaines -beaucoup de mots, mais littéralement aucune offre de changement.* [...] *Les promesses de Yang, comme le PCC en a tant faites avant lui, sont vides.*

[...] *Le PCC, c'est un régime marxiste-léniniste. Le Secrétaire Général* [sic] *Xi Jinping est un*

> *véritable croyant dans l'idéologie totalitariste qui a fait faillite,* [...] *d'hégémonie globale du communisme chinois. Mon expérience au House Intelligence Committee* [un Comité parlementaire supervisant les Services de Renseignements], *comme Directeur de la CIA* [...] *m'ont permis de comprendre ce point fondamental : la seule véritable façon de changer à fond la Chine communiste c'est d'agir pas sur la base de ceux que les dirigeants chinois disent, mais sur comment ils se comportent.* [...] *Avec le PCC, nous devons 'Nous méfier d'abord, vérifier ensuite' (Applaudissements du public).* [...] *On doit commencer par changer la perception de notre peuple et de nos partenaires sur le PCC. On doit dire la vérité.*

Stupeurs et tremblement à la nouvelle 'société des amis' *aux Cinq Yeux* ? *AUKUS-pokus* de leurs tours de magie ou tours abracadabrants de méchant manège ? *Moraline* d'évergètes et de maîtres de vilains, *d'hypocrites priant debout, trompetant fort et donnant des deux mains* (*Matthieu* 6.1-8) ?

> (Pompeo) *On sait bien que faire affaire avec la Chine, ce n'est pas comme commercer avec une Nation normale qui respecte la loi.* [...] *<Nous>, on veut des termes honnêtes* <fair terms>. [...] *Un bon exemple : Huawei. On a arrêté de prétendre que Huawei est une société de télécoms innocente, qui est juste là pour te permettre de parler à tes copains. On l'a appelé par son nom : une super-menace de sécurité nationale.* [...]
>
> *On sait que si nos sociétés investissent en Chine, elles soutiennent bon gré mal gré les grossières violations des droits de l'homme par le PCC* [le Parti Communiste chinois]. [...] *On sait aussi que la PLA*

> [l'armée chinoise], *ce n'est pas une armée normale ; son but c'est de soutenir le pouvoir absolu de l'élite du PCC et d'étendre un empire chinois, pas de protéger le peuple chinois.*
>
> [...] *J'ai rencontré des Chinois de grands talent et bienveillance* [...] *des Ouighours et des Kazakhs échappés des camps de concentration du Xinjiang. J'ai parlé aux leaders de la démocratie de Hong Kong, du Cardinal Zen à Jimmy Lai* [...] *au 'freedom fighter' Nathan Law.* [...] *Durant trop de décennies, nos leaders ont ignoré, rabaissé les mots de ces braves dissidents chinois qui nous prévenaient sur la nature du régime en face. Et on peut plus les ignorer.* [...] *Les Nations libres doivent travailler à défendre la liberté.*

Quelle juste place, quel juste prix, quels états pour le droit dans les Etats qui se prétendent *de droit* ? Que *rétablir* : l'ordre établi ? ou l'ordre naturel ? Où *redresser* : dans les camps ? ou dans les champs ?

> (Pompeo) [...] *J'ai la foi, j'ai la foi parce qu'on l'a fait avant.* [...] *J'ai la foi qu'on peut le faire* [...] *J'ai la foi parce que le PCC répète les mêmes erreurs que l'Union Soviétique.* [...] *J'ai la foi. J'ai la foi parce que je vois le réveil* [...] *J'entends ça de Bruxelles, à Sydney, à Hanoï.* [...] *J'ai la foi qu'on arrivera à défendre la liberté, parce que la liberté est un chant doux <sweet appeal>.*
>
> [...] *Il est temps. Super d'être ici aujourd'hui. Le timing est parfait. Il est temps d'agir pour les Nations libres.* [...] *J'appelle chaque leader dans chaque nation à commencer par faire ce que l'Amérique a fait -insister sur la réciproque, insister sur la transparence et sur la responsabilisation du PCC.* [...] *Les Nations libres doivent donner le ton.*

> [...] *Si on n'agit pas maintenant, le PCC finira par éroder nos libertés et pervertir notre ordre basé sur le droit de nos sociétés qui a été si dur à construire.*
>
> [...] *On a les outils. Je sais qu'on peut le faire. Maintenant, on a besoin de <bonne> volonté. Pour citer les Evangiles, je demande : 'Notre esprit est plein de bonne volonté, mais la chair est faible' ?* [*Matthieu* 26.41].
>
> [...] *Aujourd'hui le danger est clair. Et aujourd'hui, on va se réveiller. Aujourd'hui le monde libre doit rétorquer. Que Dieu bénisse chacun de vous. Que Dieu bénisse le peuple chinois. Que Dieu bénisse le peuple des Etats-Unis d'Amérique.*

Certes ? Hésitons toutefois quelque peu avant de rejoindre les défenseurs auto-proclamés de la foi et de la liberté -si toutefois prendre le temps de la réflexion est encore chose permise en cette époque d'opinions très peu nuancées, jetées en pâture et sans procès au *wokéisme* le plus sauvage ou tranchées ras le col à grands coups de faisceaux (sociaux).

Faut-il, avec d'aucuns, applaudir à ces discours de politique *étrangère*, aux saveurs douces-amères de bombe très glacée ? Ou faut-il, avec d'autres, rappeler aux *prédicateurs endimanchés* (expression tirée du *Zarathoustra* de Friedrich Nietzsche -un ouvrage que le père de la philosophie de la *volonté de puissance* avait lui-même appelé « *Le Cinquième Evangile* ») qui citent les Ecritures sans vergogne, ni retenue, pour masquer toute l'amertume du calice d'un néolibéralisme prosélyte aux accents très peu laïcs, qu'il est dit dans l'Ancien Testament :

> (*Lévitique* 19.11-12) *Vous n'userez ni de mensonge, ni de tromperie, les uns envers les autres.* [...] *Vous ne jurerez point faussement par mon Nom* ?

1

CHARNIÈRES

Nous appelons *faits du droit* toute réalité du quotidien qui résulte d'une norme légale ou d'un cadre normatif.

Entre autres choses du droit, de tels faits transparaissent dans l'actualité (à travers leur mise en situation, leur 'phénoménalisation'), en tant qu'applications immédiates du droit, qui affectent chacun dans son espace de vie.

Ainsi, dans la période récente de crise sanitaire, les décisions de confinement, d'obligation de certification et de vaccination, les programmes d'assistance financière aux entreprises et aux particuliers.

Ainsi la révision du droit des retraites (France) ou la remise en question du droit à l'avortement (USA).

Ainsi la guerre commerciale contre la Chine, la guerre pragmatique contre la Syrie, la guerre diplomatique contre la Russie, etc.

Il se trouve que ces faits du droit présentent un caractère doublement singulier :

-d'une part (contrairement aux simples faits que manipule la discipline à prétention scientifique qui est appelée 'Théorie du droit'), ils concernent des protagonistes qui sont toujours observables dans des situations concrètes et pratiques ; et

-d'autre part, ils permettent de conceptualiser les actions et réactions propres à ces individus, sous la forme de réflexions générales qui reflètent l'état des sociétés dans lesquelles ces individus évoluent.

L'examen de l'état du droit permet ainsi de faire un diagnostic sur les Etats de droit.

Le présent chapitre tentera de découvrir un plus sur ces jeux de mise en situation légale ; et sur les *mouvements* des pièces de ces multiples jeux de société.

Tout en philosophant sur la règle de droit et sur les règles du jeu sociétal, en revisitant les terrains des ordres et des désordres politiques de nos sociétés contemporaines, il s'agira ici de relever comment le droit, et sa règle, contribuent à façonner tout autant qu'à défaire la volonté de faire-ensemble ; et d'analyser qui en profite -et *a contrario*, qui en pâtit.

Or 'philosopher', c'est cheminer : *aller*, du particulier jusqu'à l'universel. Faire de la philosophie (*a fortiori* lorsque la philosophie est *politique*, c'est-à-dire au service d'une société), c'est *se mettre en campagne* (Platon), se mettre en mouvement, se mettre en marche, sur *une route sur laquelle les questions sont plus essentielles que les réponses et sur laquelle chaque réponse devient une nouvelle question* (Jaspers). [4]

Cœur et raison, appel et révolution : tout comme le 'monopole du cœur' et la 'raison d'Etat', deux thèmes qui se sont invités mille fois en politique, jusque dans le débat présidentiel français (ainsi en 1974, entre les candidats Giscard d'Estaing et Mitterrand), l'appel à la raison (de Kant) et la raison du cœur (de Pascal) sont les deux mamelles de toute philosophie qui concerne le faire-société –jusqu'à justifier et à entériner d'abord la rébellion, puis la révolution, un *combat à mort* pour la prévalence de la règle de *son* droit (dans tous les coins du monde : d'où l'identité des slogans révolutionnaires, tels que *La Liberté ou la Mort, Patria o muerte, Sieg oder Tod*, etc.).

Cœur, raison, appel et révolution : les premiers pas de notre mise en route se feront sur les traces du *Promeneur solitaire* [5], pour une ballade qui se veut aussi lyrique que possible, compte tenu du temps (qui est de chien, et de cochon) et du décor (qui est lugubre et ténébreux).

Pourquoi une telle *promenade* ?

Par déférence et par considération pour cet exemplaire 'mélange' dans l'appel d'un cœur et la révolution d'une raison.

En hommage à un fameux *Discours* de 1755, qui fut dédié *aux magnifiques, très honorés et souverains Seigneurs de la République de Genève* : une révolutionnaire et fondamentalement novatrice *étude historique de la morale, dont l'objet est d'interroger ce que l'homme a fait de lui-même* [6], un cri *entre ciel et guerre* [7], que lança en son temps le musicien et philosophe Jean-Jacques Rousseau.

Appelant l'homme, et son faire-société, à un véritable *travail de purification* [8], de la voix d'un geste et d'un geste de la voix, qui mêlèrent l'espoir à la rage, précédèrent l'enthousiasme, conduisirent au vilipendage, se conclurent dans l'échec... et rebondirent nonobstant ! [9]

Avec ses *Lettres écrites de la Montagne* [10], germées de ses ballades de *rêveur solitaire* suite à la condamnation officielle de deux de ses ouvrages de 1762 (*Emile, ou De l'éducation* et *Le Contrat Social, ou Principes du droit politique*), Jean-Jacques Rousseau, alors exilé volontaire d'une Ville de Genève dont il avait été pourtant fier d'être le citoyen, répondit (d'une hauteur) à son bourreau, le Procureur Général de Genève (sis en contre-bas), qui avait exposé, à tout-va et au tout-venant, les motivations de leur mise à l'index dans des *Lettres écrites de la Campagne* :

(Rousseau) *Des divers ouvrages que j'avais sur le chantier, celui que je méditais depuis longtemps, dont je m'occupais avec le plus de goût, auquel je voulais travailler toute ma vie* [...] *était mes Institutions politiques.* [...] *Mes vues s'étaient beaucoup étendues par l'étude historique de la morale. J'avais vu que tout tenait radicalement à la politique ; et que, de quelque façon qu'on s'y prît, aucun peuple ne serait que ce que la nature de son gouvernement le ferait être. Ainsi cette grande question du 'meilleur gouvernement possible' me paraissait se réduire à celle-ci : 'Quelle est la nature du gouvernement propre à former le peuple le plus vertueux, le plus éclairé, le plus sage, le meilleur enfin, à prendre ce mot dans son plus grand sens ?'. J'avais cru voir que cette question tenait de bien près à cette autre-ci* [...] *: 'Quel est le gouvernement qui, par sa nature, se tient toujours le plus près de la loi ?'.* De là : *'Qu'est-ce que la loi ?' ; et une chaîne de questions de cette importance. Je voyais que tout cela me menait à de grandes vérités, utiles au bonheur du genre humain, mais surtout à celui de ma patrie, où je n'avais pas trouvé,* [...] *les notions des lois et de la liberté assez justes ni assez nettes, à mon gré.*

L'affaire *Procureur Général de Genève contre Jean-Jacques Rousseau*, vers 1763.

Tout comme *Emile ou De l'éducation* : une histoire pleine d'enseignements, pour qui veut bien écouter et qui sait entendre pour s'éduquer.

Tout comme *Le Contrat Social ou Principes du droit politique* : une mise en scène qui semble plus qu'adéquate, pour souligner, quelques deux siècles et demi plus tard, le cadre d'un mouvement, celui d'un cheminement politiquement philosophique -ou philosophiquement politique- qui en serait inspiré.

2

DIALECTISER

1 Aux fins d'analyser comment la règle se comporte au sein de l'ordre sociétal, il a paru fondé de recourir à une démarche qui emprunte à la méthodologie antique que l'hellénisme a qualifié de *dialectique*. [11]

Cependant, de quelle méthode dialectique doit-il s'agir ici ? : d'un emprunt à d'Aristote ? ou à Platon ?

- DIALECTIQUE ARISTOTÉLICIENNE

Dans ses *Topiques* (un ouvrage spécialement consacré à ce sujet), Aristote tenait pour 'dialectique' : *tout problème dont l'objet de recherche tend : soit à trancher un problème moral pratique (en vue de faire ou de ne pas faire), soit à solutionner un problème théorique pur (en vue de vérité et de connaissance).* [12]

Cependant le mode binaire (SOIT/SOIT, OU/OU) du mutuellement exclusif de la dialectique aristotélicienne *qui n'est que mise en ordre systématique et développement des procédés de discussion* convient mal à une enquête qui cherche à *entremêler* la pratique de la règle de droit à la théorie concernant son essence. [13]

- DIALECTIQUE PLATONICIENNE

Il faudra donc lui préférer une méthode de tissage inclusive : celle qui permet d'entrelacer, dans une trame unique, le fil de la pratique et celui de la théorique. [14]

Il se trouve que ce paradigme de tissage inclusif était au cœur de l'enseignement de Platon [15] : le maître-à-penser de l'Académie de la Grèce antique avait en effet adopté une dialectique évolutive, qu'il avait héritée de son Maître, Socrate [16] ; et qui se voulait être : *un parcours méthodique, par lequel le raisonnement tentait de trouver dans les choses examinées une communauté de nature (c'est-à-dire en quoi elles s'apparentent les unes aux autres) et d'en retirer un enseignement.* [17]

Il semble donc (en Philosophie, il y a lieu de le *postuler* [18]) que la méthodologie de 'division-rassemblement' de la pensée en mode binaire (ET/ET) -c'est-à-dire le procédé de mélange inclusif *par dichotomie* propre à la dialectique platonicienne [19]- présente ici la méthode la plus appropriée pour analyser ce qu'il en est de la règle de droit au sein de l'ordre socio-politique : il s'agira en effet, non pas *d'exclure* (OU/OU), mais bien *de réunir* (ET/ET).

Réunir ? D'une part, les contradictions de ce qui semble similaire ; et d'autre part, les similarités de ce qui paraît dissemblable.

Réunir ? Avec la perspective d'une finalité : que ce rassemblement de *divisions* permette à des *oppositions*, qui auront été bien mesurées et bien proportionnées, de trouver un équilibre sur la balance de Justice. [20]

Réunir ? En restant fidèle à la langue grecque du temps de Platon, où le mot *díkaios*, juste, signifiait tout à la fois : [21]

- la *justesse* de la proportion mesurée ;
- la *conformité* avec la règle ; et
- le couple complémentaire et binairement inclusif, donnant-donnant, constitué par les deux notions opposées, celle de *droits* octroyés et celle de *devoirs* imposés aux membres de la société dans l'ordre de leur faire-société, considéré autant au sens strict (microcosme, *pólis*) qu'au sens large (macrocosme, *kósmos*). Si, alors, ces deux concepts allaient toujours de pair, deux mille ans plus tard, ce binôme de *droits/devoirs* reste, au fondement de tout Etat de droit, la base de toute liberté citoyenne.

> (Rousseau) « *Les sages-mêmes virent qu'il fallait se résoudre à sacrifier une partie de leur liberté à la conservation de l'autre, comme un blessé se fait couper le bras pour sauver le reste du corps* ». [22]

2 Qu'est-ce que L'ORDRE ?

Quelle est la signification de ce mot ?

Selon un dictionnaire officiel de la langue française, ce mot a trois acceptions -qui en constituent trois significations distinctes : [23]

> *I. Une disposition, une relation intelligible entre les choses, tels que : -un rapport intelligible ; -une disposition régulière, constatée ou instituée ; -une organisation, satisfaisante et rationnelle ; -un ensemble de règles, de lois (par exemple, -l'ensemble des lois régissant l'univers ; -l'organisation sociale, c'est-à-dire l'ensemble des lois et des institutions régissant une société).*
>
> *II. Une catégorie, une classe, d'êtres ou de choses.*
>
> *III. Un commandement, une injonction (un acte, une décision, une prescription impérative).*

Comme l'a souligné Montesquieu dans son *Esprit des Lois* de 1748 [24], une telle définition indique qu'il y aurait un *rapport*, une *relation* [25], entre : -une *certaine règle* (qu'on la considérât *en action*, actée ; ou *en puissance*, prescrite [26]) ; et -une *certaine organisation* (c'est-à-dire : un ensemble de *sujets* ou d'*objets* [27]). Il faut donc en conclure d'emblée :

-que ce qui semble être 'organisé', l'est forcément fonction d'une règle ; et

-qu'il est nécessaire que cette règle soit intelligible -car ce n'est qu'une fois que la règle a été appréhendée par la raison que cette dernière est en mesure d'énoncer que *ceci*, ou que *celui-ci*, *est/n'est pas* : en ordre, dans un ordre, dans l'ordre, à l'ordre de, de l'ordre de, sur ordre, aux ordres, par ordre (etc.).

3 Découlant de cet énoncé préalable, il conviendra de postuler à ce stade *un axiome.* [28]

Qui édicte *successivement*, tel le mouvement inéluctable d'une cascade d'eau, qui coule du haut vers le bas :

-une SYSTÉMATIQUE :

Que c'est systématiquement qu'une relation unirait, en les mettant dans un rapport, toute règle à toute organisation ;

-une TRIANGULATION :

Que cette systématique induirait une triangulation ;

-une TERMINOLOGIE :

Que si les deux premiers termes de cette triangulation sont : (i) la règle et (ii) l'organisation, le troisième en serait : (iii) la morale ; et

-une NÉCESSITÉ :

Que toute *morale* serait introduite dans la systématique du système indépendamment : (*i*) de la volonté de celui qui énonce toute règle (le régulateur, le législateur, le nomothète) ; et (*ii*) de la volonté de celui qui procède à la mise en place de toute organisation sociétale (humain/divin).

Il faudra donc démontrer cet axiome-en-cascade, en le mettant à la lumière de l'ordre des sociétés, présentes et passées.

Et en le considérant d'abord dans une perspective de politique *domestique* -c'est-à-dire : nationale ; puis dans une perspective de politique *internationale* -c'est-à-dire : géopolitique.

Par application des *règles de la méthode sociologique* (depuis Emile Durkheim [29]), il s'agira de comprendre la réalité du droit : d'apprendre et de (re-) connaître, à partir de *faits sociaux* observables (ou déjà observés [30]), dont on tentera de retirer des enseignements philosophiques, c'est-à-dire universels et généralisables.

Car, quoique tous relatifs à des comportements *individuels*, ces 'faits sociaux' sont tous fonction de règles normatives édictées pour un *collectif* déterminé, dans le cadre duquel elles sont, ou ont été, appliquées.

La mission est donc de contribuer à une *phénoménologie du droit* [31] : un droit envisagé, et dévisagé, non pas dans les méandres du cerveau de théoriciens du droit (qui sont pour la plupart coupés de la réalité de leur *matière*), mais au sein-même de l'ordre sociétal.

Il faudra donc plonger dans une eau parfois trouble où se baignent, à des degrés divers et dans des fonctions variées, ceux qui *font* le droit ; ceux qui *s'en revendiquent* ; et ceux qui *le subissent*.

3

HARMONISER

1 Il faut d'abord examiner *l'ordre interne* : le cercle d'une société civile, circonscrit par les frontières étatiques, dans lequel évoluent des individus-citoyens. [32]

Qui, à cet égard, seront observés sur un plan strictement socio-politique ; et que nous désignerons dès lors par le vocable générique de : *homo politicus*.

Dans ce cercle sociétal, l'ordre et la règle sont initialement comme des frères jumeaux -pareils à *Romulus et Remus* [33] : l'organisation nationale et le droit interne tètent à la même mamelle de leur louve adoptive, la puissance étatique ; et, dans cette image d'Epinal, les luttes intestines bouillonnent déjà.

C'est *le droit public* au sens large (soit : le droit public au sens strict, le droit administratif, le droit constitutionnel, le droit pénal, l'exécution forcée et les procédures qui y sont relatives [34]) qui régit l'organisation et le fonctionnement d'un Etat ; et qui défend les prérogatives du Pouvoir, ainsi que les intérêts du collectif, en exprimant soit une idéologie particulière (dans une autocratie), soit le consensus général (dans une démocratie) -l'autocratie et la démocratie sont ainsi deux formes de réflexions sociales et politiques, qui sont matérialisées par des règles formattant le cadre de leur ordre interne respectif.

2 Comment donc la règle parvient-elle à maintenir l'ordre assigné à son cadre ?

A priori, c'est-à-dire à première vue, elle le ferait en tentant d'harmoniser au sein de son collectif les intérêts qui sont divergents.

Pour tenter de vérifier cette assertion *a posteriori*, c'est-à-dire par l'exemple, il est plus facile de considérer un *ordre autocratique* (un ordre dans lequel la règle, à caractère 'jupitérien', est mouvement vertical, aisément identifiable), plutôt que de partir d'un *ordre démocratique* (un ordre dans lequel le mouvement de la règle est beaucoup plus difficile à cerner, car il peut y être généré de tout côté -tout côté pouvant par ailleurs affecter la totalité du système).

Prenons donc à titre d'exemple la règle de l'idéologie soviétique, qui affirmait la priorité du maintien de *la loi* et de *l'ordre socialistes*. A cet égard, la volonté du Centre quant à réformer l'idéologie marxiste-léniniste, qui avait été jusque-là parfaitement hostile à toute propriété individuelle, ne put s'exprimer que par une nécessaire *corruption* (au sens qu'en donne *Aristote* [35]) de la règle du collectivisme socialiste.

Cette volonté de réforme a dû être actualisée dans un *mouvement-dans-le-cadre* soviétique, dont le tracé fut aussi imprévisible qu'imprévu par le Pouvoir en place : commençant avec une simple modification dans la Loi socialiste, il aboutit à une complexe altération de son ordre et des fondements-même de son organisation.

Par ailleurs, les conséquences des bouleversements induits par cette *simple modification* dans la Loi socialiste dépassèrent largement les frontières du cadre domestique : tel le battement de l'aile du papillon dans la *Théorie du Chaos* du météorologue Edward Lorenz [36], la corruption imperceptiblement issue des changements induits dans la règle soviétique, que le Pouvoir communiste pensait (et voulait) comme étant mineurs, a eu d'immenses conséquences, à travers toute la planète.

Cette corruption a été le sujet de nombreux essais d'experts et de spécialistes en matière géopolitique, qui firent date et référence : -politico-philosophiques (tel ceux annonçant la *fin de l'homme* dans son évolution socio-culturelle) ; ou encore -historico-géopolitiques (tels ceux soulignant l'inéluctabilité du *déclin des Grandes Puissances*). [37]

3 Sur le plan strictement *domestique*, un examen de ce mouvement de la règle permet de constater :

-d'un côté,

Que toute volontaire qu'elle fût, la main réformatrice du Pouvoir soviétique ultra-conservateur fut bel et bien forcée par les évènements, par le cours des choses, par la faillite du système, par la désagrégation de l'ordre, par le délabrement de l'organisation que la machinerie de l'Etat soviétique avait tenté de régler comme du papier à musique ; et

-d'un autre côté,

Qu'en adoptant dix nouvelles règles entre 1988 et 1991, les *apparatchiks* ne poursuivaient assurément pas le but de changer d'ordre socio-politique ; et que, cependant, la brèche ouverte par les nouvelles règles dans l'idéologie de l'Ordre socialiste fit rapidement céder tous les barrages : d'abord celui du Mur, puis celui des Républiques, enfin celui de *l'Appareil*.

Telle l'onde dévastatrice d'un raz-de-marée, générée par un infinitésimal mouvement sur le terrain, la volonté réformatrice du Centre, exprimée par un changement dans la loi de son organisation, constitua l'impulsion qui balaya tout de l'ordre soviétique, tout de la *dyade* géopolitique USA/URSS, et tout de la (première) Guerre Froide.

En somme, la chute de l'Empire soviétique n'est que l'histoire d'une règle imposée par les évènements, qui a eu raison d'un ordre imposé par les hommes, tandis qu'elle échappait au contrôle de ses *maîtres* supposés, qu'elle relégua vite au grade d'apprentis-sorciers [38], dépassés qu'ils furent par la force insoupçonnée de leur propre *créature* (la règle étant une *création*, c'est-à-dire une production d'artisan -en grec ancien : *technē*).

4 D'où une ♦**Première Conclusion Dialectique** :

La règle est comme un *instrument* (de musique) [39].

Pour qui sait en *jouer*, elle produit l'expression adéquate de son idée (qui est *idéologie politique* ou *phrase musicale*) ; dans le cas contraire, elle en *fausse* la *note*. [40]

Quant à l'ordre, il est pareil à une *danse*, qui est dictée par la musique de cet instrument : son *rythme* doit en suivre la (bonne) *mesure ;* dans le cas contraire, l'arythmie génère le désordre. [41]

En matière socio-politique, la relation entre la règle (sociale ; de droit) et l'ordre (sociétal ; de fait) est donc de typologie musicale : ce qui est *mélodieux* est *harmonieux.*

Autrement dit : ce qui est *mélodie*, dans l'une, est créateur d'*harmonie*, dans l'autre. [42]

En musique comme en société, les *accords* ne sont-ils pas essentiels à la genèse de toute création : au fondement de toute *harmonisation* ? [43]

4

COMPOSER

1 Qui est donc le compositeur de ces hymnes nationaux et le maître de ballet de ces danses folkloriques ?

Pour répondre à cette question, il est nécessaire de faire un détour historique, la réponse se trouvant dans une dialectique prévalente dans l'Histoire -qu'il faut dès lors remonter.

Car on ne saurait douter (à lire Platon ou Aristote ; ou encore Hobbes, Rousseau ou Locke) que l'homme a sempiternellement tenté de réfléchir à la nature de l'*organisation* sociale idéale pour son mouvement-dans-le-cadre ; et de justifier par des arguments *moraux* quelle était la meilleure règle pour en encadrer son ordre. [44]

Toute réflexion politique (au sens le plus large : *sur le collectif*) a ainsi forcément des affinités incestueuses ou conflictuelles avec la Philosophie (au sens le plus large : *la recherche de vérité*). [45]

2 En remontant la *généalogie de la morale*, on constate, dans le tracé de la rationalisation de la pensée grecque antique [46], que furent pléthore : les donneurs de leçons, principalement en vue de carrières politiques : des *maîtres de vérité* [47] (les rhéteurs et les sophistes grecs) qui, chacun détenant la sienne, cherchaient à l'imposer dans le prosélytisme d'une foi païenne, dans laquelle la justesse subjective se confondait avec la justice objective.

Dans leur enseignement, une vérité commune, reflétant l'*essence* de la Justice et de son double, le *Doppelgänger* que constitue la Loi : édictant que c'est la nature de l'homme qui le pousse à s'inscrire dans un espace de regroupement solidaire, qu'il le veuille ou non (plus tard, même dans le meilleur des mondes : *Il n'est pas bon que l'homme soit seul, il faut que je lui fabrique un compagnon d'armes* [48]).

L'homme serait en effet, pour reprendre l'opinion de la philosophie politique d'Aristote [49], le *zôon politikon* [50], un être fondamentalement fait pour vivre *en société*, l'homme social d'un 'politique' qui doit réaliser, à partir de son *centre* propre [51], l'intégration concentrique des cercles du familial, du social et du civique.

Toujours selon Aristote, il aurait été dans la finalité de sa *nature*, humaine, que la privation de sécurité et la recherche de la vie bonne soient cause de l'actualisation de cette potentialité [52] : selon le Stagirite, cet homme politique, assurément d'abord *chasseur-cueilleur* [53] de l'espace ouvert, dans le sillage des troupeaux qui allaient de point d'eau en point d'eau, exposé à tous les dangers d'une nature forcément hostile, aurait été poussé par son instinct (de survie ? [54]) vers la sédentarité d'un abri et la sécurité de murs, dressés autour d'un territoire qui fut, petit-à-petit, domestiqué (avec l'agriculture) et approprié (avec le bornage), dans un but de partage social et de subsistance. [55]

L'opinion d'Aristote ne fait pas l'unanimité ; les doctrines divergent sur les raisons de la sédentarité sociale :

- pour certains, ce serait l'instinct (de survie) qui aurait dicté l'ordre de la *fraternité dans l'union* (appelée *philía* chez Platon et Aristote [56]), car elle ne pouvait 'faire la force' que si elle était coordonnée ;

- pour d'autres, en revanche, ça aurait été plutôt la nécessité de tenter de trouver un équilibre des forces et des violences individuelles dans l'espace fini de la nature originelle -que ce soit avec Hobbes, pour qui, étant *mauvais*, l'homme doit être bridé par un contrat *vertical*, dans le choix et la désignation d'un monarque puissant ; ou avec Rousseau, pour qui *bon*, l'homme doit être protégé de la société qui le pervertit, par un contrat *horizontal*, passé avec les autres. [57]

Quoi qu'il en ait réellement été, on doit à la discipline archéologique les preuves d'une organisation socio-politique qui s'est de plus en plus structurée au cours du temps : en clan, en phratrie, en tribu et en palais, puis en cité, en empire, et en Nation -cependant, au final, il est de peu d'importance que l'homme suivît (comme chez Aristote [58]), ou qu'il précédât (comme chez Platon [59]), la *quiddité* de son organisation sociale.

Par ailleurs, on doit à la discipline ethnologique [60] les preuves supplémentaires que cette organisation, à ses origines, était toujours *pyramidale* : c'est-à-dire emmenée par un *chef*, mise sous la protection de *dieux*, unie par le respect de *lois*, *rites* et *coutumes*, et sanctionnée par une *justice* aux contours flous, à la fois *transcendante* (faite de religion publique et de religion privée) et *immanente* (faite de coutumes, d'archaïsmes, de sagesse, d'un chef, d'un roi, du peuple). [61]

Dès lors, il apparait que le jeu de l'homme sur le terrain, qui est toujours *mouvement-dans-un-cadre* [62], a généré un incessant dialogue dialectique entre la Politique et la Philosophie. [63]

3 Que ce terrain soit théorique ou bien pratique, force est de constater que les *échanges* dialectiques ont lieu entre deux clans, deux équipes de joueurs, où ceux de *la transcendance* s'affrontent à celui de *l'immanence*.

Commençons par examiner les tenants de la première équipe, qui porte la bannière de *la transcendance*, reflétée par exemple par la philosophie de Platon (il conviendra d'être plus réservé sur la philosophie d'Aristote [64]).

Pour cette équipe, l'organisation politique est un *état de nature*, une *partie* d'un *ordre* intégré, une portion d'un *système*, qui est le monde d'un *Tout* (en grec : *tò pân*) et qui est dénommé 'cosmos' (*kósmos*) [65] : l'ordre social est aussi cosmique, ce qui met en valeur la société est la parure et le joyau de l'ensemble.

De cette philosophie socio-politique à caractère cosmologique, il faut d'abord bien en souligner le cadre : à l'époque de Platon (et du très jeune Aristote), l'homme, à qui cette philosophie attribuait alors le caractère d'*homo politicus*, d'animal politique par nature, en était à un stade de son évolution dans lequel, mû par sa tendance sociale naturelle, il regroupait ses tribus au sein des cités grecques (*pólis*). [66]

Dans cette philosophie de la *transcendance*, du *kósmos* et du *tò pân*, l'homme, tout *politicus* qu'il fût, n'était qu'une *marionnette fabriquée* [67], qu'un produit intégré dans le naturel, qu'un assistant de la production, celle d'une mise en scène cosmogonique, l'œuvre d'un impalpable et incernable absolu (presqu'indifféremment nommé *dieu, démiurge, Bien, Bon-et-Beau, Premier moteur, Un*, ou encore, *Monade* [68]).

A cette époque classique de la fin du cinquième siècle-début du quatrième siècle avant Jésus-Christ, héritière de l'époque grecque archaïque dans laquelle le *statut* (c'est-à-dire la position sociale assignée à chacun dans l'ordre du monde) était le facteur déterminant dans l'organisation sociale.

Le mot grec *poiéou* (fabriquer, créer, façonner) décrit bien ce qui est la caractéristique fondamentale de la nature de l'homme-jouet de la divinité, verticalement soumis à une abstraction plus puissante que lui, à laquelle il est assujetti et doit rendre grâce et comptes.

La *religion* d'alors, qui relie le transcendantal à l'immanent, est normative : c'est elle qui institue les règles de l'ordre social.

Dans le *naturalisme* grec antique, la règle qui met en place et qui gère l'organisation sociale, de Héraclite à Isocrate, est, comme l'homme à qui elle est destinée, originaire de la *Nature* (*phúsis*) : elle en est une expression naturelle.

Le nomothète -législateur et constituant- quant à lui, est une sorte d'intermédiaire (*metaxú*) entre le divin et l'humain, un porte-parole de cette *Nature* qui échappe à l'intelligence du troupeau sur le terrain de jeu, un pâturage (*nomós*) où s'administre la norme (*nómos*). [69]

Dans la verticalité cosmique de cette *transcendance naturaliste*, ni aucune loi humaine, ni aucun législateur, n'avaient le pouvoir de déroger à la loi naturelle et divine.

Ainsi, dans la tragédie de Sophocle, Antigone se contraint à honorer son frère des rites funéraires conformément à la règle coutumière, en refusant d'obtempérer à l'ordre de son roi et oncle, Créon[70], qui avait intimé (légiféré) de laisser la dépouille *être la proie des oiseaux et des chiens*.

L'acte de contestation d'Antigone, qui lui vaut la mort, est une affirmation de la préséance inaliénable d'un ordre autorégulateur et divin dans le monde du *kósmos*, la parure des joyaux de Nature.

> [Créon] -*Tu as osé passer outre à ma loi ?*
>
> [Antigone] -*Oui, car elle n'est pas de Zeus, elle n'est pas de cette espèce que Justice-Dikè qui siège avec les dieux d'en-bas a édictée pour l'humanité. Je ne pensais pas que la puissance de tes décrets était telle qu'un mortel eût pu passer outre aux lois coutumières et immuables que nous ont dictées les dieux.* [...] *Je dois mourir, je le sais bien,* [...] *que tu l'aies décrété, ou pas.* [71]

Platon, qui était *très informé en matière de droit ;* [...] *il faut bien conclure que Platon a voulu être, comme qui dirait, du métier* [72], résume cette position *naturaliste et idéaliste* (qui est la sienne) [73], avec ces mots :

> (Platon) *C'est la divinité qui doit être la mesure de toute chose, au degré suprême -et beaucoup plus, je pense, que ne l'est, l'homme.* [74]

4 S'opposant à Platon, et aux partisans de la position *naturaliste* et *idéaliste*, dans le camp adverse, *matérialiste* et *positiviste* [75], qui joue sous la bannière de l'*immanence*, le premier champion est un sophiste grec dénommé Protagoras. [76]

S'opposant de plein pied à la tradition grecque reprise par Platon et ses suivants, Protagoras, lui, est d'avis que ce n'est pas la *divinité* (c'est-à-dire un être métaphysique), mais *l'homme* (c'est-à-dire un être physique) qui doit être *la mesure de toute chose.* [77]

Comme le fait remarquer l'helléniste Jacqueline de Romilly à cet égard, en ignorant la fonction du divin dans le cosmos grec, Protagoras devient de fait le précurseur d'une longue lignée de philosophies de l'immanence, qui furent qualifiés tour-à-tour d'athées, d'agnostiques, ou encore de laïques, et dans lesquelles,

> [...] *l'homme rejetait la transcendance, s'enfermait dans un monde de sensations, d'opinions et d'intérêts* [...] *individuels, collectifs ou généraux ;* [...] *mais gardait la possibilité de reconstruire, à partir de ce monde, tout un système de pensée et de morale –cela sans l'aide d'aucun absolu, ni ontologique, ni religieux, ni éthique.* [...] *Tout se jouait sur cette phrase. Et l'on comprend que Platon ait senti qu'elle impliquait le problème philosophique le plus décisif.* [...] *Aussi bien n'est-ce pas un hasard si lui-même au terme de sa recherche a*

écrit dans Les Lois (716c) : 'La divinité pourrait bien être pour nous, plus que ce soit, la mesure de toutes choses. [78]

Virulemment opposé à l'opinion du sophiste, Platon tenta le trait d'humour, lui demandant : -*'L'homme-mesure'*, Protagoras, y crois-tu vraiment ? Et pourquoi pas le *cochon-mesure, le babouin-mesure, ou la mesure d'un animal encore plus grotesque*, tant que tu y es ? [79]

Or cette rhétorique d'opposition, qui aurait pu n'être qu'une joute entre deux membres éminents de la société d'alors, forme néanmoins, comme le dit si bien Jacqueline de Romilly, *les deux pôles opposés de la Philosophie occidentale* -des pôles qui seront dès lors *désignés par ces deux phrases inverses.* [80]

Car c'est avec le 'cochon-mesure' de ce fameux mot d'esprit, à la semblance de gentille moquerie et à la réalité quasi-nucléaire, que fut scellé à jamais un conflit qui se révéla majeur dans toute l'Histoire -jusqu'à engendrer partout et de tout temps d'innombrables guerres de religion, de luttes pour des droits qui seraient inhérents à la qualité d'être humain, ou encore de *clash de civilisations.*

Entre ces deux camps, il n'y aura en effet désormais plus de cesse dans l'affrontement, *à mort* pour la prévalence de *la règle de son droit* : -d'un côté, le camp du *droit naturel,* celui des partisans de la 'divinité-mesure', avec Platon, archétype du philosophe idéaliste ; -de l'autre, le camp du *droit positif*, celui des champions de 'l'homme-mesure', avec Protagoras, parangon du sophiste réaliste.

5 Avec l'opposition entre la dogmatique de Protagoras (que rejoint la philosophie scientiste d'Aristote) et celle de Platon, le dialogue sur la *Loi* (les lois) se reconcentre ainsi sur la relation entre la *justice* et la *force*, où :

- *dans l'immanence*, la Justice n'est que l'expression de la force du plus fort, de celui qui peut par sa violence imposer la loi de sa morale [81] ; et
- *dans la transcendance*, la Justice reflète l'idée d'une justesse abstraite, d'une pure morale, d'une force de tous les temps et tous les espaces.

C'est ainsi (et c'est alors) que la *morale* vint s'inscrire dans le débat sur la règle.

Et avec la morale, c'est la nature de l'homme qui fit irruption dans les débats relatifs à la règle, avec l'éternelle, et insoluble, question : *-L'homme est-il naturellement bon, ou est-il mauvais ?*

A cet égard, de la Politique à la Psychologie et réciproquement, la concentricité des anthropologies politiques, sociales et juridiques de *La République* de Platon [82] reste depuis la Grèce antique l'incontournable référence du combat, qui n'a jamais quitté la table des débats de la Philosophie du droit, entre une *justice immanente* (la thèse *sophistique* défendue par le Trasymaque de *La République*) et une *Justice transcendante* (la thèse *psychopolitique,* défendue par le Socrate de *La République*).

Pour Platon, il y a une relation, un *apparentement*, entre l'ordonnancement de la cité et l'ordonnancement de l'homme : ce n'est que par la *'connaissance'* que l'homme peut connaître correctement ses *parties* (l'homme platonicien est tripartite, et son examen ordonne respectivement : -son âme, -son cœur, et -son ventre) ; et qu'il peut dès lors se mettre en ordre, en modérant ses passions et ses désirs à l'aide de la raison, pour ne pas être *l'esclave de lui-même.* [83]

Les deux injonctions delphiques : -*'Connais-toi toi-même'* (en grec, *gnôthi seauton*), et -*'Rien de trop'* (en grec, *medèn ágan*), ne disaient pas autre chose, mais à leur façon : la justesse dans l'ordonnancement de l'homme fait la justesse dans l'ordre de la cité.

D'où la nécessité, pour Platon, de prendre grand soin de l'éducation de la classe de ses *Gardiens-Philosophes*, afin qu'ils soient eux-mêmes *en ordre* (privé), avant d'être mis en charge *de l'ordre* (public). A ce propos, dans *La République*, la *mise en ordre* idéale est *bottom-up* : elle part de l'homme, qui est choisi dans le cadre d'une sélection préalable, et qui doit être *éduqué,* d'aucuns diront même *dressé*, pour cette fonction d'ordonnancement -car c'est bien l'homme avisé qui fait que la cité est ordonnée.

Plus tard toutefois, la *raison* de Platon ne put que s'incliner devant la dure réalité de ses expériences politiques (avec les deux Denys et Dion, en Sicile ; et les dérapages de la démocratie et de la tyrannie, à Athènes [84]) : le philosophe fut en effet contraint de réaliser l'énormité de la difficulté à vouloir borner *la bête sauvage* des passions et des désirs de l'homme.

Car il y a bien loin de la coupe aux lèvres, lorsqu'on cherche à raisonner *le même et l'autre* avec des discours qui imposent des *limites* ; qui enjoignent de ne pas faire, alors que toute nature animale veut jouir de *liberté*.

Il lui est apparu en effet d'expérience empirique qu'il était vain, et également futile, de tenter d'opposer les idéaux transcendants de *Justesse* et de *Morale* (des *Idées* platoniciennes) à la sauvagerie des appétences et à la satisfaction de ses passions et de ses désirs de son immanence -d'autant plus lorsque le sujet est politique. [85]

Alors, *la loi et le savoir-faire étant fils de raison* [86], Platon écrivit *Les Lois* [87], probablement son dernier ouvrage, dans lequel il envisagea une autre *mise en ordre* idéale : *top-down*, quant à elle, elle devra dès lors être imposée par la force contraignante (punie de mort, parfois) de lois conçues pour refléter de manière immanente la justesse de la justice transcendante.

Avec *Les Lois*, ce n'est plus l'homme qui doit être avisé et réfléchi (en tant que *gardien* du troupeau) pour devenir la fondation sur laquelle la cité bâtit son ordre (comme dans *La République*). Mais c'est la cité elle-même, qui doit être construite par l'ordre, pour l'ordre, et dans l'ordre -tel cet ordre de bâtir, venu *d'en-haut* :

> *Et moi je te dis que tu es Pierre et que sur cette pierre je construirai mon Eglise.* [88]

Dans *Les Lois* en effet, le tracé de la réflexion de Platon sur la morale de la Justice part de la constatation que *les chèvres qui paissent sans gardiens ne peuvent être blâmées pour les dégâts qu'elles feraient aux terres cultivées,* et qu'il *est juste que partout et toujours il y ait quelqu'un qui commande.* [89]

Le philosophe aboutit, plus loin, à l'affirmation que *lorsque, pour une cité, la loi est servile et sans puissance, je vois sa chute imminente ; mais là où la loi est le maître des chefs et où les chefs sont les serviteurs-esclaves de la loi, c'est le salut que j'entrevois pour elle, et avec lui tous les bienfaits accordés aux cités par les dieux.* [90]

Tout comme le berger, gardien et souverain, le troupeau paissant sur le pâturage (*nómos*) doit donc volontairement aliéner sa liberté, pour devenir le *serviteur des lois* (*nomós*). [91]

Et les lois doivent être l'œuvre d'un nomothète, qui est habile artisan, et qui doit *tenir un seul et même discours sur toute chose :* [...] *en quoi consiste la 'juste mesure', et quelles sont les limites.* [92]

Renonçant à la cité substantivée de sa *République*, dont l'idéal improbable de l'ordre était celui d'individus *libres* [93], qui devaient faire le choix de modérer leurs instincts pour s'inscrire dans le cadre strict d'un ordre citoyen tripartite, calqué sur le tripartisme de *l'ordre naturel* (l'ici-bas du microcosme étant identique au *là-bas* du macrocosme) [94], Platon, dans ses *Lois*, envisagea *l'ordre imposé*, appliquant un ensemble de règles objectivement bonnes, et donc morales, à une cité désormais elle-même conçue comme étant *libre* :

> *Une fois écrites les lois et la Constitution,* [...] *le bon citoyen est celui qui a le mieux servi les lois et qui leur obéit le plus parfaitement ;* [...] *mieux encore, <c'est> celui qui a passé sa vie à obéir sans jamais y défaillir aux prescriptions du Législateur, qu'elles fussent lois, injonctions, censures,* [...]. *Le vrai devoir du Législateur est de ne pas se contenter d'écrire des lois, mais, en plus des lois, de donner, en l'entrelaçant au tissu-même de ces lois, son avis sur tout ce qu'il estime honnête ou malhonnête ; et de tels avis doivent lier le bon citoyen aussi strictement que les peines dont les lois se servent pour renforcer leur application.* [95]

Ainsi, pour les partisans de *l'ordre naturel*, la règle, l'ordre et la liberté, et ses limites, sont brodés ensemble dans le tissu social d'une transcendance naturaliste (une architectonique cosmique) qui a *la divinité* pour *mesure de toute chose*, et dont la loi est une morale *objective* : [96]

> *Certains sages disent* [...] *que le ciel, la terre, les dieux et les hommes forment ensemble une communauté, qu'ils sont liés par l'amitié, l'amour de l'ordre, le respect de la tempérance et le sens de la justice. C'est pourquoi le tout-du-monde, ces sages l'appellent 'kosmos', ou ordre du monde -et non pas désordre, ou dérèglement.* [97]

6 Or c'est précisément ce *mélange* que conteste l'immanence positiviste : elle ne reconnaît qu'une seule suprématie, et donc qu'une seule liberté, et qu'une seule morale, qui est forcément subjective : celle de *l'homme, mesure de toute chose*.

Et le credo devint nietzschéen : *'Ecce homo' (politicus)*.

Dès lors, cette dichotomie éristique teintera à tout jamais la pensée humaine, dont le cheminement apparaît depuis les premiers écrits [98] -à l'époque dite 'classique', cette agonistique est,

> (Festugière) [...] *au fondement même de la cité,* [...] *le 'fait religieux' apparaissant comme un 'fait social' et proprement un 'fait civique'. Religion et cité sont inséparablement liées.* [...] *C'est que ni Platon ni Aristote ne conçoivent encore d'autres organisations politiques que la cité grecque, d'autre statut pour l'homme que celui du citoyen, libre dans un Etat dont la norme essentielle n'est pas la loi d'un monarque, mais la loi consentie par tous.* [99]

Plus tard, à l'époque 'hellénistique' et 'romaine', le courant *transcendant* se retrouva dans le Stoïcisme ; et le courant *immanent*, dans l'Epicurisme. [100]

Ces deux Ecoles de philosophie de vie présentent toutefois une sorte d'*évolution*, car dans leur dogmatique, *l'homme* s'affirme par rapport à la *divinité*.

> (Bréhier) *L'esprit <du Stoïcisme et de l'Epicurisme> est entièrement nouveau,* [...] *caractérisé par deux traits : le premier, c'est la croyance qu'il est impossible à l'homme de trouver des règles de conduite, ou d'atteindre le bonheur, sans s'appuyer sur une conception de l'univers déterminée par la raison ; les recherches sur la nature des choses* [...] *commandent aussi la pratique. Le second trait,* [...] *c'est une tendance à une discipline d'école ; le jeune philosophe n'a point à chercher ce qui a été trouvé avant lui ; la raison et le raisonnement ne servent qu'à consolider en lui les dogmes de l'école et à leur donner une assurance inébranlable ;* [...] *il <lui> faut s'assimiler une vérité déjà trouvée. Par le premier trait, les nouveaux dogmatismes rompaient avec l'inculture des Socratiques* [...]*; par le second, ils rompaient avec l'esprit platonicien.* [...] *<Avec un> rationalisme doctrinaire qui clôt les questions, et non, comme chez Platon, <un> rationalisme de méthode, qui les ouvre.* [101]

Encore plus tard (ignorant ici la période médiévale, à tendance *théocratique*, pendant laquelle la Scolastique, dans le *positivisme* du prosélytisme de l'Eglise et de la Papauté affirmant les dogmes de la *transcendance* chrétienne, laissa peu de place à une expression non-chrétienne de l'*immanence* [102]), le Stoïcisme utilitaire du système et du sens moral des *Lumières écossaises* (et de son précurseur, Francis Hutcheson) s'oppose à l'Epicurisme darwiniste et empiriste de *l'art de jouir* et de *l'homme machine* de Julien Offray (Onfray) de la Mettrie.

Puis vinrent les théories du *droit de l'ordre naturel* de François Quesnay, avec le gouvernement des hommes par la nature, exprimé par les quatre thèmes de l'Ecole physiocrate (de *krátos*-pouvoir et *phúsis*-nature), celui de la nature, de la liberté, de la terre et du despotisme du normatif : (Quesnay) -*Que feriez-vous si vous étiez roi ? -Je ne ferais rien. -Et qui gouvernerait ? -Les lois.* [103]

Plus tard encore, le monde de la *Fable des Abeilles* de Bernard Mandeville, que critiqueront les *Sentiments Moraux* de Adam Smith et l'*Utilitarisme* de Jeremy Bentham. [104]

Et bien plus tard, la *Théorie pure* de Hans Kelsen, héritier involontaire de l'immanence de la Sophistique, se heurtera à l'état des choses de Michel Villey, dont l'inspiration se revendique de l'éthique naturaliste aristotélicienne. [105]

Dans tous les cas, il se sera agi d'aller à la source, celle de l'inspiration du compositeur de la musique de la règle, du chorégraphe de la danse de l'ordre : que le jet créatif soit *délire manique* inspiré par une divinité dans la *transcendance* (comme chez Platon [106]), ou qu'il soit le résultat socio-psychologique de la créativité d'un cerveau dans l'*immanence*, il n'en reste pas moins que le moyen de l'expression (la composition, la *poíesis* grecque, dialectiquement opposée à l'action, la *prãxis* grecques : ici la musique, la danse) est, et reste, toujours *l'individu* : en 'écriture automatique', dans laquelle n'intervient ni la conscience, ni la volonté [107], ou en écriture parfaitement maîtrisée par l'artisan-compositeur, c'est toujours un individu qui en façonne le résultat.

Le débat *transcendance/immanence* n'est-il donc que parfaitement théorique, comme le signifie le titre de l'ouvrage de Hans Kelsen, *Théorie Pure du droit* ? Peut-on philosopher sur la morale du droit dans l'absolu d'un théorique qui serait indépendante de l'expérience ? Peut-on vraiment entendre toute la musique, et son battement, en ne regardant que la partition ?

Le pouls qui bat le rythme de la composition est celui d'un individu *sensible*, qui écoute la musique de la règle et regarde la danse de l'ordre, en situation : sans les données de l'empirique, sa raison ratiocine *à vide*, autant que *dans le vide*.

7 D'où une ♦**Seconde Conclusion Dialectique** :

Dans la chorégraphie de l'ordre (qui est *prāxis,* l'action grecque antique), il est fondamentalement indifférent que les *accords* de la règle, qui en font la composition (qui est une création, la *poíesis* grecque antique), aient été réalisés sur une inspiration de source *transcendante*, ou bien *immanente*.

Car c'est toujours le Souverain-Nomothète, c'est-à-dire : un homme de terrain sur le terrain : -qui tient en main la règle ; -qui bat la cadence ; et -qui fait danser *sur sa mesure*.

Dans la réalité pratique, cet homme (le terme, qui est générique, incluant bien entendu toute femme), souverain et nomothète, est le seul *marionnettiste* :

- *pour les naturalistes*, il (elle) est un exécutant-interprète ;
- *pour les positivistes*, il (elle) est un grand marionnettiste, auteur-compositeur.

Ce qui fait danser le collectif, c'est toujours le jeu pratique et pragmatique de sa volonté.

5

MAÎTRISER

1 Revenons donc à cet égard sur les *faits* observés, afin d'examiner la réalité pratique, dans le social et le politique contemporains, de la théorie de l'ordonnancement dicté par le droit et des enseignements de la dichotomie immanence/transcendance, en commençant par évoquer les faits de l'observation. [108]

Avec *l'idéologie soviétique*, photographiée dans son état juste avant la chute du Mur de Berlin et juste après le démantèlement de l'URSS, tout observateur de faits du droit avait pu noter que la règle était là l'instrument d'un pouvoir sans partage : celle d'un monarque quasi-hobbesien.

C'était alors la philosophie du droit (politique) d'un pouvoir absolu, unique et sans contradiction, d'abord mis en place par un pacte volontaire (par la proclamation de l'URSS de fin 1922, qui suivit la *Révolution d'Octobre* marxiste-léniniste de 1917), découlant d'un ralliement social et civil d'une base civique constituée par des individus opprimés et affamés, unifiés contre un seul ennemi (la monarchie tsariste) au nom des intérêts d'un idéal collectif taillé au couteau : résultant de luttes fratricides, d'abord entre *bolcheviks* et *mencheviks* contraints à la clandestinité, puis entre les courants marxistes léniniste-stalinien et trotskiste -Trotsky fut expulsé d'URSS, et assassiné au pic à glace, sur ordre de Staline.

Ignorons ici la période staliniste : elle est le totalitarisme d'un tyran ; et se différencie du reste de la période soviétique en s'identifiant avec d'autres régimes présentant les mêmes caractéristiques, dont le régime du National-Socialisme allemand. [109]

Pour le reste de la période de la vie de l'URSS, de la fin de 1922 à la fin de 1991, le pouvoir soviétique du Centre, une société mérito-timocratique d'oligarques de l'appareil d'Etat, tous issus du même moule, et à la recherche des mêmes privilèges (qualifiée de *nomenklatura* des *apparatchiks*), a tenu jusqu'au bout la ligne idéologique socialiste.

La *nomenklatura* aura servi (au mieux de sa fonction ?) les intérêts des collectifs qu'elle administrait. Et, en servant les intérêts collectifs, en tempérant les mécontentements et en réduisant les risques de dérapage civiques, elle servait aussi ses propres intérêts, en affirmant à la fois la *validité* de son pouvoir et la *valeur* de sa planification. [110]

Avant de devenir *juge et bourreau* dans la *'Guerre des Lois'* soviétique (un conflit opposant le Centre à Moscou aux Républiques, de 1988 à 1992) qui fit rage au sein de l'Union et mena à sa dislocation finale, ou encore *Corde qui finit par pendre* (pour reprendre une fameuse expression de Lénine), la règle de l'idéologie socialiste a été l'instrument essentiel du pouvoir, le fondement de son assise, le conduit de sa toute-puissance dans la pyramide sociétale, le canal de l'ordonnancement commandé à tous les sujets de son autorité.

A cet égard, c'est toute l'idéologie du Pouvoir soviétique qui prenait corps dans la règle édictée par le collectif du Centre pour l'ensemble des collectifs de son *appareil*.

Avec pour fondement la délégation de la représentation des intérêts collectifs à un ensemble de 'Conseils' (appelés *Soviets*), au sein desquels pouvaient s'exprimer, dans une mise en scène bien réglée, toutes les sensibilités de toutes les collectivités.

Or c'est bien un clone de ce modèle socialiste centralisé, à large représentation encadrée par des lois, des rites et des coutumes, que l'on retrouve en Chine contemporaine au cœur-même du Pouvoir et du Parti Communiste chinois : ainsi l'opinion des représentants du peuple chinois est sollicitée, directement ou indirectement, au sein de l'Assemblée Populaire Nationale ; du Congrès National du Parti Communiste ; de la Conférence Consultative Politique du Peuple ; de la coopération et consultation multipartites avec les huit Partis démocratiques ; ou encore des organismes de groupements sociaux : sciences, lettres, juristes, artistes, diaspora, journalistes, handicapés, etc.). [111]

2 Or l'on sait bien, en 2021, que la Chine contemporaine est constamment critiquée, tout comme la Russie, pour des violations récurrentes des *droits de l'homme*.

Au vingt-et-unième siècle, les pouvoirs (russe ou chinois), dont la particularité, qui leur est commune, est d'administrer leur collectif sociétal respectif au moyen d'une règle qui est l'expression d'une puissance étatique *immanente* (*semper* Kelsen : *dura lex, sed lex* ? [112]), ont acquis la notoriété d'être les profanateurs d'un *sacré* : celui de la *morale* objective d'une *transcendance* appelée le *Droit de l'Homme*, qui apparaît jusque dans le credo des adversaires plus immanentistes de leur Etat centralisé.

A ce titre, en permettant, pour des motifs de politique partisane totalement matérialiste (*Realpolitik*) la mise en place d'une plateforme idéale pour s'opposer à des projets sociétaux *anti-mainstream*, le *Droit de l'Homme*, dont la teneur, la définition et les objets ont drastiquement évolué à travers le temps, est devenu une arme pour des combats parfaitement immanents.

Ainsi, dès 2019, la démocratie (très relative [113]) de l'Amérique de la Présidence Trump -une politique anti-Chine diplomatique et militarisée encore plus prévalente au sein de l'Administration Biden- tirant à boulets rouges sur le *socialisme à caractéristiques chinoises* de la Chine du Président Xi Jinping, au motif de *'violations répétées de droits de l'homme'*, au travers d'une batterie de *'sanctions'*

-telles que les sanctions *OFAC* d'août 2020, visant onze haut-fonctionnaires, dont la Présidente de Hong Kong en personne, et destinées à punir toute velléité de mettre de l'ordre dans le chaos de la rue à Hong Kong [114] (des normes spéciales dont il serait nécessaire de remettre en question les véritables motivations et le prétendu *humanisme*). [115]

Tandis qu'au même moment, le Président Donald Trump, qui, en campagne pour l'élection présidentielle de 2020, se prévalait de la doctrine nixonienne du *Law & Order*, faisait intervenir, *manu militari* et contre l'avis de certains des Gouverneurs, des agents fédéraux en armes pour rétablir l'ordre dans ses propres rues, agitées par les mouvements Black Lives Matter de l'été 2020 [116] ; et alors que les forces de l'ordre américaines furent vilipendées pour la violence de leurs répressions et les grossières violations de ces mêmes droits de l'homme -dont *Amnesty International* a dénoncé l'étendue, et l'illégalité :

> *Les forces de police à travers les USA ont commis des violations multiples et flagrantes des droits de l'homme contre les manifestants, protestant les tueries illégales de Noirs et appelant à des réformes policières.* [...] *Amnesty International a documenté 125 exemples de violences policières dans 40 Etats* [...] *entre le 26 mai et le 5 juin 2020.* [...] *L'analyse montre que les officiers de la force publique ont violé les droits de l'homme quotidiennement sur la voie publique, plutôt que de remplir leurs obligations de respecter et de faciliter le droit du peuple à protester pacifiquement,* [...] *avec des passages-à-tabac, l'utilisation abusive des gaz lacrymogènes et des sprays au poivre, les tirs inappropriés de projectiles non-fatals* [...] *par différentes forces de sécurité, des polices locales et polices d'Etat aux agents fédéraux et à la Garde Nationale.* [117]

3 Il faudrait d'abord se demander quel fondement normatif a le pouvoir de *déclarer des droits à l'homme* en vue de les codifier à sa guise, dans une démarche qui consiste à ramener une *transcendance* (une universalité, objective et inaliénable de *Droit de l'Homme*) dans la réalité atomisée, subjective et sanctionnable de notre *immanence*.

N'y a-t-il en effet pas là, depuis les *Déclarations* de Thomas Jefferson (1776) ou de Maximilien de Robespierre (1789), deux avocats de formation, jusqu'à celle des Nations-Unies (1948), une formation de Nations, une volonté (émanant d'un *homme* qui serait alors à la fois le sujet et l'objet de son droit) de jouer hors de sa ligue ? Comme une velléité de rivaliser avec la divinité ?

Ne veut-on donc rien savoir des conséquences de la démesure, du *hubrís* des anciens Grecs ? : c'était alors un crime, une faute majeure, un outrage au divin, consistant à *vouloir plus* que la part qui avait été assignée par le destin, à tenter de remettre en question l'*équité* et *l'égalité proportionnelle* de la *justice distributive* aristotélicienne [118], à prendre des libertés interdites avec les limites que nous aurait fixées le sort, en s'exposant aux sévères punitions prévues par la loi de Némésis.

Ou encore : certains auraient-ils retrouvé *l'anneau de Gygès* [119], qui les mettrait à l'abri de tout jugement ?

Ne faudrait-il pas plutôt tenter de trouver un sens contemporain au *mythe hésiodique des races* et à sa *fable sur la Justice* [120], à son enseignement sur les tensions antithétiques et sur la polarité entre Justice (*Dikè*) et Démesure (*Hubris*) ?

> (Vernant) *Bien fou qui résiste à plus fort que soi*. [...] *Toi, ô <mon frère>, écoute la justice et ne cède point à la démesure, car elle est funeste aux mortels*. [...] *Justice-Dikè l'emporte sur Démesure-Hubris et l'insensé l'apprend dans la souffrance*. [...] *Et vous, rois, n'oubliez*

pas que vous aussi vous relevez de cette justice ! [...] *La vierge, fille de Zeus, nommée Justice-Dikè, que les dieux respectent et honorent.* [121]

Laissant là la question de savoir s'il était philosophiquement possible (et, d'autant plus : s'il était convenable) pour l'homme qu'il s'appropriât, avec sa codification, une telle loi, naturelle et transcendante ; et si la traduction qu'il en fait dans son *existence*, en respecte l'*essence* idéale -ou si elle n'en est qu'une pâle image, un mensonge qui la travestirait à son gré et selon ses intérêts [122] ; une interrogation préalable surgit cependant, vis-à-vis d'une volonté de codification, d'édicter une règle qui aurait la prétention de s'appliquer à tous (les 'droits de l'homme') : quelle est la réalité concrète de l'universalité de cette nature de l'homme, qui mériterait que l'on s'attache à en protéger les tenants, partout et en tout temps (c'est-à-dire du *Droit de l'Homme*) ?

La réponse à cette question ne consiste pas à tenter de se hasarder dans les diatribes qui prétendent à trouver de nébuleuses différences à la nature humaine, sur une base raciale, ethnique, ou franchement raciste.

Car le balayage *politiquement incorrect* du spectre de ces mouvements démontre que tous cherchent à affirmer, ou à imposer, des 'droits', qui sont *pris très au sérieux* [123], étant revendiqués par un groupe donné sur un fondement racial, donc inégalitaire, questionnable dans une perspective qui se voudrait unitaire : -primat de race blanche (Ku Klux Clan) ; -doctrine de la race aryenne (National-Socialisme) ; -défense de la race noire (*Black Lives Matter*) ; -exigence de l'ethnicité chinoise pour l'octroi de la nationalité (Chine) ; -exigences de matrilinéarité ou de patrilinéarité, ou injonctions du formalisme orthodoxe, pour la reconnaissance de la conversion (au Judaïsme, au Zoroastrisme) ; etc.

Ce qui doit être considéré ici, c'est uniquement la différence entre les sociétés, chacune d'elles ayant par ailleurs, au vingt-et-unième siècle, acquis la capacité, le droit, la nécessité, et surtout l'obligation, d'être multiraciale et pluriethnique -selon nous, ce sont les inadéquates politiques d'intégration ou les politiques de rejet de certaines populations immigrées qui sont à blâmer pour une grande partie des problèmes sociétaux actuels, dont le *communautarisme*, volontaire, imposé ou pratiqué : la responsabilité en incombe d'abord à ces politiques.

Il y aurait donc deux perspectives à considérer : -un *schéma vertical* (soit l'admissibilité théorique de la volonté de ramener une transcendance dénommée *'Droit de l'Homme'*, au sein d'une immanence de codification et de normativité, dénommée *droits de l'homme*) ; et -un *schéma horizontal* (où la codification des droits de l'homme concerne surtout la tentative de résoudre un affrontement entre différentes *cultures*).

Examinons-les tour-à-tour.

[1] Le schéma vertical :
Ramener la transcendance dans l'immanence.

Chez les Grecs anciens, qui distinguaient les autochtones, des métèques, des barbares et des esclaves, l'ordre civil était un ordre naturel : celui de l'amitié (*philía*), de la vie en société, de la *pratique communautaire* ; du lien découlant de la similarité de culture et de valeurs (*oi̓keiótēs*) qui conduit à l'épanouissement (*eu̓daimonía*) personnel et civique, car toujours couplé à la question de la justice et de l'équité sociales. [124]

A notre époque en revanche, toutes ces leçons naturalistes semblent avoir été largement ignorées, au profit de constructions artificielles, des codifications toujours évolutives, qui ont pris pour fonction fondamentale de faire respecter des droits dont le contenu est foncièrement flou et hétérogène et qui sont regroupés sous la même bannière à la façon des bataillons étrangers dans les armées napoléoniennes. [125]

Grâce à (ou à cause de) ces codifications en effet, les droits de l'homme, en tant qu'ils ont été affirmés comme étant universels, ont acquis une préséance insidieuse sur les droits des citoyens, qui ne peuvent être que territoriaux.

En voici une excellente illustration : en prétendant à sanctionner, à la suite d'un jugement unilatéral et non-contradictoire, des actes susceptibles d'être qualifiés comme des violations de *droits de l'homme internationalement reconnus* (une définition fourre-tout, aussi vague qu'elle est creuse), le *U.S. Hong Kong Human Rights and Democracy Act* de 2019 et le *U.S. Hong Kong Autonomy Act* de 2020 ont eu pour conséquence :

-de restreindre considérablement le *droit constitutionnel* des Gouvernements de Hong Kong et de Chine de maintenir l'ordre public sur leur territoire -avant l'adoption de la *Loi de Sécurité Nationale* de juillet 2020, la HKSAR *Basic Law* 1997 prévoyait déjà que la Chine, dont l'Armée Populaire de Libération (PLA) a toujours maintenu une garnison importante à Hong Kong, avait un droit à intervenir légalement en cas de menace pour la sécurité intérieure [126], ce qu'elle n'a pas fait, malgré des attaques qui l'ont ciblées ; et

-de juguler, jusqu'à l'absurde effet d'un geste totalitaire, les droits politiques des adversaires de la *démocratie à l'américaine*, qui soutiendraient, dans leur propre territoire, le projet du *socialisme à caractère chinois* (on ne saurait ignorer que le mouvement anti-Chine de 2019-2020 est très loin de faire l'unanimité parmi les ressortissants de

Hong Kong, contrairement à ce que voudraient faire croire ses partisans, et certains médias).

Avec les interventions des Législateurs et des Chancelleries étrangers, le droit du citoyen hongkongais se trouve donc doublement menacé par le *Droit de l'Homme* :

-*d'un côté*, ce citoyen a dû endurer, sans pouvoir protester, le *désordre* auquel son Gouvernement n'a pas osé pas remédier avec les moyens qui s'imposeraient dans tout Etat de droit (comparer avec la répression policière des manifestations aux USA : Black Lives Matter de 2020 ; ou en France : *Gilets Jaunes* de 2018), une situation de chaos et de violences absolument intolérables, surtout pour l'économie ; et le règne de casseurs masqués et armés de barres de fer et de cocktail-molotov, néanmoins consacrés par les Etats-Unis et ses alliés comme des *'défenseurs de la démocratie'* : tels le sac du bâtiment de l'Assemblée législative (le *Legco*) du 1er juillet 2019 [127] ; ou les très nombreuses déprédations des stations du métro (le MTR, pour *Mass Transit Railway*, le ferroviaire du trafic de masse), une société de transport et de promotion immobilière cotée en bourse et appartenant en partie à l'Etat hongkongais, qui a été vilipendée sous le nom totalement injustifié de *Communist Party's Railway* (le ferroviaire du Parti Communiste chinois) [128] ; et

-*d'un autre côté*, ce même citoyen a dû subir *l'ordre*, sous la forme d'injonctions unilatérales émanant d'un Etat étranger (les Etats-Unis d'Amérique), auquel il n'a aucune allégeance à prêter, de ne pas tenter de soutenir le modèle de société (*socialiste*) qu'il pourrait, en son for intérieur, parfaitement souhaiter.

A cet égard, ne conviendrait-il pas, dans les Etats qui se prétendent 'de droit', de se demander comment il peut être conforme à l'esprit de la forme politique dénommée *démocratie*, que des individus qui choisissent de donner leur vote, ou d'apporter leur soutien, à des mouvements *anti-mainstream* (généralement souverainistes, c'est-à-dire anti-globalisation) soient, à l'exception bien notée du *Make America Great Again* du Président Trump lorsqu'il était en place, brocardés à travers le monde comme des suppôts fascistes ou nazis, des totalitaristes, ou plus souvent encore des complotistes -des qualificatifs qui sont trop souvent sans aucune justification fondée ?

La règle nouvelle du *Nouvel Ordre* est donc celle du primat d'un droit naturel (qui est devenu droit positif) attaché à la qualité d'homme du monde, prioritaire sur tout droit positif attaché à la qualité d'administré d'un Etat.

Avec les codifications de plus en plus créatives d'un *Droit de l'Homme* devenu incontournable, et impossible à remettre en question, la consolidation des pluralités et des différents ordres nationaux (positifs) au sein d'un unique ordre international (qui se pare des attributs de la transcendance, tout en n'étant que parfaitement immanent) est devenu le mot d'ordre d'une inéluctable globalisation dans l'ordre socio-politique, à réaliser au moyen du bâton et de la règle.

On peut déjà se demander quelle place, dans ce *Nouvel Ordre*, pour ceux qui souhaiteraient s'en éloigner -qui plus est si c'est à travers un choix exprimé de manière démocratique, qu'il faudrait, un tant soit peu, respecter.

[2] Le schéma horizontal :
Chocs de cultures et de valeurs.

Avec la question –*'Quelle est la réalité concrète de l'universalité de la nature de l'homme ?'*, il s'agit également de questionner, dans la construction normative des droits de l'homme, la juste prise en compte de l'importance et l'influence de la *culture* [129] -qui est d'abord et avant tout : locale ; et : domestique- et l'ensemble des valeurs propres à chaque société (une requête que la discipline socio-ethnologique adresse à celle de la philosophie de l'esthétique et de l'éthique [130], dans le droit [131]).

La question de la *culture*, et, partant, celle des *valeurs*, n'est en effet pas qu'une question théorique, ni pour les gouvernants, ni pour les gouvernés : elle détermine, dans chaque société, la mesure pragmatique dans laquelle la 'culture' et les 'valeurs' doivent décider de l'ordre civil, bâti ou maintenu par les règles de droit qui lui sont spécifiques.

Quant à l'Union européenne (UE), elle annonce que : [132]

> [...] *Le respect pour la règle de droit et l'universalité et l'indivisibilité des droits de l'homme et des libertés fondamentales sont parmi les principes fondateurs de l'UE et les principes fondamentaux qui inspirent l'action de l'UE dans ses relations extérieures. La réforme du secteur de la justice et l'amélioration de la capacité d'accès aux tribunaux vont main-dans-la main avec l'application de la règle de droit, qui repose sur le principe que la loi est suprême, et que chacun est égal devant la loi et responsable pour ses actions.*
>
> *La règle de droit est un principe fondateur de l'UE, et un principe qui guide son action extérieure* [...] *qui se traduit dans les efforts de* [...] *protection et promotion des droits de l'homme et des libertés fondamentales,* [...] *de séparation des pouvoirs,* [...] *du renforcement des capacités institutionnelles et administratives des institutions de justice,* [...] *de modernisation du système judiciaire,* [...] *du contrôle et de la surveillance par la société civile du fonctionnement du service judiciaire.*

Il n’est donc pas étonnant :

-*Qu’en 2018*, cette *question des valeurs* sociétales ait été au centre d’un affrontement opposant la Hongrie, la Pologne et la République Tchèque à l’Union européenne sur la *question des migrants* : ceux-là étaient opposés à l’ouverture de leurs frontières nationales dans la mesure qui avait été imposée par Bruxelles, au motif qu’en bouleversant leur culture et leurs valeurs autochtones séculaires, cette immigration massive, porteuse d’une culture et de valeurs différentes, aurait menacé leur délicat équilibre social et le mélange socio-ethnique prévalent.

-*Qu’en 2020*, confrontée à la Hongrie et à la Pologne avec virulence (mais sans aval), l’UE eût cherché à imposer à tous les Etats-membres des *conditions culturelles* à l’octroi de son aide anti-coronavirus, le *EU Recovery Fund* (de EUR 750 milliards) : exigeant que cette aide, supra-étatique, soit assortie de conditions de respect des ‘valeurs démocratiques’, en particulier de la ‘règle de droit’ (*the rule-of-law condition*). [133]

-*Qu’en 2021*, la Commission européenne ait ouvert des *procédures d'infraction* contre la Hongrie et la Pologne pour violation des droits fondamentaux des personnes LGBTIQ, sur la base de l'article 2 TUE (aussi, Hongrie : art. 56 et 34 TFEU, etc. ; Pologne : art. 4.3 TUE), la Présidente Ursula Von der Leyen justifiant que *l’égalité et le respect de la dignité et des droits de l'homme sont des valeurs fondamentales de l'UE* ; et affirmant, dans son *Discours sur l’état de l’Union 2020*, devant le Parlement, que :

> [...] *l'Europe* [sic] *ne tolérera jamais que des membres de notre société soient stigmatisés : que ce soit en raison des personnes qu'ils aiment, de leur âge, de leur origine ethnique, de leurs opinions politiques ou de leurs convictions religieuses.* [134]

-*Que depuis 2017,* la Commission ait vertement critiqué *l'absence de contrôle constitutionnel indépendant et légitime, ainsi que l'adoption, par le Parlement polonais, de nouveaux actes législatifs relatifs au système judiciaire, qui suscitent de vives préoccupations en ce qui concerne l'indépendance de la Justice et accentuent sensiblement la menace systémique pour l'Etat de droit en Pologne.* [135]

Or, en date du 7 octobre 2021, la Cour constitutionnelle de Pologne a rendu une décision (dans l'affaire K 3/21 [136]) qui rejette la primauté du droit européen sur le droit polonais.

Inquiète de cette velléité d'affranchissement de droit clairement affirmée par la Justice d'un Etat-membre, qui est assurément susceptible de mettre à mal le pilier central de la construction européenne ; inquiète de l'inaction de la Commission quant à l'application des règles de son propre droit ; en date du 14 octobre 2021, la Commission des Affaires Juridiques du Parlement européen a voté en faveur de l'introduction devant la CJUE d'un recours *contre la Commission européenne* pour *sanctionner le non-déclenchement du mécanisme de l'Union de conditionnalité liée à l'état de droit* ! [137]

Invitant la Commission et le Conseil à prendre d'urgence des mesures coordonnées contre la Pologne, quelques jours plus tard, le Parlement européen a ensuite émis une résolution qui.

> [...] *déplore profondément la décision de la 'Cour constitutionnelle' illégitime du 7 octobre 2021 ;* [...] *qui constitue une attaque contre la communauté européenne de valeurs et de lois dans son ensemble, portant atteinte à la primauté du droit de l'Union, l'un de ses principes fondamentaux conformément à une jurisprudence bien établie de la Cour de justice de l'Union européenne; se dit vivement préoccupé par le fait que cette décision pourrait constituer un précédent*

> *dangereux; souligne que non seulement la 'Cour constitutionnelle' illégitime manque de validité juridique et d'indépendance, mais n'est pas non plus compétente pour interpréter la Constitution en Pologne.* [138]

La Pologne n'ayant pas donné suite à une Ordonnance de Mesures Provisoires de la Vice-Présidente de la CJUE du 14 juillet 2021, la Cour de Justice de l'Union Européenne annonça, dans un communiqué de presse du 27 octobre 2021, qu'elle avait condamné la Pologne à *une astreinte quotidienne d'un million d'euros*, précisant que :

> [...] *le respect des mesures provisoires ordonnées le 14 juillet 2021 est nécessaire afin d'éviter un préjudice grave et irréparable à l'ordre juridique de l'Union européenne ainsi qu'aux valeurs sur lesquelles cette Union est fondée, notamment celle de l'État de droit.* [139]

-*En 2021* donc, devant le déluge de critiques émises par ses populations et par certains, toujours plus nombreux, de ses Etats-membres, pour une construction européenne désormais mise à mal par de nombreux échecs en matière de politique intérieure et extérieure (*Brexit*, coordination de la gestion sanitaire, migrations et défense des frontières, défaillances en matière de technologies et de compétition, politiques de fiscalité et injustices sociales, gestion des indépendances et répression, politique de sanctions et américanisme, politique de défense, etc.), le sort des procédures de contrainte contre la Pologne seront probablement déterminantes pour déterminer la forme que prendra l'Union européenne à l'avenir (résolvant le débat toujours plus prégnant entre le fédéralisme et l'intégration ?).

Et, également dans une Suisse tant célébrée pour les succès de son fédéralisme et de son démocratisme populaire, il y aurait assurément matière à se demander quel rôle ont pu jouer la *culture* et les *valeurs* traditionnelles suisses dans le cadre de la très relative 'non-adhésion' de la Suisse à *l'aventure* européenne -circonscrite dans le cadre d'une succession *d'accords bilatéraux* avec l'Union européenne.

Dans cette mesure, en effet :

-*En 1992*, alors qu'elle était membre de l'AELE, la Suisse tenta d'adhérer à l'Espace économique européen (EEE) et au 'premier pilier' des Communautés (CEE, CECA et Euratom, les trois organismes qui précédèrent l'Union européenne, avant que le *Traité de Maastricht* du 7 février 1992 n'entre en vigueur au 1er novembre 1993).

Faisant l'objet d'une Lettre du Conseil fédéral suisse du 20 mai 1992, cette requête devint sans objet seulement quelques mois plus tard : lorsqu'en date du 6 décembre 1992, le peuple suisse désavoua la démarche de son Exécutif fédéral, dans le cadre d'un vote populaire que le Conseiller Fédéral Jean-Pascal Delamuraz qualifia de « *dimanche noir* » -fustigeant ainsi, et de manière très critiquable, la volonté majoritaire.

Nonobstant le vote, et quelles que furent les explications fournies par le Conseil fédéral après cette déclaration exécutive très peu respectueuse de l'idée de démocratie dans un pays considéré comme un modèle exemplaire de fédéralisme (au point d'en agacer vertement plus d'un avec la formule consultative de son démocratisme : « *A Genève, on vote sur 'tout et sa grand-mère'* », titrait un quotidien à la fin de 2021 [140]), la Suisse aura attendu *près de quinze ans*, et d'y être contrainte par un vote du Parlement, pour procéder au retrait formel de sa demande d'adhésion -ce qui ne fut fait qu'en date du 27 juillet 2016. [141]

Entre temps, en matière de migrations et de libre circulation :

-*Dès 2002*, la politique migratoire suisse, qui était très restrictive jusque-là, connut un changement fondamental, avec *l'accord bilatéral sur la libre circulation des personnes* (ALCP), approuvé par le peuple suisse en 2000 et en vigueur depuis le 1er juin 2002 (et postérieurement, augmenté de plusieurs extensions : en 2004 aux dix Etats ayant adhéré à l'UE ; en 2006, à la Bulgarie, et en 2009, à la Roumanie).

-*Entre 2012 et 2014,* la Suisse connut d'abord une initiative populaire du 2 novembre 2012, intitulée *'Halte à la surpopulation-Oui à la préservation durable des ressources naturelles'*, qui avait pour but de faire changer la politique migratoire suisse afin de préserver les ressources naturelles, en restreignant très fortement l'admission en Suisse et le recrutement de travailleurs, notamment ceux de l'Union ; et en imposant le contingentement des autorisations de séjour.

Le Conseil fédéral et les Chambres fédérales avaient appelé à la rejeter, pour maintenir la politique migratoire en cours, au motif que *la croissance économique et l'immigration relativement élevée enregistres ces dernières années en Suisse <avaient> entraîné une croissance démographique qui <plaçait> le pays face à de nouveaux défis*. L'initiative fut massivement rejetée, par une votation populaire du 30 novembre 2014, qui récolta 74.1% de Non (dans une participation de 49.98%). [142]

-*Entre 2014 et 2016,* une initiative constitutionnelle du 14 février 2012, intitulée *'Contre l'immigration de masse'* proposa d'introduire dans la Constitution helvétique un nouvel article (l'art. 121a) pour tenter de mettre un frein à la considérable immigration qui suivit l'adoption de la voie bilatérale avec l'Union européenne -depuis la mise en place de l'ALCP en 2002, cette immigration avait en effet été *dix fois* plus importante que le chiffre prévu par les *'experts'* de la Confédération.

Malgré les pressions de l'Union européenne, malgré une modification par le Parlement du texte de l'article constitutionnel, et malgré la rhétorique inquiète du Conseil fédéral à propos de l'incompatibilité du texte du nouvel article avec les obligations internationales de la Suisse et la nécessité de maintenir la voie prescrite dans les *accords bilatéraux* (I-II, de 2002-2005), le projet de nouvel article constitutionnel fut accepté par le peuple au début de 2014, à une majorité de 50.3%, avec une participation de 56.57%.[143]

A la suite de ce vote de février 2014, le Parlement adopta, en date du 16 décembre 2016, la *Loi d'application de l'art. 121a de la Constitution*, tout en *optant sciemment pour une réglementation compatible avec l'accord sur la libre circulation des personnes (ALCP) en vigueur entre la Suisse et l'Union européenne* [144]. A cet égard, le Conseil fédéral s'engageait à *envoyer les projets d'ordonnances en consultation au cours des prochaines semaines ;* et prévoyait *d'adopter les ordonnances définitives au début de 2018* (soit quatre ans après le vote populaire). [145]

Or, *le diable étant dans les détails* -également quant à l'exécution normative, la 'consultation', ouverte par le Conseil fédéral jusqu'au 6 septembre 2017, recueillit une petite centaine de prises de position, dont la plupart émanaient des mêmes intervenants économiques et politiques qui s'étaient déjà longuement exprimés avant la votation de février 2014.

Dès lors, la nécessité, le bilan et les délais de cette 'consultation' ne peuvent que laisser perplexe tous ceux qui avaient accepté, près de quatre ans auparavant, la modification constitutionnelle -tout comme la langue de bois de ce rapport, qui a de quoi embarrasser le plus patient partisans du démocratisme *à la Suisse* : [146]

> *1. Comme l'on pouvait s'y attendre* [sic], *les participants à la consultation se sont surtout exprimés sur la mise en œuvre de la nouvelle obligation de communiquer les postes vacants dans les catégories professionnelles qui enregistrent un taux de chômage supérieur à la moyenne.* [...] *Les avis sont partagés, comme l'ont déjà montré les débats* [sic] *sur les modifications législatives : certains participants souhaitent une mise en œuvre systématique de cette obligation, d'autres redoutent que l'économie doive faire face à une importante charge administrative, qui pourrait la freiner.* [...] *Le présent rapport* [...] *indique quelles dispositions ont été accueillies favorablement, négativement ou avec scepticisme* [sic].

Concluant dans une formule synoptique foncièrement essentielle qui constate qu'on ne pouvait que constater, même après une année de consultation, la même récurrente conséquence de tout vote de cette importance :

> *6.1. La majorité des participants à la consultation juge qu'une concrétisation de la disposition légale nouvellement créée dans une ordonnance d'exécution est absolument nécessaire* [sic].

Choc de *cultures*, conflits de *valeurs* ?

-EN SUISSE

Après avoir appliqué, pendant plusieurs décennies, une politique d'immigration très restrictive, avec des permis de résidence, et de travail, délivrés au compte-goutte ; après avoir mis à son grand profit le travail de *saisonniers* en leur offrant des conditions de vie pour le moins critiquables ; continuant à tolérer plus d'une centaine de milliers d'immigrants illégaux, des sans-papiers qui vivent et travaillent en Suisse *avec des salaires de misère et des conditions de travail indignes* (selon le Syndicat du Personnel des Transports [147]), la Suisse, dont l'économie ne saurait renoncer à l'apport manuel et intellectuel de la main d'œuvre étrangère (*Sans les migrations, la Suisse d'aujourd'hui, avec son excellent niveau de vie, n'existerait pas*, rappelait Caritas en 2011 [148]) s'est trouvée donc prise dans un étau, entre les partisans d'une Suisse suiveuse cahin-caha d'une Union européenne (son principal partenaire économique) aux politiques de plus en plus contestées, et ceux d'une Suisse jalousement conservatrice des succès de l'helvétisme.

Alors que les conséquences pragmatiques de la nouvelle disposition constitutionnelle *limitant l'immigration* en Suisse (du nouvel art. 121a) se firent attendre (à dessein ?), devant l'évolution des conditions et du cadre de vie des classes moyennes et inférieures (avec la suroccupation des infrastructures routières et sociétales, la construction ubiquitaire et la montée exponentielle des prix de l'immobilier et du logement, l'augmentation des prises en charge sociales et des escroqueries aux assurances, l'explosion de la délinquance et des incivilités, l'augmentation de la dette publique, les pressions à la hausse sur la fiscalité privée et commerciale, la perte considérable de pouvoir d'achat, la politique de taux très négatifs affectant l'épargne et les retraites, etc.), il était inéluctable que les moins patients et les plus virulents des votants anti-immigration-de-masse exigeassent une resucée de la votation populaire de 2014.

Elle eut lieu dans le cadre de l'initiative populaire *Pour une immigration modérée, initiative de limitation* du 31 août 2018, qui prévoyait l'introduction d'un deuxième nouvel article dans la Constitution fédérale suisse (l'art. 121b, intitulé *Immigration sans libre circulation des personnes*), qui proposait de supprimer purement et simplement la liberté de circulation des personnes (dans un retour à une Suisse protectionniste, telle qu'avec la situation de délivrance, limitée par examen et préavis, des permis de travail et de résidence, qui prévalait avant les *accords bilatéraux I* du 1er juin 2002). [149]

> *Dans les deux Chambres <du Parlement>, on a assisté à une répétition des arguments entendus lors du débat no 12.098 sur l'initiative 'Contre l'immigration de masse'. Pour ses adversaires, l'initiative prend le risque de mettre un terme aux accords bilatéraux I et de remettre ainsi fondamentalement en cause la voie bilatérale poursuivie avec l'Union européenne.*

Soumise à la votation du peuple en pleine crise pandémique, l'initiative pâtit assurément de la frustration populaire engendrée par la multiplication des fermetures aux frontières (en particulier de l'espace Schengen) et les entraves à la mobilité dues aux confinements successifs et non-coordonnés, ainsi que de l'absence de débat public sur l'initiative, dû à la fermeture forcée des salles de réunion et à l'interdiction des réunions de groupe : prévue pour le mois de mai 2020, la votation fut repoussée après la rentrée de la dramatique période estivale (où personne n'avait pu voyager comme de coutume). Sans surprise donc, et peut-être pour de mauvais motifs, l'initiative fut rejetée, en date du 27 septembre 2020, par 61.7% des votants (avec une participation de 59.39%).

Pour mettre en ordre les priorités du déluge législatif (de plus de cent trente accords), il y eut *sept années* de discussions diplomatiques entre la Suisse et l'Union sur le fond d'un *accord-cadre* (*Accord facilitant les relations bilatérales entre l'Union européenne et la Suisse dans les parties du marché intérieur auxquelles la Suisse participe* du 30 avril 2002 [150]).

Si à peine trois jours après l'acceptation de l'initiative *Contre l'immigration de masse*, l'Union avait suspendu pendant quelques mois les négociations, avant de les reprendre ; et qu'elles furent à nouveau bloquées en 2020 dans l'attente de la votation sur l'initiative *'Pour une immigration modérée'* ; après le rejet populaire, Bruxelles exigea une signature *'rapide'* du projet d'accord-cadre.

Cependant, le Conseil fédéral estimant que des *'divergences substantielles'* persistaient, décida de mettre un terme aux négociations en date du 26 mai 2021, créant une onde de choc dans les milieux économiques, politiques et scientifiques. *Les désaccords entre la Suisse et l'Union européenne se sont cristallisés autour de deux points : les mesures d'accompagnement et la directive relative aux droits des citoyens de l'UE,* a indiqué mercredi le Ministre des Affaires étrangères, Ignazio Cassis, lors d'une conférence de presse qui réunissait trois Conseillers fédéraux, dont le Président Guy Parmelin.

Tentant de ranimer une flamme européenne décidément vacillante, la Suisse affirma faire montre de *bonne volonté* (de naïveté ?), en annonçant en date du 30 septembre 2021 qu'elle allait débloquer, sans rien demander à l'Union, la somme d'*un milliard quarante-sept millions d'euros*, versés *au titre de la politique européenne 'en matière de cohésion'* -ce montant, prélevé sur les contributions fiscales des contribuables suisses, étant destiné, selon les dires du Conseil fédéral, à *aider à réduire les disparités économiques et sociales dans l'Europe élargie* -d'aucuns partageant l'avis que ce versement, tout comme celui d'une première tranche *d'un milliard trois cent deux millions d'euros* versée en novembre 2017, était scandaleux, et parfaitement inutile. [151]

Le milliard de cohésion est une contribution autonome. 'C'est un signe de bonne volonté', a poursuivi le Conseiller fédéral. 'La Suisse montre ainsi qu'elle demeure un partenaire fiable. L'escalade des exigences de part et d'autre n'a servi à rien ces dernières années. Il faut briser le schéma contreproductif des liens infondés entre les dossiers. La Suisse doit avoir la grandeur d'esprit de faire le premier pas', a encore plaidé le ministre des affaires étrangères.

A cet égard, toujours en relation avec les accords bilatéraux et l'Union européenne, le versement en 2017 du premier 'milliard de cohésion' se fit en concomitance avec les développements d'une initiative populaire 'anti-juges étrangers/européens', intitulée *Le droit suisse au lieu du droit étranger (initiative pour l'auto-détermination)*. Cette initiative, qui aboutit en date du 12 août 2016, visait à ajouter de nouvelles dispositions à la Constitution fédérale (les art. 5 al. 1 et 4, art. 56a, art. 190) afin d'établir et de garantir la primauté du droit constitutionnel sur le droit international, et de clarifier la relation entre droit international et droit interne. Rejetée par le Conseil fédéral et par les deux Chambres du Parlement, cette initiative fut balayée par une votation populaire du 25 novembre 2018 (66.3% pour, 33.7% contre, participation de 47.7%). [152]

-DANS L'UNION EUROPÉENNE

Entre les populations autochtones et immigrantes (en témoignent la perte de vitesse du Parti de la Chancelière démissionnaire, le CDU, en Allemagne; l'un des thèmes fondamentaux dans la campagne présidentielle française ; le jugement pour séquestration d'un ancien Ministre de l'Intérieur italien ; etc.): il est donc peu étonnant que, en 2021, l'on retrouve partout au sein d'une Union qui montre de dangereuses fissures à tous égards (économiques, sociales, politiques, ou de coordination sanitaire), des problématiques de racisme, de communautarisme, de protectionnisme, ou encore de complotisme. Et qu'après avoir ouvert ses portes à des millions de migrants légaux et illégaux, les pays de l'Union tentent d'endiguer le flux incessant des migrations, en érigeant des murs de béton et de barbelés toujours plus nombreux à ses frontières du Nord et du Sud (en renforçant l'action de l'Agence européenne 'Frontex').

Car, en Europe, avant d'être une guerre de terrain, la *guerre des valeurs* est avant tout une guerre de mots. Qui est menée à coups d'une herméneutique (juridique), dans une *mesure* aux contours très imparfaits, elle-même formattée par le texte du 'Traité sur l'Union européenne' (TUE). [153]

-(Art. 2 TUE)

> *L'Union est fondée sur les valeurs de respect de la dignité humaine, de liberté, de démocratie, d'égalité, de l'État de droit, ainsi que de respect des droits de l'homme, y compris des droits des personnes appartenant à des minorités. Ces valeurs sont communes aux États membres dans une société caractérisée par le pluralisme, la non-discrimination, la tolérance, la justice, la solidarité et l'égalité entre les femmes et les hommes.*

-(Art. 3 TUE)

> *1. L'Union a pour but de promouvoir la paix, ses valeurs et le bien-être de ses peuples.*
>
> *2. L'Union offre à ses citoyens un espace de liberté, de sécurité et de justice sans frontières intérieures, au sein duquel est assurée la libre circulation des personnes, en liaison avec des mesures appropriées en matière de contrôle des frontières extérieures, d'asile, d'immigration ainsi que de prévention de la criminalité et de lutte contre ce phénomène.*

> *3. L'Union* [...] *œuvre pour le développement durable de l'Europe fondé sur une croissance économique équilibrée et sur la stabilité des prix, une économie sociale de marché hautement compétitive, qui tend au plein emploi et au progrès social, et un niveau élevé de protection et d'amélioration de la qualité de l'environnement. Elle promeut le progrès scientifique et technique. Elle combat l'exclusion sociale et les discriminations, et promeut la justice et la protection sociales, l'égalité entre les femmes et les hommes, la solidarité entre les générations et la protection des droits de l'enfant. Elle promeut la cohésion économique, sociale et territoriale, et la solidarité entre les Etats membres. Elle respecte la richesse de sa diversité culturelle et linguistique, et veille à la sauvegarde et au développement du patrimoine culturel européen.* [...]
>
> *5. Dans ses relations avec le reste du monde, l'Union affirme et promeut ses valeurs et ses intérêts,* [...].

Cependant, au-delà des mots de ce texte, il n'est pas si évident de cerner quelles sont ces 'valeurs' dont l'Union européenne se prévaut -tout comme le fait que l'Union européenne a reçu le Prix Nobel de la Paix, en 2012, *pour avoir fait avancer la paix, la réconciliation, la démocratie et les droits de l'homme en Europe* (ainsi dans les diverses 'Guerres des Balkans', qui ont duré de 1991 à 2001 ?).

A décharge de la construction, il faut noter que telle que Rome (qui *ne s'est pas faite en un jour*), l'Union a été bâtie au fur et à mesure, et sur la base de pléthore de textes législatifs à travers lesquels elle a tenté de s'adapter à la réalité et à la pragmatique des difficultés rencontrées, parfois de manière parfaitement inattendue.

Retenons :

-Que le premier texte original fondateur de l'UE, le *Traité de Maastricht*, du 7 février 1992, destiné à remplacer par une Union les Communautés européennes (instituées d'abord par le *Traité CEE*, de mars 1957), mentionnait bien dans les objectifs de politique étrangère et de sécurité *la sauvegarde des valeurs communes, des intérêts fondamentaux et de l'indépendance de l'Union* et *le développement et la consolidation de la démocratie et de la règle de droit, le respect des droits de l'homme et des libertés fondamentales* (art. J.1.2), sans pour autant définir plus avant ces concepts ;

-Que le *Traité d'Amsterdam*, du 2 octobre 1997, qui amende le *Traité de Maastricht*, contient une référence directe au fait que *l'Union est fondée sur les principes de liberté, démocratie, respect des droits de l'homme et des libertés fondamentales, et la règle de droit, principes qui sont communs aux Etats-membres* (§8a.1/art. F.1) ; affirme la détermination *à promouvoir le progrès économique et social de ses peuples, en tenant compte du principe de développement durable* (§1.2/7ème préambule) et répète ce principe à plusieurs reprises (§1.5) ; et reprend la référence à la *sauvegarde des valeurs communes et à la démocratie et règle de droit, respect pour les droits de l'homme et libertés fondamentales* (§10/V.J.1.1).

L'idée affirmée du Traité étant de confirmer que l'Union devait *poursuivre ses objectifs en adoptant des politiques, des positions, des actions, et des stratégies, communes* (§10/en part. V.J.2-4).

-Que le *Traité de Nice*, du 26 février 2001, quant à lui, contient le texte du fameux article 7 TUE qui permet au *Conseil, statuant à la majorité des quatre cinquièmes de ses membres après avis conforme du Parlement européen, <de> constater qu'il existe un risque clair de violation grave* *par un État membre [...], lui adresser des recommandations appropriées* ; et de *décider, statuant à la majorité qualifiée, de suspendre certains des droits découlant de l'application du présent traité à l'État membre en question.*

-Que par le *Traité de Lisbonne*, du 13 décembre 2007, *l'Union a reconnu les droits, les libertés et les principes énoncés dans la 'Charte des droits fondamentaux de l'Union européenne' du 7 décembre 2000* (2007), à laquelle le Traité de Lisbonne donne *la même valeur juridique que les traités*. Et qu'il précise que *les droits fondamentaux, tels qu'ils sont garantis par la Convention européenne de sauvegarde des droits de l'Homme et des libertés fondamentales et tels qu'ils résultent des traditions constitutionnelles communes aux États membres, font partie du droit de l'Union en tant que principes généraux* (nouvel art. 6.1-3 TUE).

Ce Traité modifie aussi le *Préambule* du Traité de l'Union, en y ajoutant les mots : *S'inspirant des héritages culturels, religieux et humanistes de l'Europe, à partir desquels se sont développées les valeurs universelles que constituent les droits inviolables et inaliénables de la personne humaine, ainsi que la liberté, la démocratie, l'égalité et l'État de droit* (§1.1a).

Et il y introduit un nouvel article : l'art. 1bis TUE. Qui affirme que *L'Union est fondée sur les valeurs de respect de la dignité humaine, de liberté, de démocratie, d'égalité, de l'État de droit, ainsi que de respect des droits de l'homme, y compris des droits des personnes appartenant à des minorités. Ces valeurs sont communes aux États membres dans une société caractérisée par le pluralisme, la non-discrimination, la tolérance, la justice, la solidarité et l'égalité entre les femmes et les hommes.*

-Qu'avant le 1er décembre 2009, date de l'entrée en vigueur du *Traité de Lisbonne* (à propos duquel l'ancien Président Valéry Giscard d'Estaing estimait en 2007 que si nous en *soulevons le couvercle, et regardons dans la boîte, les outils sont bien là,* [...], *des outils innovants et performants.* [...] *Le jour où des femmes et des hommes, animés de grandes ambitions pour l'Europe, décideront de s'en servir, ils pourront réveiller, sous la cendre qui le recouvre aujourd'hui, le rêve ardent de l'Europe unie* [154]), il y eut le rejet, en mai et juin 2005, par les peuples de France et des Pays-Bas, du 'Traité de Rome' du 29 octobre 2004 *établissant une Constitution pour l'Europe*.

Et qu'à cet égard, soit jusqu'en décembre 2009, ce qui fut désigné, dans la *boîte à outil* européenne, sous le vocable de 'valeurs européennes communes' n'avait été défini que par une référence à la reconnaissance des *droits, libertés et principes énoncés dans la Charte des droits fondamentaux de l'Union européenne* -elle-même une simple proclamation du 7 décembre 2000, émanant du Conseil, de la Commission et du Parlement européens (et non des *peuples de l'Europe*, qui n'ont pas été directement consultés, et dont il s'agit pourtant, littéralement). [155]

> (Charte 2000, Préambule) *Les <u>peuples de l'Europe</u>, en établissant entre eux une union sans cesse plus étroite, ont décidé de partager un avenir pacifique fondé sur des <u>valeurs communes</u>. Consciente de son patrimoine spirituel et moral, l'Union se fonde sur les valeurs indivisibles et universelles de <u>dignité humaine</u>, de <u>liberté</u>, d'<u>égalité</u> et de <u>solidarité</u> ; elle repose sur le principe de la <u>démocratie</u> et le principe de <u>l'Etat de droit</u>. Elle place <u>la personne au cœur de son action</u> en instituant la citoyenneté de l'Union et en créant un espace de <u>liberté</u>, de <u>sécurité</u> et de <u>justice</u>.*

Soulignons par ailleurs deux importantes dispositions de la Charte :

- l'art. 51.1 :

> *Les dispositions de la présente Charte s'adressent aux institutions et organes de l'Union dans le respect du principe de subsidiarité, ainsi qu'aux Etats membres uniquement lorsqu'ils mettent en œuvre le droit de l'Union. En conséquence, ils respectent les droits, observent les principes et en promeuvent l'application,* [...] ; et

- l'art. 52.1 :

> *Toute limitation de l'exercice des droits et libertés reconnus par la présente Charte doit être prévue par la loi et respecter le contenu essentiel desdits droits et libertés. Dans le respect du principe de proportionnalité, des limitations ne peuvent être apportées que si elles sont nécessaires et répondent effectivement à des objectifs d'intérêt général reconnus par l'Union ou au besoin de protection des droits et libertés d'autrui.*

-Notons encore que, saisi par de nombreux intervenants mécontents, le Tribunal Constitutionnel Fédéral (TCF) de la République Fédérale d'Allemagne à Karlsruhe, a dû spécifiquement admettre dans une décision du 30 juin 2009, qu'il pouvait

> [...] *être dérogé aux principes d'organisation de la démocratie interne lorsque les exigences d'une Union européenne négociée par voie de traité international et fondée sur le principe de l'égalité entre États membres le rendaient nécessaire.*

Et que la 'Loi fondamentale' était compatible avec la participation de l'Allemagne

> [...] *au développement de l'Union européenne, pour autant que celle-ci constituât un groupement d'États [Staatenbund],* c'est-à-dire, *une association étroite et durable entre États demeurant souverains.* [156]

Avec le normatif européen labyrinthique, même pour des juristes aguerris, qui a tôt postulé le principe de *valeurs a minima* et *communes* à tous, ne s'agissait-il pas pour l'Union, dès 2009, de tenter de les *imposer* au moyen de la règle de son droit, de gré ou de force, aux Etats-membres qui ne les avaient précisément pas entérinées jusque-là ? ou encore, qui tentaient d'en rejeter le carcan, avec ou sans l'avis de leur population (ainsi en Catalogne, au Royaume-Uni ; en Pologne, en Hongrie, en République Tchèque ; etc.) ?

Certes, on ne saurait nier toute la difficulté qu'il y a à tenter de définir un *universel européen* du 'ce-qui-est-commun' entre les cultures et les valeurs de chaque Etat-membre -qui plus est à une époque (en 2021 désormais révolue ou temporairement mise à mal ?) de frontières ouvertes, de libre-circulation, de tolérance religieuse et de métissage des populations.

Car, en ce qui concerne ces valeurs affirmées comme étant *communes*, ne sait-on pas depuis Platon, ou encore Montaigne, qu'au-delà et en-deçà des simples mots d'un texte, d'une postulation de la *lettre d'une loi*, il y a le fait incontournable que pour être reconnue, comprise, admise, et respectée, n'importe quelle 'valeur' doit impérativement s'appuyer sur un *esprit*, qui doit faire *loi et foi* auprès des populations concernées -et qui ne peut en être, pour s'imposer comme tel, que le produit de la *culture* et de la *tradition*?

Comment dès lors ne pas questionner, à observer les évidentes disparités entre les différents *peuples de l'Europe* (dont certains, parfois historiquement hostiles entre eux, ont été forcés à cohabiter, de manière plus ou moins pacifique, au sein d'une même Nation), en quoi l'Union européenne serait habilitée à arguer d'une *culture*, ou d'une *tradition*, qui serait partagée et entérinée par l'ensemble de ses populations.

Or, en 2020, c'est bien l'absence de *valeurs* véritablement communes, une absence circonscrite par un exercice de volonté commune -ici en matière de finances publiques, qui a causé le très houleux débat sur le budget européen *post-Brexit* et sur le plan de relance *post-Covid-19* (les *'corona bonds'*).

La *solidarité européenne* y a en effet laissé transparaître de fondamentales divergences entre les *valeurs* :

-des Etats-membres du Nord de l'Europe (Autriche, Pays-Bas, Suède, Danemark), renommés les *'Quatre Frugaux'* ou *'Quatre Radins'*, les plus importants contributeurs nets de l'Union, des partisans de l'orthodoxie budgétaire, des alliés naturels d'une Allemagne à la finance encore traumatisée par l'hyper-inflation de Weimar (1921-23) ; et

-des Etats-membres du Sud de l'Europe (Grèce, Italie, Espagne), en difficile position financière depuis la crise financière de 2008-09, demandeurs de plans de sauvetage financiers, fiscaux et budgétaires exigeant de leurs populations une austérité et des sacrifices improbables (jusqu'à parler d'une exclusion forcée de la Grèce, un *Grexit*, dès 2015 ; ou d'un retrait volontaire de l'Italie, un *Italexit*, dès 2016) ; et dans l'économie desquels les plus importantes banques françaises et allemandes, souvent liées à leur Etat respectif, avaient octroyés d'importantes positions débitrices, réputées systémiques pour l'Union et la finance internationale.

Par ailleurs, constatées dans les indéniables différences culturelles entre les différents peuples de l'Union (ce qui fait toute la richesse de son patrimoine culturel, comme le reconnaît elle-même l'Union dans sa législation [157]), d'aucuns estiment que c'est l'absence d'homogénéité entre les différentes cultures et traditions européennes qui a permis aux rangs de l'*euroscepticisme* d'émerger et de grossir -avec une opposition hétérogène, sociale et politique, qui doute de l'intérêt, de la viabilité et de l'utilité de la construction européenne, que l'Union a cherché à amadouer en jouant de la carotte (milliards d'euros) et du bâton (sanctions financières).

Car c'est bien là tout l'esprit du *Règlement relatif à un régime général de conditionnalité pour la protection du budget de l'Union* du 16 décembre 2020 : qui prévoit que les *valeurs* énoncées dans les textes normatifs de l'Union (dont la *Charte des droits fondamentaux*), soit, explicitement, *la règle de droit, le principe de légalité, le principe de transparence et d'indépendance judiciaires et la séparation des pouvoirs* (art. 3), ou encore *la démocratie, la liberté, la dignité, le respect pour les droits de l'homme et des minorités* (art. 1), sont des *critères essentiels d'accession à la qualité d'Etat-membre de l'Union* (art. 4, 6, 11).

Ce *Règlement* à très large balayage, et aux conséquences potentiellement dramatiques, prévoit en effet que toute *atteinte à la règle de droit*, constatée de manière *objective, impartiale et honnête* [*fair*] *par des sources et des institutions reconnues* (art. 16), qui sont pourtant quasiment toutes à la fois juge et partie (car ce sont des institutions, des tribunaux et des organes mis en place et financés par l'Union), donnera lieu à des *mesures financières* (art. 17-28), qui vont de *la suspension des paiements et des engagements* à une *interdiction de contracter de nouveaux engagements*, en passant par le *remboursement anticipés des prêts* (art. 17) ; et que ces mesures, qui sont des sanctions, devront être soumises au *principe de proportionnalité* (art. 18), pour tenir compte de *leur incidence potentielle sur les destinataires finaux et les bénéficiaires* [sic] dont il est *essentiel de préserver les intérêts légitimes* (art. 19).[158]

Dans les négociations avec l'Europe durant la crise financière, c'est la perception d'un *favoritisme des Etats du Sud de l'Union, débiteurs de la France*, perçu par le Ministre des finances de Suède (2006-14), Anders Borg, qui lui aurait fait dire que *probablement naïf à ses débuts ministériels, où il pensait que l'Union traitait tous ses membres de manière égale*, il s'était aperçu *que ce n'était pas le cas et que les petits Etats du Nord et de l'Est de l'Europe ne devaient avoir aucune illusion : les dés sont pipés.*[159]

Quant aux problématiques de culture et de valeurs, dont les différences sont également perceptibles entre individus, devrait-on se préoccuper de la vie privée des politiciens, alors qu'elle est à même de transcender, ou inversement de ternir, les valeurs et les positions que ceux-ci défendent en public ?

A cet égard, que devrait-on penser de l'insolite comportement du même Anders Borg, qui, à la mi-2017, se déclarant « *soumis à de fortes pressions au cours des derniers mois* et *sous l'influence de l'alcool lors d'une fête de famille, a montré son sexe et insulté des femmes en tentant de lancer une compétition de taille de pénis* », ce qui lui valut une enquête de police -les tendances à l'exhibitionnisme seraient d'ailleurs récurrentes chez les politiciens, par exemple en France avec les affaires Rochefort ou Griveaux (un défenseur des *valeurs familiales traditionnelles* selon son accusateur, lui-même mis en examen), ou encore en Belgique, avec le scandale Luperto (etc.).[160]

Quelle réalité dans l'Union à cette prétendue communauté de valeurs ? La *culture européenne* doit-elle se référer au religieux (chrétienne), à la politique (réalisation d'un projet transnational, héritage commun), à la géographique (affinités du continent), à l'historique (histoire commune), au juridique (généalogie du droit romain), à l'humaniste (mode de vie commun), ou à un autre genre encore ?

Ou alors, au-delà des déclarations de principe et des textes de lois, buttant devant le constant échec à constater, dans la pragmatique, l'existence d'une culture et d'une tradition qui serait véritablement commune à tous les peuples de l'Union, la survie pérenne de la construction européenne ne demanderait-elle pas de chercher et de trouver au plus vite un *lien* susceptible de véritablement *unir* toutes ses populations ?

A cet égard, en 2021, et depuis 2008, n'a-t-on rien d'autre à proposer que la *valeur 'argent'* pour cimenter le dangereux bancal de cette union qui apparait de plus en plus forcée ?

Pourtant, alors qu'elle était le Ministre fédéral de la Défense de la RFA, Ursula von der Leyen, déclarait à l'hebdomadaire allemand *Die Zeit*, en 2016, juste avant le *Brexit* :

> *Sur les affaires européennes, les Allemands tendent à la rhapsodie, les Français au pathos. Les Italiens se distinguent avec <leur> art de l'improvisation. Les Britanniques plaquent tout ça sur le sol, avec leur scepticisme, leur euphémisme et leur grand pragmatisme. Si les Britanniques quittent l'UE, ceux qui ont la tête dans les nuages [the high flying] pourraient dominer, et l'Union, perdre son enracinement.* [161]

Lorsque, quelques années plus tard, en 2019, Ursula von der Leyen fut élue à une courte majorité à la Présidence de la Commission européenne, en remplacement de

Jean-Claude Juncker, avançant sur une corde raide et jonglant *entre équilibre(s) et équilibrisme* [162], notablement face aux questions migratoires et budgétaires, elle annonça sa volonté de défendre *les valeurs de l'Union :*

> *Nous devons être fiers de notre mode de vie européen, et nous devons chercher constamment à le préserver, à le protéger et à l'améliorer.* [...] *Chaque jour ce mode de vie est contesté par des adversaires de l'Europe venant aussi bien de l'intérieur que de l'extérieur de nos frontières.* [...] *Nous ne devons pas laisser ces forces détourner à leur profit la définition du mode de vie européen. Elles veulent* [...] *miner peu à peu nos fondations et semer la discorde entre nous.* [163]

En envisageant, dans l'architecture de sa nouvelle Commission, de donner le nom de *'protection du mode de vie européen'* au portefeuille du Commissaire aux questions migratoires (le Grec Margaritis Schinas), Ursula von der Leyen suscita de farouches oppositions et créa la consternation.

Devant le tollé, le portefeuille du Commissaire fut rebaptisé *'promotion du mode de vie européen'.* Par ailleurs, jouant sur des mots qu'elle souhaitait manifestement conserver, ce sont la *promotion* du mode de vie européen et la *protection* des citoyens et des valeurs européennes qui figurent en bonne place dans les *six priorités pour 2019-2024* de la Commission.[164]

Quant aux *responsabilités 2019-2024* du Commissaire Schinas, elles incluent *la coordination du travail sur les migrations et l'asile ; la cohésion de la sécurité interne et externe ; la prévention et la détection des menaces hybrides ; la maximisation du potentiel de la culture et du sport ;* ou encore, *le dialogue avec les associations religieuses et les Eglises.* [165]

Sur la même lancée, Ursula von der Leyen institua une nouvelle Commission *des Valeurs et de la Transparence* ; à la tête duquel elle nomma la Tchèque Věra Jourová (jusqu'alors Commissaire européenne à la Justice), qui fut chargées, entre autres tâches, *de faire respecter le principe de la règle de droit ; de faire en sorte que le système démocratique soit ouvert, transparent et immune d'interférence étrangère ; de sauvegarder le droit de rassemblement pacifique et la liberté de réunion ; de coordonner le travail sur l'inclusion et la construction d'une véritable Union d'égalité et de diversité.* [166]

Quel que soit la mélodie de cette musique, il faut se demander quel peuple aurait donné un tel blanc-seing à la bureaucratie de Bruxelles (héritière du Système de Vienne de 1845 ?[167]), si on l'avait correctement prévenu que *L'Ode à la Joie* de Beethoven, l'hymne de l'Union, serait un jour jouée dans une variation de *chanson-de-marche* à la cadence militaire et à l'harmonie douteuse *-tandis que Schiller* (le librettiste de l'Ode, malgré lui), *au sens authentique d'un purisme critique, ne destinait le beau à rien d'autre qu'à être le milieu de la vie, le canon éternel et l'école formatrice de l'action pratique ;* [...] *pendant ce temps-là,* [...] *la philosophie elle-même devenait poésie ;* [...] *et la vision esthétique des choses,* [...] *la forme universelle et absolue* [...] *de l'examen scientifique* ? [168]

En effet, en 2018, soulignant la cacophonie (très peu esthétique, et moins encore, miroir d'universel) tout en interprétant pragmatiquement les mots *O Freunde, nicht diese Töne* de l'Ode [169], le Premier Ministre tchèque résuma, avec des mots bien pesés : « *Nous ne voulons pas vivre en Afrique ou au Moyen-Orient ici ; nous devons nous battre pour nos valeurs* » [170] ; tandis que de l'autre côté de la tranchée, les partisans des valeurs universalistes brandissaient les épouvantails du 'nationalisme' et du 'racisme', et exigeaient des sanctions. [171]

Et, à la fin de 2021, avec la condamnation de la Pologne à une astreinte *d'un million d'euros par jour* pour ses violations des valeurs européennes de justice et d'état de droit, on ne saurait nier que la musique enchanteresse de ces *valeurs* qu'on a tenté de faire passer pour *communes*, ne résulte en réalité que de l'union forcée de cultures manifestement dissemblables -et que ce patchwork pose d'épineux problèmes pour la pérennité d'une construction qui prétend reposer sur de tels fondements.

Conscient du problème, le Parlement européen et le Conseil, jugeant *qu'il était essentiel que les droits et valeurs <de l'art. 2 TUE> continuent d'être activement cultivés, protégés, promus et appliqués, d'être partagés par les citoyens et les peuples et qu'ils restent au cœur du projet de l'Union, car le recul de la protection de ces droits et valeurs dans un seul État membre peut avoir des effets préjudiciables pour l'Union dans son ensemble* (sic) a lancé le programme *'Citoyens, égalité, droits et valeurs'*, dans la lettre, afin de communiquer aux citoyens de l'Union sur les *valeurs* de l'Union, et dans l'esprit, un effort de prosélytisme qui semble souligner à quel point l'Union est un géant aux pieds d'argile. [172]

Entre la crise financière de 2008 et la crise sanitaire de 2019, beaucoup se sont rebellés contre les diktats de la bureaucratie de Bruxelles (et de sa fameuse 'Troïka').

Si, depuis lors, l'Union a su rester en retrait et amadouer les plus récalcitrants à grand coup d'argent et d'acrobaties financières, ne devrait-on pas se demander plus concrètement, et plus sereinement, combien de temps la tambouille sociétale peut-elle encore bouillir sans que la marmite explose ; et sur le plus long terme, quel est le niveau de douleur les populations sont prêtes à endurer en compensation des dispendieuses distributions de la manne européenne commune -et déjà, Jens Weidmann, l'influent Président de la Bundesbank (Banque Centrale d'Allemagne) en poste depuis 2011, une *figure de l'orthodoxie monétaire*, a quant à lui préféré quitter le bateau (avant le naufrage ?), *réitérant ses mises en garde sur les risques inflationnistes*, démissionnant pour la fin de 2021. [173]

4 La question des *valeurs* et de la *culture* est également d'importance pour déterminer la pertinence et la validité de jugements qui sont émis à propos de tel ou tel *ordre sociétal* -surtout lorsque l'ordre jugé diffère radicalement de celui à partir duquel on juge.

Ainsi, par exemple, pour tenter de porter un jugement valable sur la Chine, ou sur la Russie, avec des yeux d'Occidentaux, il faut être bien conscient de ses propres limites : si l'on ne peut pas, ou si l'on ne veut pas, ou encore si l'on ne sait pas, tenir compte des spécificités particulières à ces ordres-là, alors le terrain de leur connaissance ne peut rester qu'indéchiffrable, et cette *terra*, parfaitement *incognita*.

A ce propos, dans son ouvrage *Comparer l'incomparable des Nations* [174], Marcel Detienne, un spécialiste de l'*autochtonie* hellène et ancien Directeur du groupe Histoire et Anthropologie, Approches Comparatives au Centre National de la Recherche Scientifique (CNRS), écrivait :

> (Detienne) (pp. 110-111) *Comment être 'national' ? D'abord, l'étonnement, la surprise et déjà l'envie de comprendre comment se fabrique la chose nationale,* [...] *l'identité, identité nationale, celle qui est faite d'abord de papier et de pièces administratives.* [...] *Comparer, c'est d'abord mettre en perspective et, il faut y insister,* [...] *en se mettant soi-même en perspective.* [...] (p. 173) *Se mettre soi-même en perspective, voilà sans doute le moins simple, de quelque lieu que l'on*

soit. Le National [...] *montre combien il est malaisé de s'extraire du 'cadre national' quand on y a grandi.*

Il est en effet facile de succomber à la tentation de se servir du moule, passe-partout, de l'*universalité*, alors que dans les faits, rien n'est moins 'universel' que la diversité des cultures et des valeurs qui construisent nos rassemblements et nos sociétés.[175]

Ce fait est particulièrement patent dans la pratique du droit : pour le praticien de justice, qu'il soit avocat, magistrat ou administré, l'aveuglement d'une croyance en l'universalité du droit est un piège qui peut se révéler dramatique -et même : fatal.

Ainsi, un avocat qui s'aventurerait à rédiger, ne serait-ce que dans une langue, ou dans un système juridique, qui ne sont pas les siens, sans comprendre toutes les subtilités des valeurs et de la culture du juridique dans lequel il s'aventure, expose souvent le produit de sa rédaction, ainsi que son client, à des risques incommensurables : à cet égard, combien de causes et de procès ont été perdus ?

Et cette remarque vaut à l'identique pour ces valeurs que l'on souhaiterait attacher, dans l'immanence, à tout concept, c'est-à-dire à toute *transcendance* de la pure raison : ainsi les valeurs bien prégnantes dans le droit et les priorités de l'Union, celles de la *Protection des Droits de l'Homme et des Libertés Fondamentales* (art. F.2 TUE, les majuscules étant celles du texte législatif).

Ainsi de même les valeurs de ceux qui *croient*, mais ne savent pas, tel ce manifestant hongkongais un peu naïf, ou très mal conseillé, jugé pour avoir forcé, avec une foule, son entrée dans un bâtiment fermé au public celui de l'Assemblée Législative, à grands coups de barres de fer et de bélier, qui tenta d'alléguer qu'il y avait des *droits de l'homme à utiliser les toilettes, et à obtenir de quoi manger et boire.* [176]

La plasticité *des valeurs* et celle *de la valeur* de tout concept sont d'ailleurs particulièrement évidentes dans le 'double standard' à l'œuvre dans le cadre de cette invasion du Législatif hongkongais :

-*d'une part*, celle-ci fut célébrée dans les médias occidentaux comme un 'fait d'armes' ; jusqu'à motiver un groupe de députés américains particulièrement inspirés à nominer ce manifestant (et deux autres leaders estudiantins, tous condamnés à des peines de prison depuis lors pour différentes violations relevant du droit pénal), pour le *prix Nobel de la paix 2020* (sic) ; et

-*d'autre part*, lorsque quelques temps plus tard, le Législatif américain (le Capitole de Washington D.C.) fut assiégé par des partisans du Président Trump, ces mêmes médias qui avaient applaudi à l'unisson l'invasion du Législatif hongkongais parlèrent *d'assaut contre la démocratie* et de *criminels complotistes* -ceux-ci se retrouvant sans délai, non pas nominés au prix Nobel de la paix 2021, mais sur la liste des *Personnes les plus recherchées* (*'Most Wanted'*) par le Federal Bureau of Investigation (FBI) ; et certains, appréhendés, jugés, et condamnés à des peines de prison. [177]

5 D'où un ♦**Caveat à la Seconde Conclusion Dialectique** :

Avec le pouvoir de l'action pratique en ses mains, le nomothète et décideur immanent, en tant que *compositeur* ou qu'*interprète* du mouvement de réalisation d'une idée (quelle qu'en soit l'origine), doit prendre garde à ne perdre ni la maîtrise de lui-même, ni le contrôle de sa production, en tenant toujours compte de l'espace et du temps dans lequel elle s'inscrit : la règle est d'éviter l'exemple de Jean-Baptiste Lully (ou de l'idéologie soviétique), qui s'est donné une mort involontaire sous les coups spastiques de son *bâton de direction*.

6

AGIR

1 Ainsi, comme le dit Marcel Detienne, il faut savoir *prendre du recul avec soi-même* pour comparer son *âme* avec celle d'autre peuples.

Telle cette *âme russe* (*Russkaya dusha*), un thème fondamental de la grande littérature (dès Gogol en 1842), qui a connu ses heures de gloire en matière géopolitique au dix-neuvième siècle, avec le *slavophilisme* transcendantal et antirationaliste (Khomiakov, Kiréievski, etc.) et le *nationalisme* métaphysique et romantique (Dostoïevski, Léontiev, etc.), une philosophie politique néo-hégélienne de *culture intégrale* (*tsel'nost*, en russe) pérenne (on la retrouve chez Soljenitsyne), qui procède de l'union de la raison, du cœur et de la foi réconciliés.

Ce concept de *l'âme russe* exprime, dans un mélange philosophique unique fait d'éléments de violence, de force et de fragilité, des qualités considérées comme étant collectives et partagées, avec des valeurs proprement russes (opposées à celles de l'occidentalisme), un attachement communautariste et quasi-mystique à une terre, à une culture et à un peuple -et l'appel à construire sur une tradition.

Et au-delà du collectif, pour chacun, *l'âme russe* désigne l'expression individuelle d'un besoin inné de protection par le groupe (ou la Nation) -une *valeur* très russe, qui se retrouve chez d'autres peuples, tels les peuples chinois ; et qui explique la pulsion de recherche d'un abri solide, d'un toit (*krysha*, en russe), ainsi que l'acceptation de verser une contrepartie (le sempiternel *win-win* des Chinois).

C'est sur ce besoin de protection inné que les 'experts historiques' du litige *Berezovsky v Abramovich* de 2007 (deux des plus importants oligarques russes, qui marquent à eux seuls toute la violence de période de transition de l'ère Eltsine à l'ère Poutine) ont longuement témoigné devant la *High Court of Justice* de Londres ; expliquant au

Juge anglais que sous le *toit* de la *Maison Russie* (*NDR-Nash Dom Rossiya*, nom du Parti du Président Eltsine), la porte de la *russité* ouvrait sur d'inévitables abus. [178]

Car en opposant la *force* au *droit*, le concept russe de 'toit' (avec la protection qui en découle) entérine le principe qu'il vaut mieux parer aux coups de la vie et se défendre physiquement et immédiatement, plutôt que judiciairement, mais trop tard ; et que la *justice réparatrice* [179] ne peut rien faire pour celui qui n'est plus à même de comparaître (le droit appelant cela *les causes d'extinction de l'action publique*).

Au moyen d'une *violence* qui n'émane pas du *pouvoir*, et qui sert à repousser, autant qu'à imposer, *être le plus fort*, dans l'ordre des choses ou dans celui des Etats, serait donc parfois plus important que *d'avoir le droit pour soi*.

Un slogan, sous forme de boutade réaliste et de mise en garde à peine voilée, fut jadis en vogue : un slogan autocollant arboré sur les parechocs dans l'Amérique de l'agonistique judiciaire et des dommages-intérêts millionnaires : *'MY LAWYER CAN BEAT YOUR LAWYER'* (mon avocat est capable de *battre* le tien).

Or *philologiquement*, le mot 'battre' (*to beat*), signifie à la fois rouer de coup et prévaloir en justice, prévaloir intellectuellement.

Philosophiquement, ce mot, *battre*, mélange donc *l'être* (être plus fort) et *l'avoir* (avoir raison, ou le droit pour soi) : la *dialectique du plus fort* mènerait-elle à une inattendue *union*, celle de transcendance (la *quiddité* de la force, de la raison, du droit) et de l'immanence (la *réalité* de la force, de la raison, du droit) ?

Par ailleurs, en matière de valeurs, comment la Justice, en particulier si elle est *étrangère* au fait du droit dont elle à juger, doit-elle prendre en compte que la violence, souvent meurtrière, est une *partie intégrante* de la culture de certaines sociétés (telle la Russie ?) ?

Alors que la religion, la psychologie et les lois de la civilisation moderne ont aboli de longue date la pratique du *sacrifice* (anciennement rituelle, sacrée et religieuse, par exemple dans l'Ancien Testament, ou dans la période grecque, hellénistique ou encore romaine), il est désormais choquant de constater que dans certaines cultures, *tuer* demeure un 'fait social'. [180]

Car quoi qu'on y fasse, et en dépit de ce qu'on en a dit en philosophie politique (Rousseau v Hobbes), l'homme n'est assurément *qu'un loup pour l'homme* (*homo homini lupus*).

Dès lors, dans le brouillamini des théories scientifiques relatives à la 'violence sociale', la *sociologie psychanalytique* du neurologue Sigmund Freud (que d'aucuns tiennent pour un charlatan) corrèle la nécessité de brider les *pulsions élémentaires* individuelles dans toute organisation sociale à l'institution de la *religion* au sein de la collectivité -postulant que cette corrélation existait dès l'origine, avec la culture du 'sacré' et du 'droit', dont il avoue l'échec en pensant la 'guerre'. [181]

Quant à l'anthropologue René Girard, qui reprend ce thème psycho-social, il estime que la violence est inévitable, car elle ne serait que *le miroir du sacré* :

> [480] *Nous n'échappons pas au cercle. La tendance à effacer le sacré, à l'éliminer entièrement, prépare le retour subreptice du sacré, sous une forme non pas transcendante, mais immanente, sous la forme de la violence et du savoir de la violence.* [...] [481] *Après avoir émergé du sacré* [...] *au point 'd'oublier' la violence fondatrice, de la perdre entièrement de vue, nous allons la retrouver ; la violence 'essentielle' revient sur nous de façon spectaculaire, non seulement sur le plan de l'histoire, mais sur le plan du savoir.* [182]

Plus pragmatiquement, en matière de violence immanente, *tuer* serait-il partie intégrante de cette *âme russe* décrite au Juge londonien par les experts historiques de la cause *Berezovsky v Abramovich* ?

En Russie, les voleurs-dans-la-loi (*vory-v-zakone*), une expression consacrée qui désigne le haut du pavé de la criminalité organisée, exécutent des *contrats* -comme le font ailleurs dans le monde d'autres groupements de l'ombre.

Dans certaines cultures, le meurtre, qui est justice privée, exercée *in personam*, pourrait donc servir aussi à rétribuer, objectivement ou subjectivement, ce qui ne saurait être soumis à, ou réparé par, la Justice 'officielle' ?

Comme le Juge londonien dans la cause précitée, un observateur qui *cherche à comprendre* ne saurait ignorer un tel *fait social*.

Dont voici quelques expressions pragmatiques, avec des faits du droit qui, pour les ignorants, les légalistes analytiques et les justiciers trop zélés (des 'qualités', au sens grec, qui se retrouvent parfois chez le même individu) ont comme dénominateur commun d'être susceptible de formater une subsomption législative, souvent pénale, mais toujours naturelle.

Ainsi, [183]

-*dans l'acte* d'un individu (en col blanc, hors territoire de Russie : un architecte russe, résidant en Espagne), dont la femme et les enfants avaient tragiquement péri dans l'inconcevable collision de deux avions en plein vol, suite à une grave défaillance de la tour de contrôle à Zurich (*Skyguide*), qui, poignardant à mort l'aiguilleur du ciel qui était alors de service, justifia la vengeance dans son geste par les mots : *Pour un bâtard de ce genre, nous avons le traitement approprié.* [184]

-dans le message sous-jacent à la réunion-conférence organisée par le Président Poutine, qui, fraîchement intronisé dans ses fonctions, convoqua au Kremlin une vingtaine d'oligarques enrichis à milliards sous l'ère de son prédécesseur pour les mettre vertement en garde contre toute velléité de se soustraire aux nouvelles règles de son jeu : vassalité (politique) et tribut (fiscal).

Quant à ceux qui s'aventurèrent à les ignorer, ou qui avaient été écartés du jeu malgré eux, ils connurent un sort peu enviable : ainsi les oligarques Michail Khordokovsky (pétrole et finance, de Yukos et Menatep, longtemps emprisonné en Sibérie), Boris Berezovsky et Nikolai Glushkov (médias et industries, de ORT et Aeroflot, retrouvés morts), ou encore Vladimir Gusinsky (médias, finance et construction, du Groupe Most, emprisonné, qui dû renoncer à certains de ses biens et fuir en exil).

-dans les mots du chef d'orchestre du Kremlin, qui, las de la campagne médiatique internationale de désinformation lancée et financée par l'oligarque Boris Berezovsky (du groupe de presse et médias ORT) et visant l'Etat russe, qualifia son *épée de justice* (le mot est de Hobbes), son bâton de direction de :

> « [...] *matraque que l'Etat a prise en main, pour frapper au besoin une seule fois, à la tête, et de manière décisive* ».

-dans les mots de Vladimir Poutine encore, qui, en 1999, alors qu'il était le tsar de la Sécurité Nationale de la Fédération de Russie (et déjà pressenti comme candidat présidentiel), réagissant aux attentats à la bombe commis contre des immeubles d'habitation de Moscou, résumait l'ordre donné à ses services par une formule laconique et percutante :

> « *Nous traquerons les terroristes partout, même dans les toilettes. On les butera, jusque dans les chiottes -un point, c'est tout* ».

-*dans les exécutions* sans visage et le sort réservé à certains adversaires des intérêts publics, de l'ordre et de la règle de l'Etat russe, telles que ces :

-AFFAIRES D'ARGENT

Deux avocats russes de la société pétrolière Yukos, dont le fiscaliste Sergei Magnitsky, morts de maladie suspecte (du SIDA), ou de mauvais traitement, à la suite de leur emprisonnement ; un solicitor britannique, responsable de la planification internationale du groupe Yukos, tué dans l'explosion d'une bombe plantée dans de son hélicoptère ; l'oligarque Boris Berezovsky, retrouvé pendu dans sa cuisine du Berkshire, et son partenaire en affaires, Nicolaï Glushkov, étranglé à son domicile de Londres ; le trésorier du Parti Communiste d'URSS, Nikolai Kroutchina, et son prédécesseur, Georgi Pavlov, défénestrés à Moscou ; etc. ;

-AFFAIRES DE RÉPUTATION

Le traître et agent double Alexis Litvinenko, empoisonné au polonium ; l'opposante et journaliste Anna Politovskaïa, abattue dans son immeuble ; le traître et agent double Sergei Skripal, et sa fille, empoisonnés au novichok ; etc.

N'y a-t-il rien de comparable, n'y-a-t-il aucune *commune valeur*, entre les meurtres commis par une justice de l'ombre au titre de rétribution ou de vengeance privée et le prononcé d'une peine de mort par une justice officielle au titre d'une sanction pénale ?

Quelle justification morale pour la violence de ces *peines capitales* qui sont toujours en cours dans certains Etats américains ? ou encore pour celles (souvent assorties d'un *sursis*, ce qui en modifie la sévérité et la philosophie) que prononcent les tribunaux chinois, en particulier contre les fonctionnaires reconnus coupables de corruption (ainsi en 2013, la Justice condamna à mort avec sursis un ancien Ministre des Transports qui, menant grand train, avait accumulé chez lui des piles considérables de billets étrangers et les titres de plus de trois cent cinquante propriétés foncières) ?

Lorsque la sanction d'une culpabilité est ballotée entre justesse et disproportion de la peine ; lorsque la justice est prise en otage par l'éloquence du mensonge et le discours de l'erreur quant à la preuve du crime ; lorsque le justiciable est confronté au choix entre action privée et inaction publique ; comment déterminer qui fait preuve de *moralité* ?

2 Faut-il que la victime d'un tort ou d'un crime reste les bras croisés à attendre que justice se fasse, en sachant qu'elle ne se fera pas, qu'elle se fera mal, ou encore, qu'elle se fera trop tard ? Permettre la sanction privée à ceux qui sont privés de peine ?

S'il faut bien constater, avec la discipline dénommée *Droit comparé*, que les règles du jeu domestique diffèrent d'un ordre étatique à l'autre, il ne s'agit pas de trouver des justifications ou des excuses à des comportements anti-sociaux en s'abritant derrière les *valeurs* d'une *culture* qui serait *étrangère* (au sens large du mot : d'un autre pays, d'une autre tradition, d'une autre moralité).

Mais de chercher plutôt à en comprendre la philosophie : tous les cas qui ont été mentionnés relèvent d'une certaine idée de la *violence protective*, subjectivement justifiable par la nécessité de maintenir un certain ordre sociétal, quand la fonction judiciaire n'est pas, ou n'est plus, à même de le garantir.

Or, en matière de justice, la *violence protective* est institutionnalisée : n'est-ce pas le *droit à la défense* ?

Car, n'en déplaise à ces pénalistes qui se gaussent de leur fréquents succès d'acquittement, et de leur habileté rhétorique à tordre le cou à la vérité, au motif que leurs clients-accusés ont droit à être entendus et défendus, jusqu'à en faire une véritable croix de guerre dont ils se parent sans vergogne ; et pour lesquels la société, qui en est pourtant la principale victime, comme saisie par un syndrome de Stockholm, applaudit et même célèbre : n'est-il pas, en fait, profondément *injuste*, voire franchement *asocial* de se prêter à ce qu'un coupable échappe à la sanction ? ; que la Justice puisse avaliser, malgré elle, une telle imposture, en permettant que la défense argumente et pathétise, en disant parfois tout et souvent n'importe quoi, en sachant taire le vrai et vanter le faux ?

> (Hobbes) *C'est le métier de l'éloquence* [...] *de faire passer pour juste ce qui ne l'est point, toutes les fois que l'orateur estime que cela sert à son intention. Et c'est ce que l'on nomme persuader, et d'où l'on prise les personnes éloquentes*. [...] *Bien qu'il fasse semblant de vouloir raisonner, il ne s'en acquitte qu'à demi, et la plupart de ses raisonnements peu solides sont établis sur de faux principes, qui n'ont que quelques apparences, et sur des opinions vulgaires, qui sont toutes fausses.* [185]

En matière de vérité quant aux valeurs de justesse et de moralité judiciaires, le *droit japonais* (qui condamne quasiment tout accusé qui est renvoyé devant un Tribunal pénal) ou le *droit chinois* (qui prohibe par l'organisation de son système les interventions adverses de défenseurs, par ailleurs souvent fonctionnarisés) sont-ils véritablement ces affreux piloris des droits et des libertés fondamentales que certains se plaisent à dénoncer sans répit ?

A cet égard, dans les Etats qui se prétendent être *de droit* (avec les Etats-Unis en tête de gondole), comment a-t-on pu admettre, au titre d'une prétendue liberté d'information ou d'expression, que des individus de la société civile, de concert avec le 'Quatrième Pouvoir' (les médias et les réseaux sociaux : ainsi le *tribunal de Twitter*), puissent avoir tout loisir de commenter, de juger et de lyncher sur la place publique selon leur opinion personnelle, avant même que le Pouvoir Judiciaire n'ait eu la possibilité de mener à bien la tâche qui lui a été constitutionnellement assignée ?

Dans ces Etats de droit, comment a-t-on pu tolérer que le tout-venant puisse à sa guise bafouer le sacro-saint principe de la *présomption d'innocence* ? Que les réseaux sociaux s'auto-érigent en institution judiciaire ? Que l'opinion personnelle ou l'opinion médiatique, souvent ignorantes, volontairement partisanes, ou psychologiquement teintées, ait pu balayer les nombreuses procédures d'enquête, de contrôle et de recours de la Justice, dont les garde-*fous* avaient été précisément dressés contre l'excès, l'erreur, la terreur, le terrorisme, le despotisme individuel ?

Ces droits du Japon et de Chine (qui n'ont pourtant rien en commun, si ce n'est leur inspiration franco-napoléonienne), ne font-ils pas en sorte que la vérité judiciaire advienne autrement que par l'intervention de ces *maîtres de mensonge* que sont certains avocats de la défense, quoi qu'en disent leurs Associations professionnelles et quoi qu'en prescrive leur déontologie ? [186]

Ainsi l'avait bien souligné, en Grèce antique déjà, l'accusé Socrate, le *maître de vérité* par excellence, injustement traîné en justice pour des motifs de politique partisane relevant du règlement de compte quasi-mafieux entre tiers, naïvement fier de sa vie philosophique et de la vertu de sa cause devant l'assemblée de ses juges -ses compatriotes devenus jurés du dimanche, qui le condamnèrent à mort, probablement pas pour le punir des griefs de l'accusation, qui étaient ridicules et partisans ; mais plutôt pour sanctionner la forme de sa doucereuse défense : Socrate, si misérable, si agaçant sur le plan rhétorique ; et pourtant si ferme quant à souligner l'immoralité du vice dans la commission de toute injustice. Socrate, tellement confiant en la nature de l'homme, ne pouvait admettre l'adage qui édicte qu'on 'n'attrape pas des mouches avec du vinaigre' :

> (Platon) *En réalité, je suis étranger au langage que l'on parle ici <en justice>. Eh bien ! de même que, si j'étais réellement un étranger, vous me pardonneriez de vous parler dans une langue et à la façon de mon cru, je vous demande, sans que cela ne paraisse impropre, d'ignorer la forme de ma plaidoirie, bonne ou mauvaise ; et de considérer seulement, mais avec attention, si ce que je dis est juste, ou pas : car c'est en cela que consiste toute la vertu du Juge. Quant à la vertu du justiciable, c'est de dire la vérité.* [187]

Plus tard, Socrate, pressé par son disciple Criton, refusant de s'évader de sa prison, préférant boire la cigüe, subir sa peine et sa condamnation, plutôt que de trahir les lois de la Justice de sa cité en se dérobant devant l'injustice de son propre chef -d'un geste facile qui aurait annihilé le tracé de toute sa vie philosophique ; et tout le bénéfice de son enseignement sur la vertu et l'éthique :

> (Platon) *Tu penses qu'il y a une telle égalité de droit entre toi et les autres pour que quoi que l'on te fasse, tu es habilité à rendre les coups ?* [...] *Te crois-tu fondé à agir envers ton pays et envers les lois de cette façon ? que si ta mort est voulue, il soit juste que tu fasses tout pour détruire en retour et les lois, et ta cité ? et que ce faisant, tu prétendes faire ce qui est de droit, et que c'est toi qui es le gardien de la vertu ?* [...] *C'est en cela que réside le droit :* [...] *à la guerre comme au tribunal,*

et partout encore, tu dois faire ce que la cité, ton pays, t'ordonnes, ou alors, la convaincre de ton bon droit. N'est-il pas contre ce qui est sacré de faire violence à son père, ou sa mère, ou pire encore, à son pays ? Que dis-tu, Criton, que les lois parlent le langage de la vérité, ou pas ? [188]

3 La justice privée, compensatrice d'injustice publique ? Ainsi que l'a montré l'apologie de la vertueuse éthique socratique, n'est-il pas un principe fondamental, plus qu'ailleurs dans tout Etat de droit, que tout justiciable se soumette volontairement et docilement au prononcé de sa Justice ?

Or n'est-ce pas ce principe fondamental qui a été mis à mal dans *l'affaire Carlos Ghosn*, dès 2019 ?

Puissant patron déchu d'un énorme groupe automobile franco-japonais, accusé de plusieurs malversations financières (selon la presse : au moins quatre mises en examen au Japon, une procédure pénale et fiscale en France et des enquêtes préalables dans plusieurs pays), Carlos Ghosn s'est dit à plusieurs reprises victime d'un piège étatique [189] -et à cet égard, le prévenu bénéficie de la présomption d'innocence jusqu'à droit jugé.

Cependant, il est fort improbable que le droit ne soit jamais jugé dans cette affaire, le prévenu ayant adopté une défense strictement opposée à celle de Socrate : il s'est d'abord formellement plaint des conditions de sa détention au Japon, en saisissant le *Groupe de travail des Nations Unies sur la détention arbitraire* ; duquel il a obtenu, en date du 23 novembre 2020, une opinion-décision (sur la base de la Résolution 1997/50 de la Commission des Nations Unies sur les Droits de l'Homme) qui a estimé arbitraire sa détention à la prison de Kosuge de Tokyo durant deux périodes (en 2018 et de 2019 ; invitant pour le surplus les autorités japonaises à enquêter, à remédier à la situation et à dédommager le prévenu). [190]

Chocs de cultures, chocs de valeurs ? Le gardien en chef de la prison de Kosuge, *visiblement très surpris par les critiques*, a évoqué *des menus concoctés par des nutritionnistes* et *un environnement moderne,* comparable à celui *d'un hôtel trois étoiles, avec douche et baignoire, propres, et un espace à l'air libre pour l'exercice*. [191]

Pour ceux qui connaissent les conditions citadines japonaises, ou ceux qui n'ont pas d'autre choix que de passer leur vie dans des habitations tokyoïtes à la taille inversement proportionnée au montant de leur loyer, la prison de Kosuge doit assurément sembler adéquate, voire même, privilégiée.

Mais, à l'inverse, peut-on s'étonner qu'un individu habitué à une vie faite de grand luxe, de palaces et de mondanités, en vienne à considérer cet espace de détention pire que le huitième cercle de l'enfer dantesque ?

Notons que Carlos Ghosn avait été relâché de la prison de Kosuge en avril 2019, soit bien avant que le 'Groupe de travail des Nations Unies sur la détention arbitraire' ne se prononce.

Mis au bénéfice d'une *résidence surveillée* à Tokyo, le grand patron déchu restait à disposition de la Justice japonaise, dans l'attente de passer en jugement.

Dans des conditions probablement plus que 'confortables' : c'est en effet à l'occasion des fêtes de la fin de décembre 2019 que le prévenu obtint l'autorisation de faire venir à sa résidence (qui n'était manifestement pas autant *surveillée* que nécessaire) un groupe de musiciens ; ce *fait extraordinaire* lui permit de se faire la malle, (littéralement), grâce à une rocambolesque opération d'exfiltration, assurément planifiée avec grande minutie.

Carlos Ghosn se serait en effet dissimulé, *tel un fantôme, dans l'étui d'un instrument de musique* [192] ; et transporté *dans une grande caisse* vers le Liban, à la barbe et au nez des autorités japonaises et des douanes turques, en soute de deux vols privés, affrétés pour instrumenter sa fuite.

Grassement rémunérés pour leurs services totalement illégaux, les deux organisateurs (des Américains, une ex-barbouze et son fils), extradés des Etats-Unis vers le Japon, y ont écopé de peines de prison ferme, et furent écroués... à la prison de Kosuge de Tokyo (celle-là même qui n'offrirait, selon le Groupe de travail des Nations Unies précité, que des *conditions arbitraires de détention*). Trois autres complices ont été condamnés en Turquie, à des peines de prison ferme, pour *trafic de migrants* (sic).

Quant au prévenu, désormais libre, mais en cavale perpétuelle jusqu'à droit qui ne sera probablement jamais jugé, il s'est justifié en critiquant la partialité de la Justice japonaise, évoquant le film *Midnight Express* de 1978.

Il ferait désormais l'objet d'une *Notice Rouge* d'Interpol. [193]

Le préalable à une justice privée qui se targue de *justesse* serait donc celui d'une Justice qui dysfonctionne -que ce soit dans la réalité pragmatique sociétale (la nature belliqueuse de la 'guerre de tous contre tous' chez Hobbes ; ou la nature sociale de 'l'animal politique' chez Aristote) ; ou encore dans la perception romantique que les parties au pacte social ont de leur propre évolution (personnelle : ainsi 'l'homme bon' chez Rousseau ; ou collective : ainsi la construction européenne) ?

4 La question de la violence de la Justice renvoie à celle de la séparation des Pouvoirs : dans la pratique empirique de la violence étatique, tout Léviathan néo-hobbesien serait-il donc nécessairement un *Apollon, couteau à la main* ? [194]

Comme chez Hobbes, la violence dans l'exercice d'un pouvoir régalien est-elle inhérente à la fonction de souverain (en particulier quand les valeurs nationales le requièrent) ?

Inversement, dans le cas où le souverain outrepasse le mandat qu'il a reçu dans le cadre du pacte social (un Traité international ou une Constitution nationale) en usant de violence contre ses sujets de manière contraire à telle ou telle règle fondamentale, le peuple est-il justifié à se rebeller contre lui -jusqu'à le destituer ?

En 2021, la question de la *violence étatique* (celle que le Souverain impose à son peuple) est posée partout : par exemple dans le cadre normatif des contraintes extra-ordinaires (les lois d'urgence sanitaire) qui ont bridé ou supprimé les libertés individuelles fondamentales -ainsi les mesures de confinement, de vaccination, de certification, les interdictions de se réunir, de voyager, de visiter, de travailler, etc. [195]

Et qu'en est-il de la *violence judiciaire* ?

Lorsqu'en tant que Pouvoir de l'Etat, si la Justice n'est pas totalement indépendante, cette violence est susceptible de s'exprimer dans une violation du *principe de séparation.*

Ce problème a été soulevé par exemple : -en France, dans le cadre des prérogatives de poursuite dévolues au Parquet, la loi française prévoyant que cette autorité judiciaire relève de l'autorité (exécutive) du Garde des Sceaux ; ou encore -en Suisse, où les Juges sont nommés sur des listes établis par les Partis politiques représentés au Parlement (autorité législative). [196]

Or le principe de la séparation des Pouvoirs est une composante essentielle de tout Etat de droit : il en est ainsi en France depuis 1789 (avec l'art. 16 de la 'Déclaration des Droits de l'Homme et du Citoyen' du 26 août 1789). [197]

Evoqué par le Conseil constitutionnel à de nombreuses reprises sous l'angle de l'art. 16, le principe de séparation serait même devenu, au cours de la dernière décennie, *la clef de voûte des droits et libertés* françaises. [198]

Or qu'en est-il au sein de l'Union européenne, où ce principe de séparation est pourtant au cœur de l'une des valeurs dites communes dont la thématique est devenue si prégnante en 2021 : celle d'Etat de droit ? [199]

Car alors qu'elle impose le principe de séparation à tous ses-Etats-membres, allant jusqu'à amender fortement ceux qui s'écarteraient des critères qu'elle a stipulés elle-même (en autocrate ? ; ainsi contre la Pologne, en 2021), l'Union européenne en ignore le paradigme traditionnel -et ce, malgré la semblance de tripartisme que présente son organisation (-Conseil, -Commission et -Parlement).

Cette triangulation institutionnelle de l'Union est d'une telle hypocrite semblance quant au principe de séparation qu'elle a fait dire à l'un des sites officiels de la République française, qui manie avec doigté l'art de l'euphémisme (c'est-à-dire, en politique : la langue de bois) :

> *L'Union européenne fonctionne par le biais de plusieurs institutions. Ces institutions se partagent d'une façon originale les pouvoirs, exécutif, législatif et judiciaire. Si ce partage n'est pas tout à fait le même que celui connu au niveau national, quelques traits marquants peuvent toutefois être dégagés.* [200]

En effet, ni la fonction *exécutive*, qui est le moteur de cette machine artificielle (héritée malgré elle de Hobbes et de Descartes), ni la fonction *législative*, qui est devenue le bras vengeur de ce nouveau Léviathan, ne sont exclusivement attribuées à l'un ou l'autre de ses organes, dont les compétences se recoupent et se chevauchent.

Le Pouvoir européen s'exerce en effet de manière verticale : supra-nationalement ; et il s'inscrit dans une sorte de 'fédéralisme exécutif' : basé sur un processus décisionnel exigeant le consensus de ses membres -un état d'union cordiale, qui est de plus en plus illusoire. [201]

Nonobstant la triangulation critiquable des Pouvoirs au sein de l'Union -et une construction gigantesquement bureaucratique qui n'est pas sans rappeler la pieuvre du *Centre*, immanquablement autocratique dans la défunte Union soviétique- la *question à étudier* (à la suite d'Aristote, de Hobbes ou de Rousseau) n'est-elle pas : *-Quelle forme politique est vraiment bénéfique à tel ou tel peuple* ? [202]

Pologne, Hongrie : dans l'omniprésent *démocratisme* du discours occidental contemporain (mesuré à l'aune de cette liberté qui consiste à se soumettre au vote de la majorité, qui en est le fondement du principe), lorsque toutes les parties au contrat social (qu'il soit 'pacte social', *où l'on dit 'Je ferai'* ; ou 'loi constitutionnelle', *où l'on ordonne de faire*) s'accordent à cet égard, comment justifier la violence faite à un peuple, autant par la norme (d'une règle de droit) que par l'action (de déclarations et de sanctions), aux fins d'imposer la stricte séparation des différents Pouvoirs et d'en interdire tout mélange ?

> (Hobbes) *La démocratie est établie par des pactes réciproques que l'on passe les uns avec les autres.* [...] *<C'est> comme si chacun disait à son voisin : « Je transfère mon droit à l'Etat pour l'amour de vous, afin que vous lui transfériez le vôtre pour l'amour de moi ».* [203]

A l'inverse, ne trouve-t-on pas, dans nos actuelles démocraties, pléthore d'exemples de *concentration* de pouvoirs régaliens, avec des formes mixtes de type pyramidal ('Jupitérien'), pourtant typiques des autocraties ?

Et cependant, la *tyrannie antique* ne figurait-elle pas en bonne place, aux côtés des régimes constitutionnels aux formes démocratiques, oligarchiques ou monarchiques ?

Jadis, au sein de la Grande Grèce, d'Athènes à Syracuse, dans ses formes non-absolues, la *tyrannie*, ce pouvoir d'un seul, cette forme de gouvernance proche de la *monarchie* non-héréditaire et de la *démagogie* (pourtant empreinte d'égalitarisme et championne du peuple), ne résultait-elle pas... de *la volonté populaire* ? Cette *volonté de tyrannie* telle qu'exprimée par un peuple (dans la philosophie politique d'Aristote, comme de Hobbes, il s'agit donc de la somme collective des *volontés de puissance* individuelles) était précisément possible, comme le dit Aristote, *parce que <cette forme politique> était conforme à la loi ; et parce qu'elle s'exerçait sur des sujets qui y consentaient.* [204]

Or l'analyse aristotélicienne des *Politiques*, toute ancienne qu'elle soit, n'est pas loin d'être un truisme, la philosophie de son raisonnement politique restant relevant, même de nos jours : lorsque la violence politique est exercée par le détenteur d'une puissance publique (c'est-à-dire par un Pouvoir) qui lui confère une force, qu'elle soit physique (Police, Armées) ou normative (Parlement, Exécutif), l'exercice de sa violence doit être jugée par rapport au but poursuivi : si son but est de *protéger* la multitude régie (maintien de l'ordre public ou sanitaire, lutte contre le terrorisme, etc.) ; ou bien s'il cherche à l'*opprimer* (disproportion dans l'usage de la force publique, utilisation abusive des tribunaux, etc.).

A cet égard donc, on ne peut que se rallier à la formule hobbesienne qui souligne que : *Si le salut du peuple doit être la loi suprême, c'est le peuple qui doit commander, fût-ce par la volonté d'un seul homme.* [205]

Quelle est donc la violence émanant d'un acteur étatique qui est susceptible d'alterner entre *protection* et *oppression* du peuple ? Faudrait-il donc distinguer entre deux états alternatifs d'action régalienne (protection/ oppression), tout en gardant à l'esprit que la justesse de toute violence régalienne résulte autant de l'application de la règle de la loi que de la culture et des valeurs du peuple ?

-ÉTAT D'URGENCE. Celui de la violence proportionnée, contre les terrorismes ; la violence sanitaire, contre les libertés ; de la violence synallagmatique, contre l'oligarchie et la finance kleptocrates ; de la violence appropriée, pour le climat ; ou de la légitime défense étatique ; etc. ;

-ÉTAT D'ENGEANCE. Celui des violences de cette « *justice qui sent la pisse, l'hémoglobine et l'habit du dimanche* » (l'expression est d'Éric Dupond-Moretti, qui n'était pas encore en charge de la Justice française et qui plaidait alors la défense du politicien Patrick Balkany) ; des violences policières, contre la liberté de manifester (pacifiquement) ; des violences contre la liberté de presse ou la liberté d'expression ; ou des violences des réseaux sociaux et de leurs tribunaux d'exception (*wokéisme, cancel culture*) ; etc.

Sur un plan géopolitique, tout modèle de gouvernance (comme la violence de toute puissance) étant par définition plastique, en matière de culture et de valeurs, on ne saurait demander à tous, partout, et en tout temps, de *comparer l'incomparable*. [206]

Par conséquent, quant à une pragmatique ou à une dogmatique sur l'Etat de droit et la séparation de ses Pouvoirs, il ne saurait y avoir de réponse unique qui soit moralement satisfaisante -moins encore de modèle qui puisse prétendre à s'imposer comme idéal.

Cette constatation objective de l'absence d'un possible *moule unique*, qui a été faite par tous les penseurs politiques depuis Platon, ne devrait-elle pas s'imposer à l'Union européenne, et à sa triangulation de Pouvoirs non-séparés, dès lors que cette Union entend déployer des moyens considérables pour tenter d'imposer la communauté de ses valeurs aux peuples qu'elle est en charge de régir (jusqu'à quand ? : *Brexit*) ; et dont certains n'en ont ni la culture, ni la tradition : l'Union ne se méprend-t-elle pas dans le cadre de sa démarche prosélyte ?

Ainsi dans le credo de son *démocratisme* qu'elle fait résonner *urbi* (Pologne, Hongrie) et *orbi* (Russie, Chine, Taïwan) ?

Tout comme ces pays de l'Anglosphère, emmenés par les Etats-Unis d'Amérique, qui estiment qu'il est juste et justifié, en vue d'un monde meilleur où il n'y aurait pas d'alternative (on notera que le slogan libéral et thatchérien : *There Is No Alternative* [TINA], est très peu démocratique dans son essence), d'interdire à la *majorité* d'un peuple, par ailleurs étranger au leur, tels que les peuples chinois ou russe, de s'exprimer pour élire de ses vœux une gouvernance, fût-elle autocratique, qui se prévale d'un autre modèle, tel que celui du *socialisme* ?

Rejetant d'emblée le choix exprimé par la majorité, au profit de la minorité dissidente, au prétexte que la liberté de vote aurait été bafouée, ignorée, supprimée ; et toute élection, truquées, imposées ?

Rationnellement et objectivement, la violence de ces discours d'exclusion et de répression relève-t-elle de l'état d'urgence ? ou de l'état d'engeance ?

5 De cette constatation objective au sujet de l'absence d'un paradigme politique *unique*, doit-on conclure que la règle qui cherche à affirmer et à consolider l'ordre interne de la Nation ne peut être que le reflet d'une *différence en soi* au miroir du droit ?

De même, doit-on admettre l'hypothèse que la règle de droit n'est que la phénoménalisation de quelque chose de plus intangible, qui la transcende (telle une loi naturelle, divine, ou idéale) ?

Cette question bicéphale (des noumènes/phénomènes de l'idéalisme kantien) conduit à poser l'hypothèse de *l'essence* d'une moralité propre à chaque Nation -ou à chaque collectivité- imminemment dépendante des valeurs qui lui sont subjectives.

En ce qui concerne la violence normative, qui est une conséquence de l'application de la règle du droit, cette question amène à postuler qu'il pourrait bien y avoir une relation de dépendance -une corrélation mathématique- entre la culture nationale et le degré de sensibilité du peuple à la violence de son souverain.

Il se trouve que la résilience d'un peuple à la violence normative (et l'acceptation populaire de la violence rétributive) ressort des faits du droit :

(i) *La population chinoise* applaudit *l'esprit combattant* (斗争精神, *dòuzhēng jīngshén*) prôné par le *loup guerrier* de la pensée diplomatique du Président Xi Jinping (习近平外交思想, *xíjìnpíng wàijiāo sīxiǎng*) *qui mène une guerre diplomatique, juridique et d'opinion pour contrer les actes hégémoniques des États*-Unis, avec une politique étrangère outillant une Chine fière et nationaliste, qui s'affirme ; et qui entend défendre avec force et conviction ses *intérêts fondamentaux* (核心利益, *héxīn lìyì*) -tandis que d'aucuns, ailleurs, froncent les sourcils, et s'en inquiètent. [207]

(ii) *La population russe* plébiscite l'ancien homme fort de sa Sécurité nationale, Vladimir Poutine, dès 1999, en l'élisant à la Présidence sur un credo de violence rétributive essentiellement domestique (« *Traquer les terroristes jusque dans les chiottes, un point c'est tout* »), qui se retrouve à l'identique dans la politique étrangère américaine de l'après-9/11 ; et en le maintenant au pouvoir depuis lors grâce à l'affirmation nationaliste de la Russie dans une arène internationale de plus en plus méfiante à son égard.

Internationalement (USA) ou domestiquement (Russie, France), tant que le but de la violence étatique est *sécuritaire*, c'est partout qu'une règle édictée en vue de protection de l'ordre public emportera un soutien largement consensuel -même si elle est foncièrement brutale ; et même si les moyens de son exécution sont *disproportionnés* au regard de la politique criminelle en vigueur et de la sensibilité immédiate de la population.

Ainsi les 'Lois d'urgence' qui ont été adoptées en France dès 2015 pour faire face à la menace terroriste (par application de la *'dérogation du cas d'état d'urgence'* prévue à l'article 15 CEDH 1950) [208] ; car la licence *d'abattre* un individu sur le champ, sans lui faire une autre forme de procès, est fondamentalement opposée, autant dans l'esprit que dans la lettre, à l'abolition de la peine-de-mort judiciaire (France : en 1981).

Ce qui permet au Souverain d'outrepasser son mandat et sa compétence en matière de violence admissible, c'est que la violence rétributive prévue par de telles règles n'est pas destinée, dans les faits de son droit, à s'appliquer à la population au sens large ; mais bien, et de manière exceptionnelle, uniquement à ceux qui violent l'ordre social.

Pour la société qui se sent menacée, il s'agit de répondre à la peur par la peur : en imposant la peur d'un châtiment extrême à ceux qui créent la peur de l'insécurité extrême - une sorte de retour à la *Loi du talion* [209], une réponse du coup-au-coup (*tit-for-tat*).

C'est la même idée de réciprocité que celle que l'on trouve à la base du Droit pénal conventionnel (le droit avec lequel la société entend punir les fautes, de manière adéquate) ; mais avec une action, celle de punir, c'est-à-dire une *exécution*, qui est déplacée : enlevée au Pouvoir judiciaire et attribuée au Pouvoir exécutif.

Parmi les administrés ordinaires, et dans la mesure où l'acteur de la règle d'urgence reste dans le cadre fixé, qui pour s'en plaindre ? Qui pour reprocher à un agent public, ou à un particulier privé, d'outrepasser le droit à la *légitime défense* de la société toute entière (en droit, s'agit-il encore de respecter une *proportionnalité* ? [210]), par exemple lorsqu'il s'est agi de répondre à ces actes de violence terroriste commis contre des foules innocentes qui ont eu lieu partout dans le monde : en France (Bataclan, 2015), en Norvège (Utoya, 2011), en Russie (Doubrovka, 2002), en Chine (Kunming, 2014), ou aux Etats-Unis (Parkland, 2018), etc. ?

Il y en a pourtant : au sein-même de la puissance publique.

D'où l'intérêt du principe de séparation ? Pour que la Justice juge sereinement les excès de l'Exécutif ?

Pas vraiment.

Car ces voix qui s'élèvent pour fustiger un *manque de proportionnalité* dans la violence étatique ne sont pas là où on les imagine : ainsi, il y en a eu à Hong Kong, dans le cadre des protestations de rue en 2014 et en 2019, dans cette Chine à qui des détracteurs reprochent précisément de ne pas respecter les principes de l'Etat de droit, dont celui de la séparation des Pouvoirs et des droits de l'homme ; opposant les déclarations contraires des ONG et de la Police :

- [Amnesty International] [...] *Hong Kong : arrestations arbitraires, tabassages brutaux et torture en détention policière révélées. Une nouvelle enquête de Amnesty International a documenté une alarmante récurrence de tactiques agressives et indiscriminées employées par les forces de police de Hong Kong lors d'arrestations d'individus à des protestations, et des preuves de torture et de mauvais traitement en détention.*
- [Police de Hong Kong] [...] *Les forces de police agissent avec un degré élevé de restreinte et de professionnalisme et <sont tenues d'émettre> une mise en garde avant d'utiliser la force, lorsque les circonstances le permettent, qui donne aux individus concernés l'opportunité de se conformer <à l'ordre de police> avant d'utiliser la force.* [211]

A Hong Kong, là où certains intérêts partisans n'auraient voulu voir que le règne de la dystopie, tout observateur neutre de la règle de droit ne pouvait manquer de noter que, contrairement à la pratique américaine ou française, les forces de police locales (à qui échut la compétence de gérer les manifestations publiques et de réprimer les violences de rue) eurent à se plier à une *pratique* qui pourrait prêter à sourire si le sujet n'était pas aussi grave : celle d'annoncer à la foule les ordres de police, et les actes de répression à venir en cas de désobéissance, à l'aide de drapeaux de couleur, de signification spécifique. [212]

-BLEU - *Dispersez-vous, votre assemblée n'est pas autorisée.*

-JAUNE - *Ne franchissez pas le cordon de police.*

-ROUGE - *Arrêtez d'avancer.*

-NOIRE - *Attention ! Tirs de gaz lacrymogène à venir.*

-ORANGE - *Attention ! Tirs sécuritaires à venir.*

-VIOLET - (Depuis la mi-2020) *Votre comportement viole la Loi sur la Sécurité Nationale.*

Prudence : de principe ? Que de précautions apportées à prévenir le justiciable, l'administré, le citoyen, l'individu, avant de frapper celui qui continue à violer la règle ! Avec un tel *principe de précaution* maximale quant à la prévention des violences policières, comment ne pas apprécier à sa juste valeur la minutieuse propension appliquée à *ne pas nuire à autrui* ?

Faut-il que l'on s'aventure à comparer l'incomparable pour juger de la politique d'encadrement des manifestations de rue, avec d'un côté une si prudente précaution à Hong Kong, et de l'autre, une dure réalité répressive, telle qu'en France (Gilets jaunes, réformes des retraites, marche pour le climat, etc.) ; ou, pire encore, aux Etats-Unis (Black Lives Matter, mouvements Anti-Trump, etc.) ?

Information : comment ne pas s'indigner devant la manifeste différence de traitement et de perception, d'une part à propos d'allégations quant à des violences policières à Hong Kong ; alors que, d'autre part et dans le même temps en France et en Amérique, tant d'organismes de défense des droits de l'homme dénonçaient des actes de meurtre et de mutilations de manifestants et de suspects appréhendés ? [213]

Sanctions : comment continuer à ignorer qu'à Hong Kong des décisions de Justice ont très sévèrement puni les excès de violence commis par des acteurs de la sécurité publique ; et que, selon les mêmes organismes de défense des droits, ce n'est le cas ni France, ni aux Etats-Unis -nonobstant *l'antiracisme* et une tendance grandissante à punir de manière exemplaire les abus policiers récurrents contre les minorités (tel que l'homicide de George Floyd) ?

Par exemple, dans le cas de ce Policier-instructeur de Hong Kong : un vétéran aux états de service impeccables, qui venait de prendre sa retraite ; et qui avait accepté, de bonne grâce et de mauvaise inspiration, de reprendre du service pour seconder ses collègues en sous-nombre lors des troubles de rue de 2014.

Car ce Policier jusque-là reconnu comme exemplaire fut condamné, à la fin de 2017, à *trois mois de prison ferme*, pour avoir, lors d'une opération de dispersion d'une foule de manifestants agressifs, usé de violence, en se laissant aller à donner un léger coup de matraque à un individu qui « *prétendit ne faire que passer* », et à qui il causa une légère *rougeur de peau* sur le cou.

Selon le Juge de la Première instance, « *sa culpabilité était trop sérieuse pour qu'il soit condamné à des travaux d'intérêt public* ». Quant à la peine de prison *ferme*, elle fut confirmée à deux reprises en appel, en 2018 et en 2019. [214]

Tel encore le cas de ces sept Policiers qui s'étaient aventurés à rosser un activiste notoire, par ailleurs travailleur social, qui les avait arrosés, lors des troubles de rue de 2014, d'un liquide pestilentiel depuis une position élevée -l'activiste fut condamné, en 2015, à *cinq semaines de prison ferme* pour cette agression et pour avoir résisté à son arrestation.

En 2017, la Justice de Première Instance condamna les sept Policiers à *deux ans de prison ferme* pour 'agression qualifiée'.

Cependant, en 2019, une décision d'appel de septante-huit pages blanchit deux de ces Policiers en raison du manque de preuves à charge ; et réduisit les sentences des cinq autres à des peines d'emprisonnement *ferme, allant de quinze à dix-huit mois*, au motif que les peines de Première Instance étaient « *manifestement excessives* ».

Ces lourdes peines de prison furent dûment exécutées. Quant à l'activiste-travailleur social, qui était entre temps devenu Député d'arrondissement (*District councillor*), il commenta, en paradant : « *Justice delayed is justice denied* » -la lenteur de la justice est un abus de droit... [215]

6 Qui donc du Pouvoir exécutif, du Pouvoir judiciaire, ou des médias, dysfonctionne -et mérite le bâton ? Pour quel avenir, et pour quelles sociétés, cette disproportion dans la resucée moderne de la *loi du talion* ?

Dans quel but inavoué le manque de pondération dans la violence étatique est-il pointé du doigt et fustigé à Hong Kong, et bien moins sévèrement ailleurs ? Pour quel ordre, pour quelle justice sociale, est-on amené à souhaiter un lourd prononcé de Justice à l'encontre des ceux qui outrepassent *les droits et les devoirs* de leur fonction répressive -ainsi dans le cas de ces Policiers de Hong Kong ou de l'homicide de George Floyd ?

Il y aurait donc *deux poids, deux mesures* -et deux visions des choses ? Ainsi, dans le cadre des protestations à Hong Kong de 2019-20 :

-les protestataires anti-Chine exigèrent la mise en place d'une 'commission d'enquête indépendante', pour examiner les allégations de violences policières dans le cadre des manifestations de rue (qu'un rapport d'Amnesty International n'avait pas hésité à dénoncer comme étant des « *tortures'* »). [216]

-tandis que de nombreux citoyens de Hong Kong, atterrés par la situation de chaos qui ne faisait qu'empirer, se lamentaient de la retenue à-la-limite-de-la-passivité de leurs forces de l'ordre dans la gestion des violences de rue ; et appelaient de leurs vœux, sans oser le réclamer haut et fort, l'intervention des forces chinoises, par ailleurs prévue par la Loi fondamentale (*Basic Law*) de 1997. [217]

Nulle surprise donc qu'un organe de presse officiel chinois, Xinhua News, ait écrit, faisant un parallèle entre la seconde protestation de rue de 2019 et la première de 2014 :

> (Xinhua) « *Occupy Central a été le catalyseur et le point de départ de la désintégration de l'Etat de droit à Hong Kong, qui en était le fondement de la prospérité et stabilité* ». [218]

Et que le quotidien français Le Monde ait pu résumer tout de la situation de désordre de la seconde protestation de 2019 dans un titre de presse ô combien percutant : « *A Hongkong, l'Etat de droit au bord de l'effondrement total* ». [219]

Alors qu'au même moment :

-*aux Etats-Unis,* des Gouverneurs d'Etats provinciaux reprochaient vertement à l'Administration fédérale du Président Trump, jusqu'à l'assigner en justice, les interventions de ses forces sur le terrain d'une rue enflammée par des violences policières meurtrières : les protestations 'Black Lives Matter' de mai 2020. Ces protestations faisaient suite au décès de George Floyd, un délinquant déjà condamné à plusieurs reprises, mort suffoqué à Minneapolis sous un genou policier *(« I can't breathe* »). Derek Chauvin, coupable d'homicide, a écopé d'une peine de vingt-deux ans et demi ans de prison en 2021 (dont appel) ; ses trois collègues ont également été déclarés coupables ; et la famille Floyd « *a accepté une transaction de 27 millions de dollars* » de la ville de Minneapolis. [220]

-*en France,* la Présidence Macron tentait de juguler, en mai 2020, le grondement de la rue à propos d'allégations de racisme et de violence policière dans le cadre de l'arrestation en 2016 d'un délinquant connu des services de Police, qui décéda après avoir tenté de se soustraire à une interpellation policière. Les Gendarmes concernés ont été décorés en 2019. [221]

7 D'où une ♦**Troisième Conclusion Dialectique** :

La musique de la règle joue un thème issu du *folklore* : il est bariolé de culture indigène.

Dès lors, sur ces musiques qui sont foncièrement locales, les chorégraphies de l'Ordre sont fondamentalement nationales ; et leurs ordonnancements, fondamentalement différents d'un Etat à un autre.

Les découpages du monde en 'grands ensembles', que font les disciplines à vocation scientifique tels que le Droit comparé et la Géopolitique, ne sont donc que des parentèles grossières, basées sur une tentative d'universalité théorique d'origine positiviste (avec le droit positif) ; et qui immanquablement se heurtent à la pragmatique des différences culturelles locales, d'origine naturaliste (avec la coutume, l'équité et la morale propres à chaque peuple).

Par conséquent, il y a loin de la coupe aux lèvres.

Contrairement à ce que l'instantané des médias sociaux laisserait à penser à des détracteurs -qui sont souvent à la petite semaine, ou à la petite cervelle- celui qui a la prétention de formuler un jugement critique sur la musique d'une règle ou sur les danses d'un ordre interne (ainsi sur les ordres russe ou chinois) qui ne soit pas totalement erroné doit impérativement en maîtriser les codes -ce qui impose de savoir en parler la langue de la culture.

Dans l'ordre des choses, il doit donc y avoir un *droit à la différence* culturelle.

Qui, pour être reconnu en tout lieu et tout temps, ne peut être qu'*absolu* : ne souffrant aucune exception, d'autant moins celle motivée par l'égalitarisme fallacieux d'une modélisation globale.

7

ENCADRER

1 Le vingt-et-unième siècle serait-il donc celui de l'avènement du *Léviathan, couteau à la main* ?

S'il est inéluctable que les organisations politiques des sociétés dussent progresser en évoluant de la 'démocratie' à 'l'autocratie' (comme le pensaient Platon et Aristote), nombreux ceux qui dénoncent à tous égards les dérives autoritaires des pouvoirs élus et légitimement mandatés.[222]

Or dans nos sociétés occidentales, la *mesure* (au sens grec antique), c'est-à-dire le prisme de subsomption qui permet de passer de l'observation empirique à la théorisation conceptuelle, n'est plus ni la 'divinité' de Platon, ni 'l'homme' de Protagoras : en politique, c'est *la démocratie qui est* désormais *la mesure de toute chose*.

Il est en effet requis de toute critique politique qu'elle se fasse en relation, et en comparaison, avec un modèle de vertu qui est désigné sous le nom de 'démocratie' : ainsi on reproche à certains pays, tels que la Chine ou la Russie, la Pologne et la Hongrie, de n'être pas, ou pas assez, 'démocratiques'.

Cependant il n'est pas inutile de se poser la question de savoir qui a imposé le terme de cette référence obligatoire ; qui l'a acceptée ; et dans quel but cela s'est fait : dans les sociétés occidentales, la limite temporelle initiale (*terminus a quo*) sont les révolutions anglaises (1642-51, 1688), américaine (1765-83) et française (1789-99), dont les lumières ont fait couler le sang.

Avec ces changements sociétaux imposés par la force, les théories du 'pacte social' (-vertical, avec un Léviathan aux pouvoirs combinés ; ou -horizontal, dans le cadre d'une représentation populaire aux pouvoirs séparés) ont donné à l'homme des droits toujours plus nombreux, qui étaient fonction de sa nature.

Et qui se sont généralisés en-deçà et au-delà du national : la *Déclaration des Droits et Libertés de l'homme et du Citoyen* est un long chapitre de la Constitution de la Fédération de Russie de 1993 (art. 17-64) :

> (Art. 17) *§1. Dans la Fédération de Russie sont reconnus et garantis les droits et libertés de l'homme et du citoyen conformément aux principes et normes universellement reconnus du droit international et en conformité avec la présente Constitution. §2. Les droits fondamentaux et libertés fondamentales de l'homme sont inaliénables et appartiennent à chacun de naissance. §3. L'exercice des droits et libertés de l'homme et du citoyen ne doit pas violer les droits et libertés d'autrui.*

Mais qu'importe les mots de ces déclarations de droits assignés, arbitrairement à l'homme ? : dans les faits du droit, ne venons-nous pas de conclure au *droit à la différence* culturelle ?

Dès lors, comment comprendre la transcription nationale de l'unité transcendante du 'Droit de l'Homme' (qui répond philosophiquement à la question kantienne « *-Qu'est-ce que 'l'Homme' ?* »), sans toutefois tenir compte de la réalité immanente à cette Nation, qui lui est propre ?

S'il y a bien encore un droit à la différence dans nos sociétés modernes, où l'on souhaiterait tout gommer jusqu'à la différence du genre dans l'espèce (LGBTQ+, écriture inclusive, langage des sexes), *l'homme*, en tant qu'il est citoyen et sujet de droit, s'inscrit toujours dans une *tradition* spécifique, dans laquelle on lui a enseigné une culture et des valeurs qui lui sont propres ; et au sein de laquelle il doit s'épanouir.

Dès lors, *l'humaniste* (c'est-à-dire celui qui adopte l'attitude philosophique qui tient 'l'homme' pour valeur suprême ; et qui revendique pour chacun le libre épanouissement de ses facultés humaines) ne doit-il pas d'abord accepter de reconnaître les valeurs d'autrui comme différentes des siennes ; puis de les tolérer ; et enfin, de les intégrer par concessions mutuelles dans l'hypothèse d'un projet de construction commune ?

Quant à cet épanouissement dans la liberté de l'homme, n'implique-t-il pas dès lors que chacun doit être habilité à opposer ses propres valeurs à tous les autres (ainsi la Hongrie de Viktor Orban, l'Amérique de Donald Trump, la Russie de Vladimir Poutine ou la Chine de Xi Jinping ?) ?

Et qu'inversement, le fait de refuser à autrui de reconnaître sa différence culturelle n'est rien d'autre qu'une violence autocratique ; qui devient une violence normative lorsque c'est la règle de droit qui permet d'en imposer la négation, au rebours des valeurs humanistes d'intégration et de respect mutuel ?

Or l'universalisme en matière politique se confronte à l'incapacité collective à reproduire à l'identique dans un moule, car dans les faits du droit, aucun peuple n'a jamais accepté volontairement d'abandonner à un autre son *identité nationale* (de sa tradition, de ses codes ou de sa religion).

Dans la période historique dite de 'colonisation', où cela a été particulièrement évident, l'Empire britannique de la Reine Victoria ne l'avait-il pas parfaitement compris ?

Dans cet éternel *clash des civilisations*, le truisme d'un rejet nationaliste ne germe-t-il pas d'abord avec la différenciation des langues (la Babel biblique étant l'histoire d'une punition divine) ?

A cet égard, la Chine n'a-t-elle pas tout fait pour sauvegarder la prévalence de la langue chinoise au sein de la webosphère accessible à sa population, précisément afin d'y contrer la domination anglo-saxonne ?

Si on retrouve dans les *diktats* communs à l'action du Stalinisme et celle du Nazisme des exemples de perte forcée d'identité nationale (avec des populations enlevées à un territoire donné), la réaction qui lui est contraire, celle d'une *peur panique* quant à une dilution de l'identité nationale -qui est le germe de la réaction identitaire- se constate dans tout mouvement nationaliste, tels que dans ceux qui occupent le paysage politique désormais partout.

Comme l'explique toute philosophie politique depuis Platon et Aristote (une analyse, récurrente, à propos de la progression dynamique et cyclique des *formes de gouvernance* ; que la socio-politique actuelle veut ignorer et même noyer, au moyen d'un prosélytisme de 'paradigme unique'), il est par conséquent erroné de prétendre à *l'universalité* en matière de choix politique : l'idée de la prévalence d'un seul moule, en l'occurrence d'une forme de gouvernance qui a été arbitrairement nommée *démocratie* (malgré la matérialité dissemblable de ses différentes formes, une *démocratie* pouvant être directe, indirecte, participative, représentative, etc.) ne fait que nier l'évidence d'une spécificité inhérente à chaque peuple.

Dès lors, pour faire passer la pilule d'universalisme, il s'en suit que dans sa phénoménalisation, l'idée de démocratie implique une distorsion de la réalité, qui est façonnée à l'aide du langage.

Ce qui est patent à l'époque actuelle, c'est que le langage ne correspond souvent plus aux évènements du terrain : ainsi les médias et les réseaux sociaux, les acteurs des trois pouvoirs, les prononcés de justice, ne font-ils pas constamment référence, en matière socio-politique, aux *fake news*, au complotisme et aux théories du complot, aux manipulations et aux influences étrangères ?

Au vingt-et-unième siècle, ce n'est plus *nature qui cherche à se cacher* (Héraclite), mais bien la vérité.

Cette vérité en effet, il semble qu'on la travestisse (qui donc derrière cet indéterminé ? *'Le plus fort, et sa loi'* de la pensée machiavélienne, rousseauiste ou marxienne ; ou le *'das Man'* de la pensée heideggérienne ? [223]) et qu'on tente de la masquer sous un voile d'ignorance et de confusion savamment entretenue.

Forçant ainsi une *justice démocratique*, pensée à l'origine comme étant aveugle, équitable et égalitaire (*à la Rawls*), à devenir une *justice autocratique*, qui au final n'est qu'aveuglée, biaisée et servile.

Alors qu'il s'agit de distinguer et de comprendre, dans la réalité des faits du droit, quand et envers qui s'exerce pragmatiquement la violence du *souverain-matraque-en-main* ; et de permettre à chacun de faire la part des choses entre vérités démocratique et autocratique ; il convient de tenter une observation objective et non-émotionnelle de la mise en situation et des évènements de terrain, sans laisser son jugement être influencé par l'idiosyncrasie du biais subjectif et par le préjugé de l'opinion personnelle -ce qui est notoirement difficile dans l'instantané médiatique contemporain où le raisonné disparaît souvent derrière l'émotion.

A ce propos, il y a plusieurs possibles, qui se distinguent, comme cela a été évoqué, selon que la violence du souverain *opprime*, ou qu'elle *protège* :

-[Thèse] *Autocratie* ?

La violence étatique est exercée de manière indiscriminée, contre un peuple innocent ? -par exemple, afin d'empêcher les votes démocratiques du peuple de Catalogne... ou de celui de la Crimée ?

-[Antithèse] *Démocratie* ?

La violence étatique est exercée de manière spécifique, contre une menace à l'ordre social ? -par exemple en Russie, dans les cas des kleptocraties d'oligarques ou d'investisseurs ; ou aux Etats-Unis, dans les cas de manifestations et de violences de rue.

-[Synthèse]

Est-ce, dans les deux cas, la même idée de violence ?

En tant que sujet-administré, ne faudrait-il pas souhaiter l'une, et craindre l'autre ? Ne doit-on pas constater que la dialectique d'ordre socio-politique que propose le paradigme de 'démocratie' qu'on cherche à imposer partout est entachée de vices ? Que l'on ne saurait plus en reconnaître ni l'idée, ni la forme initiale de cette gouvernance qui proposait de donner le pouvoir (*krátos*, à la fois force physique et puissance théorique) aux individus d'un lieu déterminé (*dēmos*) ?

N'a-t-on pas entendu ailleurs qu'en Russie (sous l'ère Eltsine, devant la catastrophe, la *katastroïka*, de l'ouverture socio-économique post-soviétique de la Perestroïka), le peuple maudire la *'dermokratizatsiya'* (merdocratie), refusant de prononcer le mot de *'demokratiya'* (démocratie) ; employer le terme ultra-péjoratif de *'demokrast'* (démo-voleur), à la place de *'demokrat'* (démocrate) ?

Ne doit-on pas impérativement se poser ces questions avant que de sauter à la gorge de ceux qui s'opposent à l'universalité dans l'ordre (ou à l'ordre universel) du paradigme de la nouvelle démocratie ?

Car ces individus sont loin, pour beaucoup, d'être des *anti-démocrates* : ce sont des défenseurs de l'ordre civique, qui s'opposent au diktat d'une nouvelle règle dont ils ne partagent pas la tradition, ou la culture.

Ainsi lorsqu'on observe les évènements qui eurent lieu dès l'été 2019 à Hong Kong, qui sont les véritables *anti-démocrates* ? Ces individus qui ont saccagé l'ordre social qui prévalait jusque-là, et que les Chancelleries et les médias occidentaux ont salué comme des *héros* ? ou les partisans du statu quo et de l'intervention chinoise, qui ont été vilipendés partout ? Qui sont ceux qui ne respectent pas *le droit à la différence* et qui font le choix d'imposer à d'autres leur point de vue unique, quitte à user de la force et de la violence ?

La sagesse populaire ne dit-elle pas à propos d'ordre : « *Chacun chez soi* (avec sa règle, *nómos*) *et les troupeaux seront bien gardés* (sur le pâturage, *nomós*) » ?

D'un côté, ceux qui parlent le langage de l'ordre institué par la règle nationale (la 'taxis' hayékienne) ; et qui demandent à leur souverain de se prévaloir de la règle de droit qui a été édictée domestiquement, dans l'expression directe ou indirecte d'une majorité vocale ou silencieuse -n'est-ce pas là une pragmatique *démocratique* ?

De l'autre, ceux qui prétendent parler le langage d'un ordre universel (le 'kosmos' hayékien) ; et qui cherchent à s'immiscer, à s'imposer de force, dans la politique d'un Etat souverain, souvent en usant d'une règle de droit supranational (UE) ou étranger (USA), arguant de motifs universalistes qu'ils jugent eux-mêmes *meilleurs* et d'utilitarisme partisan en vue du bien-être d'un peuple dont ils n'entendent à dessein que l'expression partiale d'une minorité parfois manipulée et souvent ignorante -n'est-ce pas là une pragmatique *autocratique* ?

Nous retiendrons de cette pragmatique foncièrement dichotomique (démocratique/autocratique, immanent/transcendant, bien/mal, juste/injuste, est-orient/ouest-occident, etc.) et sans articulation intermédiaire (OU/OU), qu'elle recèle sans aucun doute le germe malsain et hégémoniste d'un totalitarisme de la règle qui s'apprête à s'imposer partout grâce au langage vicié de la propagande.

2 Avec la revendication du droit à la différence, si prégnant maintenant en matière du genre de l'espèce humaine, il en va du thème de la liberté.

Or il est évident pour tout le monde que la 'liberté', une notion foncièrement transcendantale (métaphysique), est fondamentale dans le cadre de l'immanence de l'ordre socio-politique.

Et que la forme que prend la construction sociale à cet égard n'est pas importante : il importe peu en effet qu'elle soit *-verticale*, dans un échange avec un souverain tout puissant ; ou *-horizontale*, dans un pacte synallagmatique entre égaux [224] (telle qu'avec *l'isonomie* de la démocratie grecque antique, une égalité relative devant la loi civique).

Cependant, contrairement au discours *politiquement correct* de Bruxelles, qui justifia le sauvetage de la Grèce moderne dès 2010 et en empêcha la sortie de l'Union accidentelle ou forcée (*Grexit*), la démocratie contemporaine (et avec elle, la liberté politique) n'a strictement rien à voir avec la forme de gouvernance dénommée 'démocratie' de la Grèce antique (de *dêmos*, peuple ; et *krátos*, pouvoir), ni avec celle de sa 'liberté' (*éleutheria*). [225]

Car la moitié de la population d'alors ne jouissait en effet d'aucune liberté (au sens politique et contemporain du terme) : à Athènes, esclaves, femmes et enfants étaient tous des *objets*, au nombre des *propriétés* de l'homme-citoyen, et n'avaient strictement aucun droit à participer à la vie politique au sens strict, tout en étant parfaitement intégrés à la vie sociale au sens large. [226]

De même, notre actuel concept de 'liberté' n'est qu'un héritier très éloigné de la liberté antique qui tentait de concilier et d'articuler le déterminisme, la causalité et l'ordre imposé (découlant de la transcendance), d'une part ; et la conviction, l'intuition et la perception de l'homme de sa liberté dans l'affirmation de sa volonté et de ses choix (dans l'immanence), d'autre part. [227]

Pour les tenants de l'ordre naturel, la liberté de l'homme a toujours été *contre nature* (et contre Nature) : jusqu'à l'avènement de la 'sophistique', tout dans l'immanence était prédéterminé par la fortune et le destin (représentés par les déesses 'Fortune' et 'Nécessité', les divinités des 'Moires' et des 'Parques', etc.) ; dès lors, l'idée d'un possible *choix* était absente, ainsi chez les 'essentialistes' (tels que Platon) -au mieux était-il limité à l'actualisation d'une potentialité naturelle chez les 'conceptualistes' (tels qu'Aristote). [228]

Plus tard dans cette généalogie philosophique, il n'y eut que certains 'idéalistes' pour tenter de réconcilier les règles déterministes de la Nature et les règles individualistes de la liberté [229] : avec les Lumières franco-kantiennes, ce sont les Révolutions française et américaine qui proclamèrent haut et fort que la liberté est un *droit naturel* de l'homme, en la définissant en fonction de bornes et de limitations : en bridant (grâce à la règle) le pouvoir, immanent chez tout individu, d'en jouir à sa guise. [230]

Ainsi chez Immanuel Kant, le père de l'idéalisme allemand, la 'liberté' est à la base du souffle qui donne vie à la *machine* [231], dignité à l'*homo politicus*, et lucidité au souverain.

> (Kant) *De toute part, je n'entends que ce cri : ne raisonnez pas ! L'Officier dit : ne raisonnez pas, exécutez ! Le Préposé aux impôts dit : ne raisonnez pas, payez ! Le Prêtre dit : ne raisonnez pas, croyez ! (Il n'y a qu'un maître au monde qui dise : raisonnez, autant que vous voulez, et sur ce que vous voulez ; mais obéissez !). Partout on limite la liberté.* [...]
>
> *Quand la Nature fait germer de sa dure coquille la graine sur laquelle elle veille tendrement, cette propension et vocation de l'homme à la 'libre pensée' ; alors elle agit progressivement sur l'état d'esprit du peuple (qui a de plus en plus capacité à agir librement) ; à la fin aussi sur les règles du gouvernant qui trouve à son avantage de traiter l'homme, qui n'est alors plus une machine, en conformité avec sa dignité.*[232]

Dans cette philosophie révolutionnaire, l'individu qui fait fi de la loi naturelle est invité à n'en faire *qu'à sa tête* dans les limites fixées par sa propre loi ? C'est que l'on aura oublié une autre sagesse populaire : *Chassez le naturel, et il revient au galop.*

Ainsi que le montrent les dérives tyranniques de la Révolution française, toute loi immanente, c'est-à-dire non-naturelle, est malléable à souhait : jamais rien de la règle de l'homme n'est inscrit dans le marbre.

S'il faut en croire le Révolutionnaire Mirabeau, le *coupable* de cette plasticité n'est pas la norme, mais l'homme lui-même ; qui plastronne dans sa *révolution copernicienne*, ivre du nouveau pouvoir de son récent vouloir, en s'auto-déclarant codétenteur de droits néo-naturels (les 'droits de l'homme') à la tribune d'une Constituante qui foule de ses souliers crottés l'ordre du théologico-politique et l'empire théocratique de sa loi. [233]

> (Mirabeau) *Un écueil sur lequel toucheront toutes les déclarations de droit, c'est la presqu'impossibilité de n'y pas empiéter sur la législation, au moins par des maximes. La ligne de démarcation est si étroite, pour ne pas dire idéale, qu'on la franchira toujours.*

Le révolutionnaire de 1789 n'en fit donc *qu'à sa tête*. Une tête que certains d'entre eux, tels que Robespierre ou Saint Just perdirent à l'échafaud, dans la Révolution.

Une tête, dont d'aucuns (ainsi Marx) prétendirent que ces Révolutionnaires manquèrent, à trop vouloir justifier l'universalité de leurs 'déclarations' :

> (Marx) *Robespierre, Saint-Just et leur parti ont succombé parce qu'ils ont confondu l'antique république réalisto-démocratique, qui reposait sur le véritable esclavagisme, avec l'Etat représentatif moderne spiritualo-démocratique, qui est fondé sur l'esclavagisme émancipé de la société bourgeoise.*
>
> *Quelle colossale mystification* [Täuschung] *d'avoir à reconnaître et à sanctionner avec des droits de l'homme la société bourgeoise moderne (la société de l'industrie, de la concurrence universelle, des intérêts privés à la libre poursuite de leurs fins, de l'anarchie, de l'individualisme naturel et spirituel qui s'aliène lui-même) ; tandis qu'au même moment, on annihilait en chaque individu les subséquentes expressions vitales de cette société <bourgeoise>, tout en cherchant simultanément à en façonner la tête politique* [politischen Kopf] *à la mode antique ! La duperie paraît tragique lorsqu'au au jour de son exécution, Saint-Just, pointant du doigt le tableau des 'Droits de l'Homme' accroché dans la salle de la Conciergerie, s'écria avec une fière satisfaction :*

« C'est pourtant moi qui ai fait cela ! » (en français dans le texte). *Or ce tableau proclamait le droit d'un homme qui ne pouvait pas être un homme de l'antique communauté, pas plus que ses conditions économiques et industrielles ne pouvaient être celles de l'Antiquité.* [234]

3 Cependant, les arguties aporétiques et irréconciliables des philosophes politiques n'ont de véritable intérêt pratique que celui d'en cerner l'enjeu, qui est de taille : c'est celui de la *morale.* [235]

Car sans liberté individuelle, il ne peut y avoir de *choix* propre à la personne.

Et sans *choix* personnel, il ne peut y avoir de vertu ou de morale, autres que collectives : ni dans l'individu, ni dans la règle, ni dans l'ordre (c'est l'enseignement psychopolitique de *La République* de Platon) -l'un (la vertu) et l'autre (la morale) étant alors dictés par un ordre-des-choses, imposé à tous et à chacun par une Nature *qui aime à se cacher* (Héraclite).

Dans la philosophie du *libre arbitre*, qui a été ignorée par les Grecs antiques, et développée par la patristique et la scolastique chrétiennes afin de justifier le mal présent chez l'homme (*C'est pourquoi, frères, vous devez par votre libre arbitre éviter le mal et pratiquer le bien ; c'est ce que la Loi prescrit,* écrivit Saint Augustin[236]), la liberté de choix que l'individu revendique à travers les déterminations de sa raison et les actes de sa volonté terrasse à elle seule toute la force du destin et tout le fatalisme du *serf arbitre* (une servitude de l'individu que les Réformistes, tels que Luther et Calvin, mirent en exergue).

En se concevant comme libre de ses choix, l'homme se pensa dès lors non seulement comme la mesure, mais aussi comme le maître de toute chose.

> (Marx) *Saint Just dit textuellement : « Le monde est vide depuis les 'Romains' ; et leur mémoire l'emplit et prophétise encore la 'Liberté' ».* [...] *Finalement, Saint Just caractérise d'un seul mot les « 'Liberté', Justice, Vertu » qu'il réclame avec un mot', lorsqu'il dit : « Que les hommes révolutionnaires soient des 'Romains' ».*[237]

Dans ce monde désenchanté du révolutionnaire, *exit* donc le règne du théologico-politique ; *exit* la mesure de la divinité : c'est la leçon de cette liberté révolutionnaire.

Dont le britannique Edmund Burke en prophétisait tôt les dérives potentielles. [238]

> (Burke) *L'effet de la liberté sur les individus est qu'ils ont le loisir de faire à leur guise ; et nous restons à voir ce qu'il leur plaira de faire, avant de nous risquer à les congratuler qui pourraient tôt se changer en doléances.*

Rien ne faisait donc plus obstacle aux nouveaux David humanistes, sauf à les encadrer très strictement (par un *Léviathan, couteau à la main*), pour qu'ils définissent seuls leurs nouvelles valeurs -et qu'ils les imposent aux autres, afin qu'ils soient libres, égaux (France), ou encore heureux (Amérique) -de gré ou de force ; comme l'écrivait la philosophe politique Hannah Arendt,

> [...] *Nécessité et révolution : une violence que l'on justifie et glorifie,* [...] *et une nécessité* [...] *que l'on adore comme étant la grande force à quoi tout se soumet et qui sûrement, pour parler comme Rousseau, « contraindra les hommes à être libres », <sont> la marque des révolutions réussies du XX*e *siècle,* [...] *les caractéristiques principales de tous les évènements révolutionnaires ».* [239]

Dans sa « *massive histoire profane de la Critique* », Karl Marx était d'avis que : *le matérialisme mécaniste français s'est rattaché à la Physique de Descartes (par opposition à sa Métaphysique), que ses disciples furent anti-métaphysiciens de profession ; tandis que le matérialisme français et anglais gardait toujours d'étroits rapports avec Démocrite et Epicure, la métaphysique cartésienne se heurta au matérialisme anglais de Hobbes* (Locke, Bacon). [240]

Car dans la marche dialectique de l'Histoire, l'Esprit néo-hégélien (« *qui devait à tout prix condamner son adversaire, le matérialisme, à une destinée toute simple* », selon Karl Marx [241]) n'est jamais très loin : c'est en effet « *l'Etre Suprême* » qui préside au préambule de la *Déclaration des droits de l'homme et du citoyen* de 1789.

> *(Préambule) L'Assemblée Nationale reconnaît et déclare, en présence et sous les auspices de l'Être Suprême, les droits suivants de l'Homme et du Citoyen.*

Il n'est donc pas anodin qu'à l'occasion de son cours de *Métaphysique* à la Sorbonne que le philosophe Jean Wahl était particulièrement insistant sur l'origine idiosyncratique et immanente des notions de 'valeur'. [242]

> [522] *S'il y a valeur, c'est que l'individu conçoit un ordre différent de lui-même, et qu'il donne naissance à cet ordre, par la vertu même de la vision active qu'il en a. La valeur ne vient donc pas de quoi que ce soit hors de nous-mêmes.* [...] *L'homme est créateur de la valeur.* [...] *Choisir nos valeurs, c'est choisir nous-mêmes et réciproquement.* [...] *Nous avons une sorte de transcendance qui ne vient pas d'un royaume transcendant ou d'un être transcendant.* [...] *C'est par une sorte d'opposition à ce qui nie la valeur que nous affirmons la valeur.* [...] *C'est une sorte de devoir de ne pas faire disparaître cette apparence d'universalité et de transcendance.* [...]

> [547] *Ce qui est libre, c'est ce qui ne peut pas être inféré à partir du passé.* [...] *La véritable liberté ne peut être expérimentée que de l'intérieur. Au dernier moment, quand l'acte libre s'accomplit en nous, toute explication et toute parole s'arrêtent ; nous sommes au-delà de la sphère intellectuelle,* [...] *nous sommes dans le domaine de l'existence*.

Quelles valeurs pour la démocratie moderne, qui est issue de ces Révolutions ?

Déjà Aristote entretenait la confusion entre 'liberté' et 'égalité' dans son analyse politique : la *liberté* antique ne pouvant être que collective (puisqu'il n'y avait aucun 'libre arbitre' dans un ordre du monde préétabli, le *kosmos*), il ne pouvait s'agir que d'*isonomie* -c'est-à-dire de la règle édictant l'égalité politique des citoyens dans la cité :

> (Aristote) *Il n'est pas juste de définir la démocratie, comme certains le font de nos jours, simplement comme la forme où la majorité est souveraine (car dans les oligarchies aussi, etc., c'est la majorité qui est souveraine), ni non plus l'oligarchie comme la forme dans laquelle quelques-uns exercent le pouvoir.* [...]
>
> *Il faut plutôt dire qu'il y a démocratie quand les hommes libres sont au pouvoir ; et qu'il y a oligarchie quand ce sont les riches <qui le sont> ; ce qui correspond au fait que, dans une démocratie, la classe gouvernante est nombreuse, et dans une oligarchie, peu nombreuse, du fait que beaucoup naissent libres, et peu, riches*. [243]

En démocratie, la liberté et l'égalité collectives sont-elles des notions compatibles entre elles ? Ou n'assiste-t-on pas plutôt, immanquablement depuis 1789, à un *choc de libertés*, dans lequel la *liberté de l'individu*, réputé égal à tout autre, vient se heurter à la *liberté d'un collectif* où le primat de la majorité exclut de fait l'égalitarisme ?

Dans toute démocratie en effet :

(i) si, d'une part, l'individu est réputé libre de ses choix -une reconnaissance humaniste du principe du *'libre arbitre', qui est la doctrine qu'on oppose à tort à la prétendue 'nécessité' philosophique*, selon un des philosophes de l'utilitarisme britannique, John Stuart Mill) ; et

(ii) si, d'autre part, la règle édicte que c'est l'expression de la *majorité* qui doit s'imposer à la collectivité (une *'liberté sociale' ou 'civile', nature et limite du pouvoir que la société peut légitimement exercer sur l'individu,* selon le même auteur) ;

que peut-il y régner au final, si ce n'est *la tyrannie de la majorité* ? [244]

> (J.S. Mill, 1859) *La lutte entre la Liberté et l'Autorité est le trait le plus remarquable de ces tranches d'histoire qui nous sont tôt familières* [...]. *Dans les temps antiques,* [...] *par liberté, on entendait la protection contre la tyrannie des gouvernants. On concevait comme nécessairement antagonistes les gouvernants et les gouvernés (à l'exception de quelques gouvernances populaires de Grèce)* [...].
>
> *Le pouvoir des gouvernants était perçu comme nécessaire et aussi comme extrêmement dangereux : comme une arme, qu'ils tenteraient d'utiliser contre leurs sujets, pas moins que contre leurs ennemis extérieurs.* [...] *Pour prévenir que les plus faibles dans la communauté deviennent la proie des innombrables vautours, il fallait un animal de proie plus fort que les autres, en charge de les écarter. Mais comme le roi des vautours était tout autant enclin à prédater que ses harpies, il était indispensable d'être dans une attitude de perpétuelle défense contre son bec et ses serres. Ainsi le but des patriotes fut d'instituer les limites du pouvoir du souverain sur la communauté, et cette*

limitation est ce qu'ils entendaient par 'liberté'. [...]. *Plus tard* [...], *lorsque les hommes cessèrent de considérer le pouvoir des gouvernants comme une nécessité naturelle indépendante d'eux-mêmes,* [...] *il leur apparut qu'il était préférable que les divers magistrats de l'Etat fussent leurs mandataires et leurs représentants,* [...]. *Ce qui était voulu était l'identification des gouvernants avec le peuple ; que leur intérêt et leur volonté soient l'intérêt et la volonté de la nation. La nation n'avait donc plus à être protégée contre sa propre volonté : on ne craignait pas qu'elle usât de tyrannie contre elle-même. Que les gouvernants soient effectivement responsables de la nation, et qu'ils soient éjectables promptement, suffisait à justifier qu'on leur confiât le pouvoir en en édictant l'usage.* [...] *Ce mode de pensée, ce ressenti peut-être, était commun au sein de la précédente génération de Libéralisme européen ; il continue à prédominer dans le <Libéralisme> continental : les penseurs politiques du Continent qui admettent des limites à ce qu'un gouvernement peut faire sont de brillantes exceptions.* [...] *Il fut alors compris que des mots tels que 'autogouvernance' et 'pouvoir du peuple sur lui-même' n'exprimait pas l'état réel des choses. Le 'peuple' qui exerce le pouvoir n'est pas toujours le peuple sur lequel le pouvoir s'exerce,* [...]. *En pratique, la 'volonté populaire' signifie la volonté de la plus grande ou de la plus active partie de la population ; la majorité -ou ceux qui réussissent à se faire accepter comme majorité. En conséquence, le peuple est susceptible de désirer opprimer une partie de ses propres rangs, et il faut des garde-fous contre ceci et contre d'autres abus de pouvoir.* [...]. *Comme les autres tyrannies, la tyrannie de la majorité fut d'abord crainte, et l'est toujours communément, surtout en tant qu'opérant à travers les actes de la puissance publique.*

La pensée révolutionnaire française a fait triompher le primat d'une liberté bourgeoise et populaire (une égalité démocratique) sur l'ancien ordre aristocratique (l'inégalité oligarchique) ; ce faisant, « *1789 a séparé le politique du social, l'Etat de la société civile ; <Karl> Marx le dira, comme <Edmund> Burke* ». [245]

Car si les valeurs sociétales doivent être celles de la *majorité* de ces individus qui la composent, la liberté reconnue à chacun (libre arbitre) ne peut donc que rentrer en conflit avec l'expression de la majorité (liberté sociale).

Ainsi peut-on le constater à la fin de 2021, par exemple aux Etats-Unis, avec la problématique du *droit à l'avortement*.

Ce droit de la femme, que certains voudraient considérer comme un *droit-de-l'homme*, se heurte en effet à nouveau aux valeurs chrétiennes de protection du vivant, et revient hanter les débats politico-juridique de la Cour Suprême, qui a initié la remise en question des acquis de *Roe v Wade*, sa décision iconique de 1973. [246]

Et que reste-t-il de la pensée révolutionnaire de 1789, de cet *esprit des lois* français qui fut inspiré de l'esprit des droits américain (*Bill of Rights*, 1891) ; et qui, avant que de chavirer dans l'horreur de la Terreur, adoubait *la Liberté* et *l'Egalité*, posant, à l'aide « *d'une déclaration des droits de l'homme mise en tête de la Constitution à établir* » [247], la première pierre constitutive du primat de l'expression de la majorité comme règle valable pour l'ensemble des citoyens de la nouvelle Nation : des *hommes libres et égaux en droits* qui n'auraient à *exercer d'autre autorité que celle qui résidait essentiellement dans la Nation* (art. I et art. III de la Déclaration de 1789) ; ni d'autre devoir, que celui découlant de leur *droit de concourir, personnellement ou par représentants, à la formation de la Loi,* dont on précisa de manière éminemment rousseauiste, qu'elle *était l'expression de la volonté générale* (art. VI, *ditto*) ? [248]

En d'autres termes, sur un plan international, comment doit-on faire pour réconcilier les antinomies issues des incompatibilités conflictuelles entre la -règle de la démocratie, le -droit à la liberté individuelle et le -droit à la différence culturelle collective, notamment lorsque l'on constate, dans la pragmatique actuelle du pacte social européen (TUE) qui se conçoit comme cet « *espace de liberté, de sécurité et de justice* » (TFUE) et par exemple dans le cadre du projet de *pacte sur la migration et l'asile* de fin 2020 [249], que de toute évidence le pouvoir de *construire à l'européenne* se heurte de tous côtés à l'ineffectivité :

-*de la délégation verticale* (néo-hobbesienne) -

> Ainsi le souverain de Bruxelles refusant d'accorder une protection à un ordre national, tel celui de la Hongrie, dont il remet en question les valeurs traditionnelles, au motif qu'elles contrediraient les siennes (avec les condamnations récurrentes par la CJUE de la Hongrie, de la Pologne et de la République Tchèque pour des infractions au droit européen en matière d'asile) ? [250] ;

-*de la délégation horizontale* (néo-rousseauiste) -

> Ainsi la règle du primat du supranationalisme venant briser tout élan et toute velléité d'alliance synallagmatique et nationale ? [251]

Et, constatant que, dans l'immanence démocratique européenne, le collectif supranational se heurte à l'individuel national, ne devrait-on « *rien nommer si ce n'est par son nom, et appeler un chat, un chat, et Rollet un fripon* » ? [252]

Car sur *la route de la servitude*, nationale ou internationale, l'absence pragmatique de liberté, qu'elle soit collective ou individuelle, n'est-ce pas tout bonnement *l'enchaînement-citoyen* -n'en déplaise aux libéralismes néo-hayékiens ?

La révolte contre le muselage de la liberté personnelle de la minorité est devenue en effet chose courante, et pire encore, chose admise -ce d'autant plus depuis que l'expression minoritaire, en tant que *tyrannie de la minorité*, a pu être relayée au-delà d'un petit cercle ou d'un petit nombre : par les réseaux sociaux.

Or, en démocratie, que peut-on attendre du pacte social, d'un peuple ou d'un souverain, lorsque le pouvoir tolère que la rue brocarde les choix exprimés par un vote populaire *majoritaire* ?

Aujourd'hui, si la majorité est toujours l'expression du vote populaire, force est de constater que, de plus en plus souvent, ni la minorité (qui a désormais acquis un statut consacré en tant que *'minorités'*, découlant de critères positivistes de genre, race, sexe et orientation sexuelle, religion et croyance, etc.), ni le détenteur de la puissance publique lui-même, ne tolèrent qu'une expression soit contraire à la sienne.

Par exemple, comment l'Amérique, qui se dit être : *« Le phare de la démocratie dans le monde »* (Pompeo), peut-elle justifier, au nom de la liberté d'expression, de tolérer l'antidémocratisme crasse des slogans anti-Trump de 2017 (*'Not my President'*, c'est-à-dire : Donald Trump n'est pas *mon* Président) ou anti-Biden de 2020 (*'Stop the Steal'*, c'est-à-dire : Joe Biden a volé l'élection) ?

En démocratie, si l'objectif utilitariste est de maintenir la paix sociale (où le *si vis pacem* demande d'apaiser les tensions) admettre, ne fût-ce que l'idée, qu'une minorité refusât de se conformer au vote exprimé de la majorité, n'est-ce pas se préparer au chaos et à l'anarchie (le *para bellum* de la défaillance) -ainsi l'exemplifie le saccage de bâtiments législatifs, le *cœur de toute démocratie*, à Hong Kong, en 2019, comme aux Etats-Unis, en 2021 ?

N'en est-il pas de même à vouloir considérer comme une avancée sociale les actes d'une minorité bien-pensante, jugeant et sanctionnant, qui s'attribue des pouvoirs de justice sans une délégation de pouvoir sanctionnée normativement ?

La prévalence de la vengeance personnelle sur la vengeance judiciaire, que promeuvent les plateformes et les mouvements anti-harcèlement (*#metoo*, *#balancetonporc*, etc.), et que d'aucuns dénoncent comme une version moderne des *bouches de dénonciation* de la Venise antique : ces minorités ne lynchent-elles pas publiquement *au tribunal de Twitter* sans aucun recours à une procédure, à un droit de réponse ou au principe de contradiction ? [253]

L'essence de leur démarche ne viole-elle le droit fondamental de chacun à la présomption d'innocence -nonobstant les décisions de la Justice française qui a poursuivi du chef de diffamation ou de dénonciation calomnieuse certaines dénonciatrices, dont la créatrice de l'hashtag *#balancetonporc*, ou encore une autre femme ayant allégué des attouchements par un ancien Ministre (en appel, elle a été reconnue *de bonne foi*) ? [254]

Ou encore tels ces minorités 'activistes', qui se regroupent au sein de mouvements foncièrement intolérants, comme le *'wokéisme'* ou le *'cancel culture'* ; et qui, à l'abri de l'opprobre individuelle au sein de la dynamique de ces groupes issus des dégénérescences néolibérales toujours plus agressives du 'politiquement correct' anglo-saxon, s'autorisent collectivement, et de leur propre chef, à démonter la statuaire publique, à museler des conférenciers, à mettre à l'index des universitaires, et à clouer au pilori quiconque s'aventure à une critique, au mépris le plus total des règles de droit, des règles de civilité, et des règles de liberté en démocratie ? [255]

Par ailleurs, que dire de la démocratie actuelle lorsque l'on sait à quel point *la minorité, ou le souverain lui-même* (ce paradigme ayant désormais remplacé l'alternative spinoziste du *deus sive natura* : dieu ou la nature [256]) est capable d'imposer la règle de son droit à tous, au moyen d'un outil de malfaisance (*fake news, alternative news*) qu'on appelle 'propagande' -cette « *science appliquée* » qui est à la fois *-fille de la démocratie, dont elle est indissociable* ; *-nécessaire pour encadrer les masses, en en influençant l'opinion et la conduite de la société ; et -qui apporte une vision du monde à l'individu dont elle modifie l'attitude fondamentale.* [257]

Tyrannie de la minorité : la propagande, en démocratie : borgne dans le meilleur des cas ; et fondamentalement totalitaire dans le pire ? [258]

Avec la manipulation scientifique et massive des individus, la *construction d'un monde meilleur* réalisée au moyen d'une *politique de liberté individuelle, la seule politique vraiment progressive,* qu'appelle de ses vœux le champion du libéralisme Friedrich Hayek pour éviter de prendre *la route de la servitude*, n'aura-t-elle donc pour conséquence que de poser les fondements néo-démocratiques et néo-libertariens d'un *socialisme* interventionniste que le principal adversaire de John Maynard Keynes entendait pourtant dénoncer vertement -justifiant, de nos jours, le « *Quoi-qu'il-en-coûte* » pour répondre aux crises financière de 2008 et sanitaire de 2019 ? [259]

> (Hayek) *On peut facilement convaincre le peuple d'un pays donné de faire un sacrifice pour 'son' industrie ou pour 'son' agriculture* [...]. *Mais il suffit d'imaginer les problèmes soulevés par un planisme économique embrassant une région comme l'Europe occidentale pour comprendre qu'il n'existe pas de base morale à*

une telle entreprise. Quel est l'idéal commun de justice distributive qui pourrait amener un pêcheur norvégien à renoncer à un avantage économique pour aider son collègue portugais ; un ouvrier hollandais à payer plus cher sa bicyclette pour aider un mécanicien de Coventry ; ou un paysan français à payer plus d'impôts pour contribuer à l'industrialisation de l'Italie ? [...]

Imaginer que la direction planifiée de la vie économique d'une vaste région habitée par des peuples différents pourrait s'effectuer par des procédés démocratiques, c'est ignorer complètement les problèmes que pareil plan soulève. Le planisme, à l'échelle internationale plus encore qu'à l'échelle nationale, ce n'est que l'utilisation de la force brute : un petit groupe impose à tous les autre un standard de vie et un plan de travail qu'il estime juste. [260]

Que dire de la 'liberté de choix' individuelle et du respect de l'égalité en démocratie (dans l'isonomie, l'égalité de tous devant la loi) lorsque *la minorité ou le souverain* entend ignorer l'expression majoritaire *quoi qu'il en soit* -ainsi les suites de la non-ratification du traité de Rome en 2004, avec le traité de Lisbonne de 2007 ?

Lorsque *la minorité ou le souverain* lui-même imposent un discours *'politiquement correct'* à des médias dont l'indépendance est désormais chose rare, ce qui inquiète jusqu'aux Associations de Presse ? [261]

Ou lorsqu'ils s'imposent eux-mêmes, par la violence directe ou indirecte, cachée ou déléguée, en utilisant parfois le recours à une Justice loin d'être juste ? [262]

Qui peut encore croire à la spontanéité des mouvements et des soulèvements de rue des *'Printemps arabes'*, des *'Révolutions orange'* ou des *'Parapluies hongkongais'* ?

A l'inverse, qui peut accepter que les revendications populaires décrétées *non-grata* par le Pouvoir en place soient sévèrement réprimées par la force publique ou militaire au sein d'ordres qui se targuent d'avoir adopté un modèle démocratique -ainsi la police en Espagne, face au vote sur l'indépendance de la Catalogne ; ou même l'armée en Ukraine, face au vote sur l'indépendance de la Crimée ?

Que la volonté majoritaire d'un peuple, exprimée démocratiquement dans les urnes, se retrouve noyée dans des arguties de légalités improbables et de bureaucraties injustifiables (*red tape*) -ainsi avec les oppositions, nationales et européennes, au vote sur la sortie de la Grande-Bretagne de l'Union ?

Que l'expression démocratique de la *majorité populaire* puisse être pervertie par des actes politiques d'un pouvoir qui la bafoue ouvertement, ou pire encore : sans l'avouer - ainsi, par exemple :

-*en* Suisse :

Avec la signature répétée d'accords dits 'bilatéraux' par le pouvoir exécutif (1999, 2004), contournant un rejet par le peuple en 1992 de la même idée d'adhésion ;

-*en France* :

Avec la ratification parlementaire du traité de Lisbonne en 2008, contournant le rejet populaire du traité de Rome en 2005 ; ou encore,

-*en Grèce* :

Avec la volte-face du Premier Ministre Alexis Tsípras face au souverain de Bruxelles en 2015, contredisant un vote populaire et le programme politique viscéralement anti-européen qui avait permis l'élection de son parti, *Syriza* ?

4 On ne peut donc que constater le pire : la *perversion du vocable.* [263]

Le mot 'démocratie' ne *signifie* en effet plus du tout ce qu'il devrait représenter dans son étymologie : le *pouvoir du peuple.* [264]

Ainsi a-t-on pu le constater avec la *Conférence pour la Démocratie (The Summit for Democracy)* [265], un sommet virtuel réunissant de cent-dix pays au modèle politique prétendument commun, qu'a convoqué au début de décembre 2021 le Président américain, Joseph Biden, *en vue de défendre la démocratie, le plus important challenge de notre temps*, selon la Maison-Blanche. [266]

Un exercice d'équilibriste pour Washington, organisé dans *une logique qui se heurte fatalement parfois à l'épreuve des faits, à l'instar à l'instar du contrat d'armement de 650 millions de dollars avec l'Arabie saoudite, annoncé début novembre ; et qui permet à la Maison Blanche, après l'ère Trump, de replacer les Etats-Unis au cœur d'un orchestre fragilisé, aux notes parfois dissonantes, celui des démocraties, mises à mal par le Covid-19 et une polarisation incandescente du débat public,* selon le quotidien Le Monde. [267]

Cet exercice de propagande était-il destiné à reformatter le 'démocratisme' de populations de plus en plus clivées et à masquer la pente savonneuse du 'dirigisme' de plus en plus patent en matière nationale et internationale -des tendances que traduisent le conflit parlementaire, et judiciaire, qui oppose les Républicains aux Démocrates américains depuis l'invasion du Capitole de janvier 2021 ?

Avec sa thématique qui était de renforcer les moyens de lutte de ces *démocraties* convoquées contre un adversaire désigné par le nom *d'autocraties* [268] ; et après l'annonce par les Etats-Unis d'une *Initiative Présidentielle pour le*

Renouveau Démocratique doté d'une proposition de budget de quatre cent vingt-quatre millions de dollars [269], la réponse du berger à la bergère, requise par le Président chinois, Xi Jinping, et par le « *Gouvernement chinois, furieux de ce sommet américain* » (selon le média américain *Foreign Policy* [270]), fut d'émettre, en date du 4 décembre 2021, un Rapport officiel intitulé « *Chine : une démocratie fonctionnelle* » [271], dans lequel la Chine insiste sur le fait que, loin d'être une autocratie communiste et maoïste, la Chine moderne a su cheminer sur la voie du progrès économique tout en restructurant son régime politique, mettant elle aussi en place toutes les conditions d'épanouissement « *d'une forme de démocratie avec des caractéristiques distinctement chinoises, qui reflète le désir universel de l'humanité pour la démocratie* ».

Au cours des trois dernières décennies, l'observation des évènements politiques n'a-t-elle pas permis de souligner que le vocable 'démocratie' était en passe de devenir la prescription unique d'une propagande prosélyte qui n'avait de 'populaire' (de populiste ?) qu'une étiquette souvent usurpée, serinée par des médecins auto-proclamés, qui se précipitaient souvent sans convocation au chevet de patients parfois alités seulement dans l'imagination galopante de soignants-exterminateurs ? [272]

Pour autant, faut-il donner raison à la philosophie de Friedrich Nietzsche, pour qui c'est *le patient* lui-même, c'est-à-dire le peuple de la *'vox populi'* qui souhaite, en son fond collectif, la mort de sa voix démocratique, sous le coup du *bâton* et de la règle et dans l'ordre du tyran ? [273]

Ou à la tragédie d'un implacable historicisme, tel que le décrit, en 1736, l'anglophile Voltaire, tombé sous le coup d'une lettre de cachet pour la publication de ses *Lettres Philosophiques* de 1734, un éloge antireligieux du libéralisme anglais qu'il avait lui-même constaté ?

L'Américain farouche est un monstre sauvage
Qui mord en frémissant le frein de l'esclavage :
Soumis au châtiment, fier dans l'impunité,
De la main qui le flatte il se croit redouté.
Tout pouvoir, en un mot, périt par l'indulgence,
Et la sévérité produit l'obéissance. [274]

Ou encore à la sociologie politique d'un Alain Supiot, qui, imprégné de foucaldisme, et référence faite *à la métaphore de 'la pyramide et du réseau' des auteurs attentifs au déclin de la 'souveraineté', clé de voûte de l'Etat depuis le XVI*^e^ *siècle,* analyse que le changement de paradigme démocratique contemporain n'est qu'un *retour en arrière,* ne préfigurant rien de moins que :

> [...] *la renaissance <du> féodal,* [...] *d'un droit imprégné de formes passées,* [...] *<la fin du> système du 'gouvernement par les lois', <auquel on substitue> un système de 'gouvernement par les hommes', <avec un Etat> de moins en moins apparenté à un 'souverain' et de plus en plus à un 'suzerain'* ? [275]

Si ce débat peut rester ouvert, il est toutefois désormais révolu le temps où, inspiré par les philosophies politiques de Platon ou d'Aristote, on pouvait distinguer des cycles (avec un *éternel retour* [276]) au sein de la généalogie (du passé) et du devenir (du futur) des systèmes politiques. [277]

Pour les *faiseurs de régime* du présent, tout *composé* qu'on le dise, il est patent au vingt-et-unième siècle qu'il n'y a plus qu'un seul discours politiquement correct : celui qui énonce qu'*il faut que démocratie passe*.

Démocratisme : tout au moins celui d'une semblance qui en porte le plumage et en parle le langage ? Ce serait donc *l'habit* qui ferait la démocratie -comme l'occasion fait le larron ?

Car il faut être très créatif pour distinguer ce qui peut bien rester de l'esprit *démocrate, libre et égal* dans certains actes de régimes 'amis', tels que ceux : -de l'Arabie Saoudite (assassinat du journaliste Jamal Khashoggi, sanctions contre le Qatar, intervention militaire au Yémen) ; -de l'Egypte (démantèlement des 'Frères Musulmans', mort en prison de l'ex-Président Mohamed Morsi, incarcération sans charges du journaliste Mahmoud Hussein de Al-Jazeera, durant plus de quatre années) ; ou encore -dans le discours de certaines politiques, auxquelles s'opposent une partie souvent importante de la population autochtone, telle en Israël (projet d'annexion de la Cisjordanie) ou dans l'Union européenne (Catalogne, Grèce, *Brexit*, Hongrie [278]).

Avec la chute de l'URSS, 'ON' (qui donc ? toujours : *le plus fort*) chercherait à imposer partout dans le monde, au besoin par la guerre ou par la révolution (de rue), le moulage universel du *démocratique* -alors que ce mot n'est qu'un prédicat de langage assigné (arbitrairement ?) au paradigme de l'*ordre* domestique (qui est aussi prévalent dans l'*ordre* international) du grand vainqueur de la Guerre froide : les Etats-Unis.

Cependant, ce discours qui proclame à longueur de temps (d'antenne) qu'il serait le seul à présenter un visage humain, le seul à respecter la nature de l'individu, le seul à représenter l'ordre idéal du collectif pour l'épanouissement personnel, est-ce vraiment le discours *que le peuple veut entendre* ? [279]

On peut en douter -au regard notamment des agitations ubiquitaires des populations.

L'histoire ayant muselé le discours socio-politique alternatif, le choix bipolaire du type de potion curative administrable au patient alité (-sirop capitaliste ? ou -grog communiste ?), la règle incontournable d'un ordre unipolaire, unitaire, unidirectionnel et unidimensionnel, tente désormais de s'imposer partout, rejetant tout ce qui n'est pas formatté dans le moule de sa prescription unique -ainsi l'*autocratie* russe du Président Vladimir Poutine ; ou le *socialisme à caractéristiques chinoises* du Président Xi Jinping.

Comme l'avait analysé Hannah Arendt dans son *Essai sur la Révolution* de 1963, 'ON' (qui donc ? : celui qui a les faveurs et le soutien *du plus fort*) martèle désormais, dans la violence d'un langage qui ne tolère plus aucune contradiction, que l'homme-citoyen doit, de gré ou de force, pour son propre bonheur et le bien-être commun, *accepter d'abandonner la servitude et l'inégalité sociale.*

Le monde entier est désormais prié d'adhérer, de gré ou de force, au *credo* du slogan 'liberté, égalité, bonheur' ?

En épousant la 'cause', pourtant viscéralement anti-démocratique, des multiples sanctions commerciales et diplomatiques contre la Chine et la Russie ?

En soutenant les manifestations anti-Chine de 2019 à Hong Kong, au motif usurpé de 'droits de l'homme' dans un territoire de Chine très loin d'en priver quiconque ?

En fermant des yeux hypocrites sur le fait que des manifestants extrêmement violents qui se gargarisaient de 'démocratie' réprimèrent là toute divergence à leur cause, à coups répétés de barre de fer, de cutter ou de couteau, d'immolation de passants, de mise à feu de bâtiments -des actes illégaux et foncièrement anti-démocratiques qui furent imposés à toute la population hongkongaise dans la violence, en application d'un slogan parfaitement autocratique : '*Si on coule, tu coules avec*' ?

A cet égard, l'utilisation à Hong Kong d'une dialectique de rue similaire à celle des slogans soixante-huitards (tels que : *Il est interdit d'interdire* ; *Sous les pavés, la plage*), mais ô combien moins poétique (*Fuck the popo* : merde à la Police) et ô combien plus ignare (*Chinazi* : Chine=Nazi), ce 'ON' (qui donc ? : *les antis* -un suffixe substantivé dont l'étymologie grecque, *contre*, en souligne toute l'hostilité exprimée dans l'exclusion des autres) contribua à asséner à l'opinion publique internationale, ainsi restée ignorante de la réalité, que ceux qui refusent de se plier à la 'règle démocratique' sont des traîtres à leur propre *nature* (en ces temps de transgénèse, celle des droits de l'homme), ou encore des hérétiques, sacrilèges du *sacré* de la modernité (celui du Droit de l'Homme).

Mais en quoi le monde de la démocratie contemporaine est-il fait de ces *droits* que l'ON tente d'attribuer à *l'homme* ?

A cet égard, dans le scientisme prosélyte du vingt-et-unième siècle au sein d'un monde nouveau et imposé, fait de robotique, de primat du technologique, de percée transgénique et d'avancée du programmé-assisté, ne devrait-on pas se demander urgemment en quoi notre véritable nature est-elle toujours *humaine* ?

En quoi l'humanité est-elle encore concernée par sa véritable nature ? Dans le démocratisme moderne, dont la propagande sophistique a su depuis longtemps faire taire et endiguer toute forme de pensée contre-révolutionnaire, telle celle des philosophies des dix-huitième et dix-neuvième siècles opposées aux Lumières (les anti-Lumières), ne devrait-on pas ruminer, et ruminer encore (Nietzsche) les mots écrits en 1797 par le politique-philosophe Joseph de Maistre :

> (Maistre) *La Constitution de 1795, tous comme ses aînées, est faite pour 'l'homme'. Or, il n'y a point 'd'homme' dans le monde. J'ai vu dans ma vie des Français, des Italiens, des Russes, etc. ; je sais même, grâce à Montesquieu, 'qu'on peut être Persan' : mais quant à 'l'homme', je déclare ne l'avoir rencontré de ma*

> *vie ; s'il existe, c'est bien à mon insu.* [...] *Qu'est-ce qu'une Constitution ? N'est-ce pas la solution du problème suivant ? : « Etant donnés la population, les mœurs, la religion, la situation géographie, les relations politiques, les richesses, les bonnes et les mauvaises qualités d'une certaine nation, trouver les lois qui conviennent ». Or le problème n'est pas seulement abordé dans la Constitution de 1795, qui n'a pensé qu'à 'l'homme'.* [...] *Aussi, déjà dans ce moment, combien de signes de destruction !* [280]

Quelles *lumières ?* Il est peu probable cependant que ce leurre d'un monde meilleur, cette *atmosphère digne d'Alice aux Pays des Merveilles* [281] , cette belle musique promettant à tous le bonheur qu'ON joue à des oreilles malmenées par la vie, ce pacte faustien par lequel ON propose le réconfort d'une illusoire prise-en-compte en échange d'un solide *enchaînement citoyen*, ne soit autre chose qu'un triste mensonge : le travesti d'une vérité, le résultat d'une propagande corruptrice et prédatrice, savamment entretenue aux fins d'endormir les masses dans un rêve de liberté à jamais totalement virtuelle (similaire à celui de la filmographie intitulée *'Matrix'*).

> (Arendt) *Le vrai but de la propagande totalitaire n'est pas de persuader, mais d'organiser.* [...] *Ce qui distingue les leaders totalitaires et les dictateurs est la simple et unique finalité pour laquelle ils choisissent les éléments d'idéologies existantes qui sont les mieux à même de devenir les fondements d'un autre monde, entièrement fictif.* [...] *Leur art consiste à utiliser, et en même temps à transcender, des éléments de la réalité, des expériences vérifiables, dans la fiction choisie, et à les généraliser <à l'écart> de tout possible contrôle par l'expérience individuelle. Avec ces généralisations, la propagande totalitaire construit un monde apte à remettre en question le monde réel.* [282]

5 D'où une ♦**Quatrième Conclusion Dialectique** (un quasi-monisme, néo-spinoziste ?) :

Le Pouvoir est désormais *détenu*, bien pris en main qu'il doit être, par *la Minorité ou le Souverain lui-même*.

Dès lors, c'est en usant de la règle (de droit), tantôt *bâton de direction*, tantôt *matraque*, que le détenteur du Pouvoir (*Minorité ou Souverain*) bat la cadence du sociétal.

Outre sa fonction organique, le détenteur du Pouvoir assume également la tâche d'*annoncier dans la fosse* -celle de l'orchestre, qui joue les notes de *sa* musique.

Alors que désormais la tyrannie de la minorité a supplanté tout risque de 'tyrannie de la majorité' (celle-là même que craignait John Stuart Mill), le détenteur du Pouvoir, *Minorité ou Souverain*, est tel le *Cerbère* du sociétal.

Ce molosse, un *chien de garde*, plutôt sorti *l'Enfer* de Dante que de *la République* de Platon, est, suivant *le* mode (musical) et suivant *la* mode (sociétale) :

- à tête unique (monarchisme autocrate) ;
- à plusieurs têtes (oligarchisme aristocrate) ; ou encore
- à toutes les têtes (vrai démocratisme). [283]

L'aboyeur-annonceur annonce la musique : selon son *programme* ; tandis que le chef d'orchestre la fait jouer : selon son humeur.

Ses mots et ses gestes tentent de masquer la réalité sur la vérité, qui est souvent méchante fausseté, de son langage.

Car, pour tout détenteur du Pouvoir, le *voile d'ignorance* sur la réalité de sa gouvernance est la 'poudre de perlimpinpin' qu'il utilise à sa guise, pour assoupir son audience (qui est *captive*, à défaut, trop souvent, d'être *captivée*) dans le rêve façonné par la propagande de son Ordre ; et en vue de la réalisation de fins décidées par l'ordre de ses ordres. [284]

8

RECADRER

1 Dans quelle mesure est-il 'libre', celui qui doit écouter la musique et se soumettre à l'ordre ? Si l'audience est captive, comment prétendre pour autant, comme le fait le libéralisme politique, que le démocratisme seul permet à l'état du moment et du lieu d'être Etat de droit ?

Dans cette interrogation, il y a le présupposé que la soumission à la légitimité du Souverain est l'exercice d'une *liberté de choix* préalable (écouter ou ne pas écouter).

Admettre une telle liberté dans le choix, c'est admettre une alternative en politique -à l'inverse du slogan économique thatchérien : « *There is No Alternative* » (TINA) qui la rejette.

Mais à supposer que le démocratisme permette une véritable alternative en politique, de quoi s'agit-il en fait ?

S'agit-il seulement de voter à droite ou à gauche, au centre ou aux extrêmes, Républicain ou Démocrate, Whigs ou Tory, jaune ou bleu, pour ou contre (etc.) ?

Ce serait négliger qu'en matière de politique sur le plan national, l'autre n'est que le miroir du même -cela a été empiriquement démontré à l'envi au cours de ces dernières décennies, avec la succession ininterrompue de politiques domestiques qui toutes se confondent et se ressemblent, menés par des politiciens interchangeables, souvent formatés au sein des mêmes écoles (l'ENA en France, celles de *l'Ivy League* aux USA, *Oxbridge* ou Eaton en Grande-Bretagne, etc.) ou membres des mêmes réseaux d'influence, très ancrés dans la culture et l'histoire du pays (franc-maçonnerie, réseaux religieux, *Skull & Bones*, *Honor Society Caucus*, etc.).

Alors quelle autre règle, quel autre ordre, si ce n'est le choix de la règle et de l'ordre d'un autre (Souverain), à l'étranger ?

Car pour le citoyen du démocratisme, la véritable alternative du choix ne consiste pas dans la mise en œuvre d'une dialectique d'opposition *à la Platon* (écouter ou ne pas écouter), ici où l'autre est le même.

Mais bien plutôt dans un asservissement volontaire, dans la soumission obligatoire à une règle allochtone et un ordre étranger, là où l'autre n'est pas le même -une dialectique d'affirmation *à la Aristote* (celui-ci, mais pas celui-là : soit/soit).

Et dans le potentiel (la *puissance* aristotélicienne) de ce choix (l'*acte* aristotélicien), il n'y a pas de *néant*, car le *lieu* existe toujours) : pas d'entre-deux, pas de zone de 'non-servitude volontaire' ; toujours *l'être* (le sujet de droit), et *l'avoir* (les droits du sujet). [285]

Quel que soit le Souverain, le sujet est en effet toujours dans la nécessité de se soumettre au droit -à une règle et à un *ordre* -même les personnes volontairement ou involontairement sans nationalité (apatrides, sans papiers, etc.) ou sans domicile fixe.

Or si le devoir de soumission au droit est une nécessité, toute *nécessité* n'est-elle pas précisément une *absence de liberté* ?

Ce problème est éminemment philosophique. La question est de savoir s'il est possible pour tout sujet de droit de réconcilier la contingence de l'expression de sa volonté politique et la nécessité qui se traduit dans son absence de liberté à cet égard.

Dès lors que le sujet est nécessairement servile, même sans en avoir conscience, son choix politique et sociétal est toujours *encadré*.

La liberté de son choix, politique et sociétal, ne peut donc porter que sur le *cadre* de son asservissement. Et son choix, ne consister que dans celui de son cadre (de vie).

Partant, l'objectivation d'un tel choix consiste dans le maintien, ou dans le changement, de ce *cadre*.

Si, pour le sujet de droit, maintenir son existence dans le cadre sociétal est l'essence-même de sa fonction sociale (qu'il exprime par sa position sociale, son travail, sa participation civique, etc.), ce même sujet de droit peut-il faire le choix de *se recadrer* ?

Certes : en s'appliquant à lui-même la prescription légale qui énonce que *toute personne conserve son domicile aussi longtemps qu'elle ne s'en est pas créé un nouveau.* [286]

Si cette 'règle de domicile' peut apparaître comme un truisme au sein de nos sociétés contemporaines, elle est néanmoins d'une importance philosophique considérable.

Comme le dit la doctrine :

> *Les règles sur le domicile ne créent pas en elles-mêmes des droits subjectifs ; elles ne jouent un rôle que par rapports aux effets juridiques qui dépendent de cette localisation géographique. En premier lieu, le domicile a pour but de fonder la compétence (interne et internationale) des autorités et des tribunaux* [...] *et de rattacher une personne à un pays afin de déterminer la loi applicable à un rapport juridique*. [287]

Dans tout Etat de droit, le choix obligatoire d'une *servitude volontaire* de tout sujet de droit est au bénéfice de cette *règle de domicile*.

Par cette règle, le Législateur national propose à tous, en l'affirmant en tant que telle, la *liberté de choisir* son cadre d'asservissement -qui est un véritable *assujettissement* (civil, civique, fiscal, etc.) aux règles de son droit.

Pour le Souverain, c'est la reconnaissance envers ses sujets de leur droit à se soustraire à sa règle -mais à une condition toutefois : celle de *se soumettre, nécessairement*.

Et cette reconnaissance n'est pas garantie : on a vu, au cours des dernières décennies se mettre en place de nombreuses restrictions, générales ou spécifiques, à cette règle de domicile, particulièrement en matière fiscale, avec l'adoption de de nouveaux impôts (*Exit Tax*) visant les transferts de domicile ou de patrimoine à l'étranger ou encore les renonciations volontaires à une nationalité (USA).

En miroir pour chacun, la règle de domicile, qui est la promesse de la liberté de choisir la voix de son maître, et qui s'exprime dans le fait d'accepter de se soumettre aux règles de son ordre, traduit une liberté individuelle : celle du vouloir et du pouvoir de chacun d'exprimer quelle est sa préférence quant à la prévalence d'un ordre politique et sociétal, *domestique*, sur tout autre, qui restera *étranger*.

La servitude du sujet de droit dans les Etats de droit est donc à la fois *volontaire* -il a le *choix du lieu*- et *obligatoire* -il doit en contrepartie se plier au *droit du lieu*.

2 A la honte de l'*ostracisme* de la Grèce antique [288] (dans le rejet par la société des siens que le légaliste Socrate a refusé, lui préférant la mort en antipositiviste vertueux, après son *apologie* [289], une pitoyable plaidoirie prononcée devant une assemblée de concitoyens-vengeurs, juges-et-bourreaux, *l'exil* est désormais possible : *volontairement*.

Et cet exil peut désormais être souhaité ! ; et parfois même, encouragé !

De *l'obligation* de quitter sa cité à *la liberté* de lui tourner le dos, le mouvement historique du pendule est complet (revenant cycliquement à une position 'initiale' ?).

Certes, *l'exil volontaire* peut trahir l'expression individuelle et fondamentale d'un mécontentement avec la règle et l'Ordre d'un certain Souverain. Mais il peut tout aussi bien souligner la mansuétude de la règle et de l'Ordre : la bienveillance du Souverain, qui accorde à son sujet le droit de *sortir* du territoire.

Quelle possibilité d'exil sous la règle de l'idéologie soviétique, derrière le Mur de Berlin ? Dans la Sibérie des goulags ? A l'école de ses prisons ?

Quelle liberté de choix d'exil pour les sujets en temps de Covid-19 ? Lorsqu'en 2020, de grandes Nations (EU, USA, Chine) fermèrent purement et simplement leurs frontières et leurs aéroports à la libre circulation ?

Quelle réalité d'exil dans ces pays qui ont choisi de favoriser une politique *utilitariste* de 'Zéro-Covid' (Chine, Hong Kong), parfois au détriment de leur économie (*brain drain,* départ d'expatriés) et du bien-être psychologique d'une partie de leur population (confinements répétés, bouclage de quartiers et d'immeubles, mise en longue quarantaine, souvent dans des hôtels désignés, parfois dans des camps *ad hoc*) ?

Avec la mondialisation, la *globalisation* de l'économie et la *libre circulation* des biens et des personnes, il est (était ?) assurément facile de négliger combien ce mouvement-dans-le-cadre national et international doit à ceux qui l'ont rendu possible : il n'est en effet devenu réalité qu'après une âpre *lutte sur le droit*, dont la résultante a été exprimée normativement, comme par exemple avec le Traité de l'Union (TUE).

Car, pour que le sujet de droit puisse jouir de la possibilité de *l'exil*, la bonne volonté (le bon vouloir) d'un seul Souverain ne suffit guère, d'où la multiplication de *nécessaires libertés*, qui doivent être obtenue préalablement, et à plusieurs égards :

(i) telle la capacité personnelle à pouvoir prendre une décision sur la base de son propre choix individuel -une règle de libre arbitre ; et

(ii) telle l'autorisation de circuler au sein de plusieurs territoires, d'y entrer et d'en sortir -une règle de droit, inscrite dans l'espace et la temporalité : une liberté accordée *hic et nunc* par la règle nationale de l'Etat souverain (le droit domestique) ; et par la règle qui prévaut entre Etats souverains (le droit international).

Or, en 2020, autant les injonctions obligatoires de confinement et de fermeture des frontières que les politiques de 'sanctions' (p.ex. celles de l'*U.S. OFAC*) ou « *la croisade anti-immigration du Président Trump* » [290] auront démontré que ce préalable ne va pas de soi.

La *règle du domicile* (et la règle de son obligation) contient donc l'essence de la reconnaissance de l'Ordre juridique international, tel qu'il est conçu aujourd'hui : un cadre « *clos et décentralisé, conflictuel et délibérant* » [291], soumis aux règles de la société de Nations qui sont souveraines sur leur territoire et sur leur population, tous deux stabilisés par les frontières. [292]

Et, au vingt-et-unième siècle, pour la sociologie, l'économie et le droit de cet Ordre international, la question des 'migrations', un *exil* qui peut être volontaire (libre circulation des travailleurs et des personnes, *brain gain*) ou involontaire (asile, forcées par la guerre ou les changements climatiques, *brain drain*), reste assurément l'une des plus pressantes.

3 Examinons-le, cet Ordre.

Lorsqu'il entre sur la scène de l'*international*, le Souverain domestique prend l'habit d'un *sujet*.

Sur cette scène, les Nations sont libres de leurs choix : dans son nouvel habit de sujet international, le Souverain a des prérogatives similaires à celles qu'il attribue à ses propres sujets domestiques.

L'habit ferait donc le moine ? Car, à l'instar des moines, on pourrait s'attendre à ce que dans cette société internationale, les Nations aient à faire un choix : vivre en *communauté* ; ou rester en marge, en *s'isolant* derrière leurs frontières, parfois leurs murs.

Mais qu'en est-il vraiment ? Au fil du temps, bien avant que les *Nations s'unissent*, celles qui ont choisi l'*isolement* (p.ex. la Chine Impériale de l'Empereur Daoguang) ont été *forcées* de rejoindre la table commune : leur volonté d'autarcie a dû s'incliner devant la violence et la *loi du plus fort* (p.ex. dans le cadre des deux Guerres de l'Opium). [293]

Dans le cas des Empires britannique et chinois du dix-neuvième siècle, c'est par la guerre que le plus fort (qui était aussi le plus industrialisé et le plus techniquement avancé), la Grande Bretagne, a, par le truchement de sa règle (que la Chine continue de nommer *Traités Inégaux*), *imposé des libertés* dont le vaincu ne voulait pas -ainsi, l'octroi forcé, par la Chine Impériale vaincue à des Puissances étrangères victorieuses, de la liberté de circulation, d'établissement, de culte et de commerce, notamment celui de la drogue (opium). [294]

Dans ce cas, le-plus-fort a également *pris des libertés* avec le territoire du vaincu, en s'en faisant attribuer une partie : l'île de Hong Kong et des 'concessions' autonomes, jouissant de l'extra-territorialité juridique et judiciaire.

Ainsi, pour qui est le-plus-fort (un concept qui s'inscrit nécessairement dans la temporalité et l'espace, *hic et nunc*), les libertés *se prennent* autant qu'elles *s'imposent*.

Dans le darwinisme de la cour de jeu des Nations [295], c'est donc *naturellement* que le-plus-fort impose son Ordre, après avoir contraint qui bon lui semble à la participation à la politique de son (grand) jeu.

Mais le cercle de ce jeu est vicieux : car sans joueurs, il ne peut y avoir de jeu ; sans jeu, il ne peut y avoir de subordination ; et sans subordination, il ne peut y avoir de contrainte à jouer.

La contrainte est donc la matière, la cause, l'effet et la finalité de tout Grand Jeu.

Dès lors, l'*isolement*, c'est-à-dire l'acte souverain qui consiste à se retirer du jeu à l'international, ne peut être le fait que d'un plus-fort (par exemple l'Amérique du *Make America Great Again*) ou encore l'expression de la protection d'un plus-fort (par exemple la Corée du Nord, protégée par la Chine).

Comme dans les cours d'école, où la *loi du plus fort* prévaut jusqu'au moment où les adultes instaurent des règles [296], les Nations-*adultes* (« *Pour résoudre ce drame, nous avons besoin d'adultes dans la pièce* » [297]) ont tenté de limiter leurs velléités prédatrices et leurs conduites intolérables, en régulant la violence avec le *droit de la guerre* ; et elles ont cherché à s'assurer que le jeu géostratégique sur le Grand Echiquier puisse se dérouler de la façon la plus juste , le plus *fair play*, possible.

Il est donc indéniable que le Droit (c'est-à-dire, la règle de mon droit) est à la fois *l'instrument et l'enjeu de la politique internationale*. [298]

L'objectif premier du Droit international était de régler pacifiquement les différends entre souverainetés et de gérer le cadre des recours à la force [299] . Avec quel succès jusqu'à présent ?

4 Dans le cadre de la mise en place du Droit international -dès le dix-septième siècle, avec, à l'origine, l'avocat diplomate Hugo de Groot (Grotius) et le juriste philosophe Samuel Pufendorf- les défenseurs du droit naturel et de l'*absolutisme* du Souverain instaurateur de l'ordre sociétal ont tenté de les *affranchir* progressivement de ses tutelles, en les *soumettant* à la raison *libre* [300], avec l'idée de construire une structure *objective* du droit (ainsi qu'il en va dans la *Critique* kantienne), comme le dit ce néo-kantien :

> (Cassirer) *Le combat pour la fondation du droit naturel moderne se développe sur deux fronts,* [...] *contre la doctrine théocratique,* [...] *et contre 'l'Etat Léviathan'.* [...] *Dans les deux cas, il s'agit d'ébranler un seul et même principe, le* 'stat pro ratione voluntas'. [...]
>
> *Le droit ne tient pas sa validité de l'existence de Dieu, il ne doit s'appuyer sur aucune existence, empirique ou absolue. Il découle de l'Idée du Bien.* [301]

Affranchir l'esclave pour le *soumettre* à nouveau ?

Ne s'agirait-il donc toujours que de déterminer quelle main baiser, quel *maître* choisir ? [302]

A la suite des combats des *Lumières* et des *Révolutions*, de quelle liberté a-t-on hérité ? Au vingt-et-unième siècle, que reste-t-il des principes antinomiques d'un *'Ordre international soumis à la règle de la raison libre'* ? Comme cela a déjà été relevé, le *positivisme* aura contaminé le *naturel* (jusqu'à le faire succomber dans la *forme* de son *choix*), dans la codification du Droit de l'Homme (en tant que 'droits humains'), à qui les Nations ont voulu donner une *forme* anthropomorphique.

Ce qui n'est pas sans similarité avec les religions, car, comme le notait Xénophon de Colophon :

> *Si les bœufs, les chevaux et les lions avaient des mains et s'ils pouvaient, avec ces mains, peindre et produire comme les hommes, les chevaux peindraient des dieux en forme de chevaux, et les bœufs, des dieux en forme de bœufs.* [303]

Le culte du 'Droit de l'Homme' n'est-il pas devenu une *religion* universelle (au sens latin du terme : le 'ce-qui-relie'), le prétexte à tout et à n'importe quoi, autant sur le plan domestique que sur la scène internationale ?

Ne l'évoque-t-on pas à tout-va, ce Droit de l'Homme, pour justifier et légitimiser n'importe quelle infraction à l'Ordre national, n'importe quelle entorse à la règle domestique, et pour imposer au collectif n'importe quelle revendication dont la teneur est fondamentalement individualiste ?

A combien de reprises un *droit positif*, c'est-à-dire une normativité prévalant *hic et nunc* au sein d'une Nation donnée, a-t-il dû affronter, se confronter, au 'Droit de l'Homme', dans l'occurrence de faits que ce droit positif avait prévu d'éviter, de supprimer, ou encore, de réprimer ?

Il en va ainsi avec ces exemples, relevés dans les observations de cet ouvrage, qui sont des *faits du droit* :

-*à Hong Kong* (protestations de 2014) -

> Des violations de domicile : ainsi un prévenu a opposé devant son Juge « *des droits de l'homme d'utiliser les toilettes et d'avoir à manger et à boire* » ; une 'squatter', intimée à quitter le parvis de la banque HSBC où elle avait planté sa tente et étalé ses affaires, a intimé aux agents de la force publique venu la déloger : « *Cassez-vous ! C'est privé !* » ; [304]

-à *Hong Kong* (protestations de 2014 et de 2019-20) -

Des délits contre la paix publique, des mises en danger de l'ordre constitutionnel, des infractions contre l'autorité publique ; [305]

-*aux USA*, *en France*, et partout dans le monde -

Des délits contre l'honneur de la personne privée ou publique (*#metoo*, *#balancetonporc*) ; [306]

-*en Suisse* -

Des violations du secret bancaire, des délits d'espionnage (activisme de dénonciation). [307]

Dès lors, si le 'Droit de l'Homme' est devenu une *espèce* de religion contemporaine, quel est le *dieu* dont le *genre* est vénéré par le troupeau de ses fidèles ?

En se prévalant des droits de l'homme, c'est-à-dire de ces droits que l'homme (celui de l'immanence politico-législative, ou celui de l'urgence médiatique, c'est selon) s'est lui-même décrétés en les codifiant dans la règle de son ordre, les mouvements qui les revendiquent poussent petit-à-petit les Souverains à modifier, ou à annuler, nombre de règles positives qui étaient jusque-là proprement intrinsèques à leur Ordre respectif.

L'un des exemples les plus relevant est probablement celui de la sociologie juridique de *l'homosexualité* : depuis les temps successifs de sa pratique courante, par exemple dans l'éducation de la Grèce antique, et de sa mise au ban par l'Eglise de Rome, l'homosexualité a été longtemps un acte criminel, puni par de sévères sanctions, autant pénales que sociales. Son évolution sociologique, au sein des sociétés (soit : sa tolérance ; puis son acceptation ; et enfin sa récente reconnaissance) est remarqué dans la cadence de la considérable évolution législative : allant d'une dépénalisation (droit répressif) à une reconnaissance ; qui fut d'abord sociétale (*gay prides*, levée de l'opprobre), et puis légale (partenariat enregistré, *mariage-pour-tous*) ; pour aboutir à une reconnaissance biologique et à une égalité de droits (droit d'adopter, droit à la PMA, revendication du droit à la GPA).

Ne retrouve-t-on pas d'ailleurs une même tentative de *passage*, dans une évolution philosophico-juridique qui va de la *puissance* à l'*acte*, dans les *mouvements* populaires dont la revendication est essentiellement politique, tels que ceux de *Mai 68*, des *printemps arabes*, des *révolutions orange* ou des *parapluies hongkongais* (etc.) ?

Par conséquent, la vraie question est celle qui demande aux fidèles du Droits de l'Homme : *Qui est votre Commandeur ? Qui est le Vénéré ? Qui est celui qui est à même de « prendre en main la matraque »* (une expression attribuée au Président Poutine en 2000) ? [308]

Est-ce vraiment le peuple qui force le Souverain ? Ou sont-ce des forces souveraines qui manipulent le peuple ?

Et dans ce cas, quelles sont-elles ?

En d'autres termes : s'agit-il d'assister au réveil de *l'esclave*, à sa prise de conscience-Bastille, à un début de révolte morale de l'enchaîné, à une première *volonté de puissance* du *bon servile* ? [309]

Ou au contraire n'est-ce encore qu'un acte du *mauvais maître* ? Que le fait issu de la 'ruse' (*à la Hegel* ?) d'un Souverain qui assoirait sa puissance sur la *division* bien pesée de la communauté de ses sujets (*à la Machiavel* ?), l'acte d'un Pouvoir-Nomothète qui pulvériserait toute potentielle unité sous les coups de son *marteau* (*à la Nietzsche* ?) ?

« *Cui bono ?* » (Cicéron) ? A qui profite le désordre ? Est-il volontairement organisé ? Dans quel but ? Au titre de quel bien (sociétal) ? Pour le bien (individuel/collectif) de qui ?

5 Aux *illuminés* (ceux des *Lumières*) qui avaient des rêves domestiques de donner le pouvoir au peuple, la réalité expose que sur le plan de l'*international*, ce sont les mêmes *puissances* et les mêmes *actes* qui commandent -et qu'ils s'expriment avec plus de violence encore.

Les exemples de ces *actualisations* de *potentialités* menées au moyen de la *force* sont pléthores : des violations de domicile et de la paix publique domestiques, on passe au degré supérieur, avec les violations de la guerre, telle cette *Global War on Terror* que le-plus-fort a décidé de mener à tort et à travers, depuis la chute du Mur et la disparition de la dyade bipolaire, pour imposer son Ordre, sous la bannière du mot galvaudé de 'démocratie', dont la violence et la réalité de ses actes ont désormais gommé tout sens commun.

Car, après l'intervention des « *adultes* » (expression de Christine Lagarde) dans la cour des enfants (c'est-à-dire l'organisation, en 1945, des Nations Unies), le monde aurait souhaité que *l'agir* dans le jeu géostratégique des puissances ne se fasse plus qu'en conformité avec les règles qu'elles avaient stipulées.

Mais rien de tel : c'est toujours le *droit du plus fort* qui joue des coudes partout.

En 2003, le Conseil de Sécurité des Nations Unies refusait son accord à une intervention en Irak, préférant concentrer ses efforts sur un programme économique à profits largement captés (*Oil-for-Food*, 1995 [310]), plutôt que sur la survie d'une population au destin dramatique, dont des forces qui lui étaient extérieures avaient unilatéralement décidé de remplacer le tyran par le diktat d'une règle très peu démocratique.

Qu'importait donc la volonté des autres Nations à l'Amérique de George W. Bush (à son Congrès, à son Sénat, le Législateur américain) et au Royaume-Uni de Tony Blair (et à son Parlement, le Législateur britannique) ?

Alors qu'elle tenait « *la matraque en sa main* », cette Amérique si prompte à enseigner partout la règle de son droit, de quelle *résolution*, hormis de la sienne, avait-elle encore besoin avant que de passer à l'*acte*, avant que de précipiter le monde dans un déséquilibre indicible et un chaos interminable, avant que d'*exécuter*, d'un coup de cuillère à pot, à la fois son ordre de marche, l'Ordre international et le chef de la Nation, Saddam Hussein ?

Ailleurs, en 2011, quant à la Libye, une Résolution [311] du même Conseil de Sécurité fut interprétée avec une liberté toute arbitraire ; et conduisit, de la même manière, à l'exécution du Souverain, le Colonel Mouammar Kadhafi, au déséquilibre des forces intérieures, à une catastrophe humanitaire et à un chaos qui se perpétue toujours en 2020, avec des risques géostratégiques régionaux accrus découlant des projets d'intervention de militaires extérieurs (Egypte, Turquie). [312]

Par conséquent, au vingt-et-unième siècle, *force* est de constater :

- que c'est toujours *la violence* qui permet à la guise de celui qui est *le-plus-fort* d'agir en toute impunité : de blâmer ; de contraindre, d'amender, de sanctionner ; de juger, d'emprisonner, de torturer, de condamner ; de congratuler, de récompenser ; etc. ; et

- que la règle du *dialogue des adultes dans la salle* (Lagarde, Varoufakis) [313], cette expression de la volonté collective et communautaire consistant à mettre en place un lieu pour le *règlement pacifique des différends* [314], tout en créant à cet effet une juridiction idoine (*La Cour mondiale, la seule juridiction universelle à compétence générale* [315]), cette règle de dialogue, qui est de droit, et qui devait s'imposer à l'international, a succombé, une fois encore, aux *coups du plus fort.* [316]

A la question '*-Qui est le Commandeur ?*', la réponse reste donc constante : c'est toujours *le Souverain qui a le bâton en main*.

6 La liberté des Nations de se soumettre à une règle internationale s'est ainsi totalement vidée du sens qu'on avait cherché à lui donner. Telle une vaccination forcée contre tout élan individualiste ou nationaliste, la liberté des Nations est désormais injectée avec le venin pernicieux d'un langage doucereux : celui *du plus-fort* ; c'est ce double langage que Platon et les rhéteurs et sophistes de toute la Grèce antique (celle du 'berceau de la démocratie', que l'on évoque désormais à tout va) appelaient *phármakon* : une puissante drogue à deux effets (soignant/addictif). [317]

De ces deux faces de la même pièce, deux visages d'un même masque, une observation préalable du droit en situation avait pu relever quelques-uns de ces *Janus* : [318]

-Eltsine/Clinton : exeat ou urbanité ?

Le dernier geste du premier Président russe, Boris Eltsine, à l'occasion de son rapide départ précipité, fut d'assurer au Président américain, Bill Clinton, *que la Russie resterait engagée sur la voie de la démocratie*.

-Poutine/Patriarche : adoubement ou anathème ?

Le premier geste de son successeur, pas encore deuxième Président russe, Vladimir Poutine, fut de s'agenouiller devant le Chef spirituel de l'Eglise de Moscou et de toutes les Russies, le Patriarche Alexis II ; et de lui tenir la musique du langage de l'Orthodoxie.

A la question : « *-Quel est ton message pour le peuple ?* », que lui posait le Patriarche, le désormais homme fort du

Kremlin, intronisé Tsar temporel par le Pouvoir spirituel en vue de régner suprême sur les Russes et la Russie durant plusieurs décennies, lui répondit : « *-Amour* ».

-Poutine/Eltsine : intromission ou exfiltration ?

Le second geste du nouveau Président par intérim russe fut d'empêcher toute procédure domestique et étrangère contre *La Famille* (surnom du cercle intime de l'entourage familial et affairiste du Président Eltsine, que la rumeur publique disait très corrompu) par l'octroi d'une immunité de poursuites, pénales et civiles.

-Autochtones/Barbares : ostracisme ou fin de l'hospitalité ?

La Russie expulse le puissant financier William Browder (du fonds 'Hermitage Capital'), dans le viseur de la Justice russe pour des soupçons de fraudes majeures. Le Royaume-Uni ne renouvelle pas le visa de séjour de l'oligarque russe Roman Abramovich, sans déclarer officiellement qu'elle le soupçonne de crimes et de fraudes majeures.

7 D'où une ♦**Cinquième Conclusion Dialectique** :

Sur les scènes du domestique et de l'international, *l'homo politicus* s'inscrit, directement ou indirectement, dans un Ordre qui est dicté par la règle *du plus fort*.

On lui serine les mots d'un langage fleuri (démocratie, liberté, égalité, droits de l'homme). Mais, *l'homo politicus* est tel un Socrate renouvelé.

Car cette musique lui tend un piège : celui d'une sentence d'un jury au visage populaire (populiste) et au masque de tyran, qui lui intime de boire une cigüe aux vertus autant *curatives* (plaisir) que *punitives* (douleur). [319]

La fosse, celle de l'orchestre d'où dirige et annonce le SOUVERAIN-NOMOTHÈTE, serait-elle donc... *septique* ?

9

PHILOSOPHER

1 Dans la *tradition réaliste* des relations internationales (celle de leur origine : du *Prince* de Machiavel et du *Léviathan* de Hobbes), l'état naturel du monde est sans ordre et sans règle. [320]

Le Souverain, à l'instar de ses sujets, poursuit des intérêts personnels ; et il le fait dans l'expression de sa *puissance* : ce sont les rapports de *force* qui déterminent l'équilibre international -*conduisant facilement à une politique dénuée de moralité.* [321]

Pour les auteurs de la *tradition réaliste* [322], le droit ne joue qu'un rôle secondaire :

-soit qu'il serve à tenter de sauvegarder la liberté de civils en cas de conflits armés qu'il s'avoue incapable d'interdire [323] ;

-soit qu'il tente de refléter, dans le cadre d'institutions conçues en tant que système d'ordre, les répartitions de butin résultant des prédations souveraines, en essayant de faire en sorte que la diplomatie alterne avec -précède ou succède à- l'expression militaire de la force brute, codifiée par la règle (tels que par le *Jus ad bellum*, *Jus in bello* ou le Droit de Genève). [324]

Au vingt-et-unième siècle, tout de la volonté internationale d'ordre et de règle démontre à l'envi que le système (dys-)fonctionne selon les tenants de cette *tradition réaliste*.

Et que la chute du Mur a donné toute licence à la puissance du plus-fort pour imposer partout, au moyen de sa force ou au moyen de sa règle, son Ordre et ses ordres, dans une évolution politico-biologique qui tient du darwinisme. [325]

On peut donc se demander si le stade d'évolution que l'humanité aura atteint à notre siècle est :

-celui d'un *mouvement-dans-le-cadre* ? :

une antinomie héritée des Lumières : semblable à une oscillation entre *totale laïcité* et *totale religion*, entre *autocraties sécularisées* (obligatoire absence de la religion : Chine, URSS) et *théocraties autocratiques* (obligatoire omniprésence de la religion : Iran) [326], dans un mouvement de balancier -parfois hésitant, parfois mal dessiné (France)- qui présenterait une foultitude de positions intermédiaires, d'ordres mixtes, panachés.

Et dont la règle d'un *mélange théo-séculaire* aurait grand soin de figurer *nationalement*, et en bonne place, au vu et au su de tous : par exemple -sur la monnaie (USA : *In God we trust*, Oeil de la Providence), -sur le drapeau (USA : *E pluribus unum*), -dans la symbolique (USA : *Great Seal* ; UK : *Dieu et mon droit* ; France : *Liberté, Egalité, Fraternité*) ou encore -avec la statuaire (de saints Patrons, tels que Saint Georges ou Saint Martin) ;

-ou plutôt, celui d'un *statisme-dans-le-cadre* ? :

que vise le propos du philosophe Friedrich Nietzsche sur le rabotage des instincts individuels par le discours égalitaire dominant : [327]

> (Nietzsche) « *Celui qui s'approcherait avec des exigences inverses, non plus en épicurien, mais armé de quelque divin marteau, du type d'homme presque volontairement abâtardi et diminué que représente l'Européen,* [...] *cet homme n'aurait-il pas matière à s'écrier, plein de fureur, de pitié et d'effroi : 'Imbéciles !* [...] *Qu'avez-vous fait !'.*

./.

> [...] *Des hommes pas assez nobles pour apercevoir la hiérarchie des êtres et l'étendue abyssale <qu'il y a> entre un homme et un autre. Voilà les hommes qui avec leur 'égalité',* [...] *ont régné* [...] *sur le destin de l'Europe,* [...] *jusqu'à ce qu'enfin ils aient obtenu une espèce amoindrie, presque risible, un animal grégaire, quelque chose de docile, de maladif, de médiocre : l'Européen d'aujourd'hui* ».

2 En matière de relations internationales, quel *réalisme* ?

Pour analyser les rapports qui concernent les Etats entre eux, une première approche d'expertise : la *théorie réaliste* -un paradigme géopolitique issu de Thucydide et de Hobbes, dans lequel la principale contrainte du Souverain est l'anti-utopisme.

Dans les multiples théories du réalisme en politique, le Souverain doit en effet *garder la tête froide*.

Pour tenter de saisir le monde tel qu'il est.

Tout en adoptant *une attitude de prudence qui tienne compte de toute la réalité qui dicte la conduite diplomatico-stratégique adaptée* [...] *aux passions, folies, idées et violences du siècle.* [328]

Au vingt-et-unième siècle cependant, passant les faits politiques au prisme de ces *réalismes*, d'aucuns, tôt qualifiés de rebelles, ont avancé que l'Ordre européen qu'appelle de ses vœux la machine des fonctionnaires de Bruxelles tente, autant dans ses actes que dans ses discours, de noyer au berceau toute expression de volonté nationaliste, ou pire encore : toute volonté de différence nationale, en se prévalant de la valeur d'un *égalitarisme* imposé, partout où faire se pouvait, à l'aide de son droit et de ses Tribunaux : telle serait la triste réalité d'un autocratisme européen implacable, malhabilement dissimulé derrière un *masque* de démocratisme eudémonique assénant son discours prosélyte à des peuples ne moins en moins nombreux, mais qui seraient encore et toujours prêts à abandonner jusqu'à leur *liberté* pour rejoindre le concert de Nations fallacieusement unies.

Quel réalisme ?

Dans la réalité géopolitique et géoéconomique du monde contemporain, l'émergence d'un nouveau contre-pouvoir à la prédation américaine, celui de la Chine (*Le nouveau centre du monde ?* [329]), n'est-elle pas une fondamentale menace pour l'hégémonie de la règle et de l'ordre du drapeau américain à travers le monde, ainsi que l'ont souligné l'accroissement exponentiel depuis 2020 des considérables tensions diplomatiques et commerciales entre ces deux Nations ?

Et ainsi que l'avoue certains politiciens de Washington DC, qui concèdent que le *réalisme* néo-libéral en politique légifère souvent contre les *intérêts légitimes* de la finance de Wall Street et de la technocratie de Silicon Valley ? [330]

Le maintien *réaliste* des intérêts géostratégiques *du plus fort*, en l'occurrence (mais pour combien de temps ?) de cette Nation américaine restée sans réel contradicteur depuis la chute du Mur de Berlin, n'engendre-t-il pas pour elle l'absolue nécessité de tout faire pour éviter l'émergence d'une règle et d'un ordre (celui du *socialisme à caractéristiques chinoises*) dont elle n'aurait ni le dessin des plans, ni le contrôle des commandes ?

Quel réalisme ?

Avec la chute de l'Union Soviétique, plutôt que de célébrer bien trop hâtivement *la fin de l'Histoire et le dernier homme* (Fukuyama), ne fallait-il donc pas que les élites commencent tout au contraire à craindre, pour mieux les prévenir, les si prévisibles conflits internationaux qui immanquablement restaient à naître des démonstrations antinomiques de puissance sur un plan global (Russie, Chine, Turquie, etc.) ; du rapide effritement des derniers tenants de système international basé sur l'expression diplomatique de volontés (Nations Unies) ; et d'une redéfinition de fragiles équilibres qui avaient survécu sur la balance géopolitique (Moyen et Proche Orient) ?

N'est-ce pas la faillite du réalisme néo-libéral occidental et anglo-saxon qui explique en 2022 la situation en Libye, en Syrie, au Centrafrique, ou en Ukraine ?

Dans les faits, '*Marche* (avec nous) *ou crève*' n'est-il pas devenu le mot d'ordre servi par les légions d'autocrates européens à leur nouvel adversaire : la *démocratie* ? -ainsi ne devrait-on pas le constater dans le sort réservé à l'expression, pourtant majoritaire dans son issue binaire (oui/non), de ces populations qui avaient dit *Oui* au *Brexit*, *Oui* à l'indépendance de la Catalogne, ou encore *Oui* aux politiques nationalistes de la Hongrie ?

Quel est donc ce langage véritablement *réaliste* que parle la réalité de ces faits en matière de politique internationale ?

N'est-il pas celui d'une *alternance*, entre *diplomatie et conflits armés*, qui est celle que prévoir, en tentant d'en prévenir et d'en guérir les dérives, le droit international public ?

A la chute du Mur de Berlin, pressée d'abandonner le *réalisme* de ce mouvement de va-et-vient entre deux extrêmes de *guerre et paix* afin de proclamer à la face du monde la victoire définitive du néo-libéralisme anglo-saxon, l'intelligentsia géopolitique ne s'est-elle pas trop vite enflammée pour la médiocrité des thèses eschatologiques [331] -ainsi celles de l'Evangélisme américain ou celle la *Fin de l'Histoire* de Francis Fukuyama (qui a été désavouée par son auteur lui-même, après qu'elle eût servi à justifier l'invasion de l'Irak) prônant, trop vite, et à tort, l'avènement et la consécration d'une démocratie triomphante qui aurait définitivement terrassé l'hydre de l'infâme communisme soviétique (qui avait survécu au maoïsme) ?

Quelle que soit *l'alternance* en matière de politique (c'est-à-dire : -dans l'immanence (réaliste) : entre *diplomatie et conflits armés*, prévue par le droit international ; dans la transcendance (idéaliste) : entre *concorde et discorde,* prévue par *le cours mécanique de la nature, ouvrière des choses* [332]), toute alternance n'est-elle pas toujours absence de statisme, toujours mouvement de balancier ?

Un mouvement qui va et qui vient, entre deux extrêmes : de *guerre* et de *paix* ?

Mais à cet égard, *quoi de nouveau* ?

Ainsi ce mouvement, dans-le-cadre de la nature, annoncé par les balbutiantes Physiques (réalismes antiques) mâtinées de Métaphysique (idéalismes antiques) de ces philosophies proto-scientifiques que l'on attribue aux Présocratiques.

Et dans lesquelles des contraires empédocléens (*Amour/Haine, Eros/Eris*), postulés en éternelle opposition l'un par rapport à l'autre, s'affrontaient éternellement, en vue de prépondérance au sein de la sphère (*sphaîros*) du monde, dans une lutte dialectique de *répulsion/attraction* -ce qui les unissait, les détruisait, et les unissait à nouveau, inéluctablement ? [333]

En philosophie politique contemporaine, une analogie entre Anciens et Modernes aident à rester sceptique et incrédule quant à l'avènement du démocratisme.

Quelle réalité en *Realpolitik* ? : si le système international diplomatico-stratégique des auteurs réalistes est bien un ensemble d'éléments *interdépendants* oscillant pragmatiquement et tour-à-tour entre stable (Les Trente Glorieuses) et instable (période actuelle), un tel système est voué à fonctionner que selon des lois dont la clé est *l'équilibre des forces* en présence (Guerre Froide). [334]

Car compter sur la pacifiste bienveillance d'une Grande Puissance mise en position d'hégémonie n'a jamais été réaliste -ainsi avec l'Empire britannique après le Congrès de Vienne ; ou les Etats-Unis d'Amérique ou la Russie soviétique après Yalta.

En matière de relations internationales, la théorie prévalente est celle d'un *réalisme* paradigmatique qui affirme que l'histoire de l'Ordre et de la règle géopolitiques n'est que la démonstration d'un *éternel retour* à un équilibre stratégique au sein du concert des Nations.

Ainsi, même en matière de *réalismes*, l'évidence d'une idéalité métaphysique et dialectique, qui rappelle celle sous-jacente au nietzschéisme de l'Eternel Retour, aura-t-elle triomphé d'une volonté immanentiste auto-proclamée, par laquelle le Souverain qui tente de *garder la tête froide* est pourtant souvent forcé de céder devant l'évidence de l'implacable *force du destin*.

3 La théorie *réaliste* s'est construite en opposition à un autre courant théorique, celui de la tradition dite *libérale*, développée sur des idées de libertés individuelles (Locke, Rousseau, Kant), de résolution des conflits par le droit (Grotius, Pufendorf) et d'interdépendances économiques (Montesquieu, Smith, Bentham, Mill).

Alors, de l'autre côté de la même pièce, en matière de relations internationales, *quel libéralisme* ? [335]

Dans ce même monde dans lequel les réalistes jugeaient que l'état de guerre entre Nations découlait de *l'état de nature* dans lequel *l'homme n'était qu'un loup pour l'homme*, le projet politique des libéraux évoquait la nécessité d'instaurer un état de paix qui serait imposé par le droit (et qu'ils nommèrent *la paix perpétuelle*).

Mais croire au rôle conciliateur du droit, face à la force et à la loi du plus fort, n'était-il pas un rêve irréaliste : un projet fantaisiste, par trop *idéaliste* ?

Tel le *Projet de Paix Perpétuelle* de Immanuel Kant ? [336]

> (Strauss) *La doctrine politique de Kant peut se résumer en une phrase : c'est une doctrine du gouvernement républicain et de l'organisation internationale,* [...] *de l'Etat de droit (Rechtstaat) et de la paix perpétuelle. A l'intérieur des Etats et entre eux, Il s'agit de passer de l'état de nature, qui est un état de guerre, à l'état juridique, qui est un état de paix.* [337]

Pour arriver à ses fins pacificatrices en matière de philosophie politique, Immanuel Kant utilise les mêmes ressorts qu'en philosophie : son *Traité de Paix Perpétuelle en Philosophie* en appelle à la *raison pratique* de l'homme raisonnable et raisonné de sa *Critique*. [338]

> (Kant) *Ainsi la manière par laquelle les Etats affirment leur droit, le seul Tribunal où les Etats plaident pour leurs droits est le champ de bataille ; mais la victoire ne tranche pas la question du Droit, pas plus que le traité de paix ne les fait sortir de l'état de guerre.* [339]

Quel libéralisme ?

Les thèmes issus du rousseauisme que développe Kant dans *La Paix Perpétuelle* (1796) jalonnent le paradigme *libéral* de la philosophie politique du dix-neuvième siècle, sur la voie tracée par les défenseurs des *droits des Nations* (*jus gentium*), *-les Grotius, les Pufendorf et les Vattel*, dont les prescriptions diplomatiques et la philosophie normative étaient restées *inutiles et impuissantes* par faute de pouvoir de coercion sur les Etats. [340]

> (Kant) *L'hommage rendu par tous les Etats au principe de 'droit', ne fût-ce qu'en paroles, prouve tout au moins une disposition morale* [...] *auquel <tout homme> ne peut se soustraire. Car autrement aucun Etat ne prononcerait le mot de 'droit' alors qu'ils veulent se faire la guerre, si ce n'est par ironie, comme ce prince gaulois : 'C'est, disait-il, la prérogative accordée par la nature au fort de se faire obéir par le faible'.* [341]

Dans les rangs des traditions du *libéralisme* politique, Kant est le premier en philosophie politique à profiler la *paix perpétuelle* comme une solution *morale* à la guerre. [342]

Le philosophe de Königsberg utilise à cet effet les conclusions de sa *Critique de la Raison Pratique* (1788) : en hypostasiant, de manière métonymique et analogique, la *morale pratique* de son homme du commun.

Appliquant son raisonnement critique à l'homme d'Etat -ce *souverain* qualifié de *pervers* et de *sauvage, qui met sa gloire à disposer de milliers d'hommes à son gré sans s'exposer lui-même*.

Puis aux Etats eux-mêmes : ceux qui se disent de droit (souvent divin, parfois naturel) ; mais qui ne sont *étonnamment pas assez hardis pour professer ouvertement la doctrine qui bannit le mot de 'droit' de la politique de la guerre.* [343]

> (Kant) *La politique dit : soyez prudents, comme les serpents ; la morale y ajoute la restriction : soyez simples (sans fausseté), comme des colombes.* [...] *Quoique cette proposition : l'honnêteté est la meilleure politique, annonce une théorie, trop souvent hélas ! démentie par la pratique.* [...] *La divinité tutélaire de la morale ne le cède pas à Jupiter ; ce dieu de la puissance est également soumis au destin ; c'est-à-dire que la raison n'est pas assez éclairée pour embrasser toute la série des causes déterminantes* [...] *que le mécanisme de la Nature fera résulter des actions humaines,* [...]. [344]

Si dans sa première *Critique de la Faculté de Juger* de 1790 le Grand Prêtre qui avait tôt assassiné la raison pure (dès 1781) affirmait déjà se rallier à une téléologie naturelle régulatrice du monde, dans son ouvrage *La Religion dans les Limites de la simple Raison* de 1793, Kant, nonobstant sa rationalité et probablement invité à le faire par son monarque, mit sa philosophie politique *sous la protection d'une Providence* rationnelle (purement *transcendantale*), qu'il *fit garantir par la Nature* elle-même. [345]

> (Kant) *Ce qui garantit la paix n'est pas autre chose que la Grande Artiste, Nature (natura daedala rerum), dont la marche mécanique annonce à l'évidence la finalité de faire naître la concorde, à partir des discordes des hommes, malgré eux-mêmes.*

Dans ce théisme du cœur des traditions *libérales*, c'est dire combien l'antique philosophie présocratique avait la peau dure, en politique comme en morale.

En vue de *l'accord que l'idée transcendantale du droit établit entre la politique et la morale* [346], Kant envisageait une politique internationale faite de trois piliers fondamentaux -que les géopoliticiens anglo-saxons désignent sous les termes *les trois pieds du tripode kantien pour la paix* : [347]

- une Constitution d'Etat, républicaine ;
- un fédéralisme, réunissant en son sein des Etats libres de leur choix ; et
- la limitation du droit cosmopolitique -celui *de chaque étranger à ne pas se voir traité en ennemi dans un autre pays.*

Car, écrivait le philosophe, *la raison condamne sans exception la guerre comme voie de droit et elle fait un devoir absolu de l'état de paix.* [...] *Dans leurs rapports mutuels, pour les Etats, au tribunal de la raison, il ne peut y avoir aucun autre moyen de les tirer d'une situation de non-droit, qui implique la guerre, que celui qui consiste, comme pour les individus, à renoncer à la liberté sauvage (et sans droit) pour se soumettre à des lois publiques et former ainsi un Völkerstaat (civitas gentium)* [une communauté internationale] *toujours grandissant, qui concerne tous les peuples de la terre.* [348]

Mais en fait de raisonné, ou de raisonnement, ses détracteurs dénigrèrent vertement la valeur de l'*impératif catégorique* en matière de politique, en s'en prenant de front aux postulats fondamentaux kantiens, ébranlant les deux colonnes (du *pratique* et du *moral*) sur lesquelles reposaient tout l'édifice de la philosophie politique de Kant, né de sa *raison pratique*.

Kant prit cet assaut contre sa *Critique* suffisamment au sérieux pour y répondre, utilisant à cet effet des images métonymiques, celles de *chien* et de *jouet* -qui rappellent celles des conclusions didactiques qui précèdent (*Cerbère* et *marionnettes*) :

> (Kant) *Son avis est pareil à l'assertion que ces bons amis prodiguaient aux moutons : qu'ils se débarrassent des chiens pour vivre entre eux, fraternellement et dans une constante paix. Si l'apprenti prête l'oreille à ce conseil, il sera un jouet dans les mains du maître* [...] *et se laissera inculquer l'apparence de la vérité comme vraisemblance.* [349]

Quel libéralisme ?

C'est donc las des guerres auxquelles se livraient les Souverains dans des démonstrations répétées d'affirmation de puissance au sein de l'Ordre international, que les *libéraux* de l'époque des révolutions française et nationales, constatant par ailleurs que la raison ne pouvait que s'épuiser de ses propres contradictions au sein d'un *jeu à somme nulle* (dans lequel ce que l'un gagnait, l'autre le perdait -et inversement) [350], proposèrent de substituer à cette succession de conflits armés à peine interrompue le projet d'une *Paix Perpétuelle* : une eschatologie immanente basée sur l'interdépendance des Nations et leur solidarité, [...] *sur la communauté (plus ou moins étroite) formée par les peuples de la terre.* [351]

Et qu'ils formulèrent l'idée d'une *hospitalité universelle,* [...] *non d'une philanthropie, mais de droit,* [...] *<non pas> un droit de résidence, mais un droit de visite* [...] *le droit de jouir de la* surface *qui appartient en commun au genre humain, <l'idée d'un> droit cosmopolitique <qui> n'est pas un mode de représentation fantaisiste et extravagant du droit, mais le couronnement nécessaire de ce code pas encore écrit qui embrassant le droit civil et le droit des gens, doit s'élever jusqu'au droit public des hommes en général, et par là jusqu'à la paix perpétuelle.* [352]

Au fil du temps, les théories libérales s'emparèrent du *tripode kantien pour la paix*, en articulant en matière de Relations Internationales la théorie d'un effet pacifique sur les Nations découlant d'une conjonction résultant -de leur interdépendance en matière économique, -de l'adoption du régime politique appelé 'démocratie' et -de la mise en place d'Organisations internationales.

> *La relation entre interdépendance et conflit pèse sur une multitude de points cruciaux en matière de relations internationales, y compris la cause de guerre et l'économie politique de la sécurité nationale, de l'intégration régionale et des organisations internationales respectivement, ainsi que sur des points clé de politique étrangère.*
>
> *Plusieurs Gouvernements occidentaux -récemment les Administrations Clinton et Bush- ont avancé que de promouvoir l'ouverture économique internationale promeut autant la paix que la prospérité. Des études actuelles confirment cette position, néanmoins une recherche additionnelle est désespérément nécessaire,* [...]. [353]

Quel libéralisme ?

C'est donc en confiant la mise en ordre de l'Ordre international à *la santé de la raison* [354], à *l'orientation dans la pensée* [355], et aux révolutionnaires *Lumières* [356] ; et en faisant en sorte, grâce au droit (*nómos*), de garder les chiens (*Cerbère* et ses semblables) auprès des moutons (le troupeau des populations sur le pâturage, *nomós*) ; que le *paradigme libéral* nourrit l'espoir que l'homme pût dépasser *le degré le plus bas de sa nature vivante, son simple instinct animal* [357] -dont acte ?

4 Loin s'en faut : au vingt-et-unième siècle, en matière de politique ou de philosophie, tout observateur pragmatique, qu'il soit du camp réaliste ou du camp libéral, ne peut que se rendre à cette raison : l'universalisme et la *Paix Perpétuelle* restent des fictions.

Car, après que le recours à la guerre eût cessé d'être considéré comme *juste* [358], et après la mise en place des règles d'interdiction de recours à *la force*, les vœux géostratégiques et géopolitiques de *communauté des Nations* et de *paix par le droit* dans le règlement pacifique et diplomatique des différends entre Nations [359], ces vœux sont restés totalement pieux.

Ainsi, les seuls Conseils de Sécurité capables d'imposer leur volonté sont ceux de chaque Etat.

Quant au Conseil de Sécurité des Nations Unies, il n'a pas même été capable d'interdire l'invasion de l'Irak en 2003, malgré l'évidence de son caractère illégal, illégitime et injustifiable [360], et l'opposition de plusieurs Grandes Puissances (la France, la Russie).

Aucun *responsable* politique va-t-en-guerre qui a appelé à la mise en place d'une coalition internationale sur la base d'un motif qui a été honteusement bricolé de toutes pièces (quels *weapons of mass destruction* ?) ne sera jamais traduit devant un juge quelconque pour les actes qu'il aura commis *au nom de la liberté*.

Et il en va de même pour l'inaction (coupable ?) d'autres d'entre eux.

Pourtant, plus de deux décennies plus tard, les conséquences de leurs actes continuent à empoisonner le monde (combien de guerres, de terrorismes, de dérives technologiques, de surveillances ?).

Mais qu'importe ! : Julien Assange, le fondateur de la plateforme de dénonciation Wikileaks qui a révélé pléthore de *crimes de guerre*, attend, dans une prison de haute sécurité anglaise, son extradition aux Etats-Unis, où il risque une peine de cent septante-cinq ans de prison, pour haute trahison. [361]

Quant à Edward Snowden, qui a révélé en 2013 le scandale 'NSA-PRISM' : la *surveillance de masse* des Services américains sur le monde entier, attend, depuis un séjour qui se prolonge en Russie, que l'un des vingt-sept Etats qu'il a sollicités lui accorde enfin l'asile politique. [362]

5 D'où une dernière et ♦**Sixième Conclusion Dialectique** :

Dans le *concert* des Nations, comme avec la *musique* domestique, les *harmonies* de l'orchestre du *dirigeant* qui *bat* la mesure sont les *accords* d'un *chant de sirènes* [363], qui sont ceux d'une tout' autre mélodie.

Car *l'homo politicus* a le choix : celui d'un choix.

Qui est épiquement homérique.

Et que l'on attribuera, indifféremment, selon son propre scientisme, sa croyance ou sa philosophie : -au caractère ; -à la destinée ; ou encore, -au libre-arbitre.

Le choix d'une alternative, éminemment piégée, entre :

- se plier et renoncer : *danser* sur la musique ;

ou bien,

- faire comme *Ulysse* : jouer de mille ruses et tenter de déjouer le fait-du-prince. [364]

10

AJUSTER

S'il faut conclure ce mouvement dialectique en résumant le propos sur les relations entre la règle de droit et l'ordre politique, nous retiendrons du présent développement les points suivants :

-DIALECTIQUE DE L'ORDRE

Considéré en tant qu'*homo politicus*, notre 'dialectique de l'ordre' a inscrit l'homme dans une anthropologie politique de la règle de droit, en l'examinant au sein de cadres socio-politiques résultant de l'ensemble des réalités pratiques et organisées que constitue l'Histoire.

Cette dialectique à la Platon a consisté à raisonner sur des *couples* ; et à tenter de cerner *le point d'équilibre* de ces *binarités*, en les soupesant sur la balance de Justice.

Dans la relevance de dyades constatée à cet égard, un couple, celui de RÈGLE/ORDRE, apparaît *nécessairement*.

Il s'inscrit dans une analogie musicale : la règle de droit est un *instrument*, qui, en main d'un COMPOSITEUR/LÉGISLATEUR, lui permet de s'exprimer en façonnant *l'idée* (MUSIQUE/DROIT) qui est la sienne soit avec *harmonie*, soit avec des *fausses notes* -c'est-à-dire : BIEN/MAL.

Dans la *danse*, qui est chorégraphie *SCÉNIQUE OU SOCIÉTALE*, la belle musique fait le bel ordre du mouvement ; et la cacophonie, son désordre.

C'est au COMPOSITEUR/LÉGISLATEUR qu'il revient de trouver le point d'équilibre où les *accords* des *HARMONIES* dessinent les contours d'une *MÉLODIE* qui soit agréable aux oreilles de tous (♦*Première Conclusion Dialectique*).

Nous avons aussi conclu qu'il est indifférent que la source de l'inspiration du COMPOSITEUR/LÉGISLATEUR soit *IMMANENTE* (c'est-à-dire qu'elle provienne *de l'homme, à la Protagoras*); ou *TRANSCENDANTE* (c'est-à-dire qu'elle provienne *de la divinité, à la Platon*) : ce qui importait, dans la réalité pratique de l'action (*prāxis*), c'était de savoir qui tient *le bâton de direction*.

Dès lors, le COMPOSITEUR/LÉGISLATEUR est le SOUVERAIN-NOMOTHÈTE qui bat *la mesure de toute chose* du droit (♦*Seconde Conclusion Dialectique*).

-DOMESTIQUE DE L'ORDRE

Qui donc détient le pouvoir de *battre la mesure*, c'est-à-dire : d'agir ?

Le raisonnement a rejeté l'universalité d'une *réponse unique* basée sur une prétendue *nature égalitaire* des peuples, en s'opposant à ceux qui nient, ou tentent de gommer, les différences factuelles de *valeurs* et de *cultures* entre les uns et les autres (♦*Troisième Conclusion Dialectique*).

Une mise en garde a été émise à l'attention du SOUVERAIN/NOMOTHÈTE : au sein de l'ordre domestique, toute *violence* matérialisée dans les actualisations de sa *puissance*, dans les expressions de son pouvoir et dans les règles de son Ordre, exige d'être *maître* en ses murs, et *souverain* chez soi (♦*Caveat à la Seconde Conclusion Dialectique*).

Or, si cette mise en garde paraît être un truisme socio-politique, nous avons observé que, dans les faits des sociétés du vingt-et-unième siècle, la maîtrise de cette puissance ne peut s'affirmer, sur le plan domestique, *qu'à la matraque*.

Et, qu'en plus de la violence de la FORCE, elle exige du SOUVERAIN/NOMOTHÈTE la violence de *la perversion de son* LANGAGE.

Il lui est nécessaire en effet de tordre les mots de 'démocratie', de 'liberté', de 'droits de l'homme', pour que la musique de sa *propagande* soit pour le peuple une poudre d'ignorance, une drogue à double effet :

- endormant la raison des masses administrées dans un sommeil qui n'a rien de dogmatique (Kant) [365];
- les faisant danser à la baguette, tout en plongeant leurs instincts de survie et de puissance (Nietzsche) [366] dans un état de passivité manique et halluciné (Platon).

Car ce n'est que dans cette *dialectique de double contrôle*, visant à assommer la RAISON et à brider les INSTINCTS, que le maître de la règle (de droit) est en mesure d'imposer l'ordre de son Ordre (♦*Quatrième Conclusion Dialectique*).

-INTERNATIONALE DE L'ORDRE

Seulement au *point d'équilibre* de la règle et de l'ordre se trouve *l'homo politicus* capable de se réveiller afin de sortir du rêve collectif de justice (sociale), à l'aide duquel le SOUVERAIN-NOMOTHÈTE galvaude les mots d'ÉGALITÉ et de FRATERNITÉ (sociétales).

La *dialectique de l'éveillé* est prémisse d'un choix : celui de son *mouvement-dans-le-cadre*, qu'il est à même de faire dans les *limites* imposées par la règle de l'ordre socio-politique qui lui est applicable.

Son nécessaire assujettissement à la règle d'un droit souverain condamne tout *sujet* aux fers d'un SOUVERAIN-NOMOTHÈTE, dans *l'enchaînement obligatoire* de celui-ci à la volonté de celui-là au sein d'une prison virtuelle instituée par le multilatéralisme du concert des Nations.

Son volontarisme à trouver une voie de sortie est un idéal de lutte pour sa *liberté* (qui est d'abord une lutte pour sa *libération*) ; qui se heurte au risque de tomber de CHARYBDE en SCYLLA [367] (♦*Cinquième Conclusion Dialectique*).

Dans le jeu de la fosse de l'international [368], c'est le son de l'instrument qui joue *le plus fort* qui recouvre tous les autres sons.

Les rêves d'équilibre et de paix communautaire de SOUVERAINS/NOMOTHÈTES en habits de sujet se dissolvent dans une pratique de la normativité, où règnent suprêmes :

- la règle unique de *la volonté du plus fort* ; et
- le diktat de la constatation, qui édicte que *celui qui tient la matraque, impose son ordre.*

Car (♦*Sixième Conclusion Dialectique*), c'est toujours celui qui tient la baguette *qui fait danser.*

Et c'est toujours *sur sa musique* qu'il fait danser les autres [369].

A notre époque, on peut toujours tenter de chanter, avec les révolutionnaires marxistes-léninistes du passé, que « *L'Internationale sera le genre humain* ».

Ou vociférer, avec leurs tristes émules du présent, qu'il faudrait « *Libérer le territoire* » (plutôt que : *soi-même*) : ce serait là, disent-ils, *la révolution de notre époque*.

« *Free Hong Kong, Revolution of Our Time* » : ainsi claquait au vent devant, en chinois et dans un anglais de mauvaise cuisine, un drapeau noir portant le slogan-phare des protestations anti-Chine de 2019 à Hong Kong.

Dont toute expression (illégale en Chine, car prônant l'indépendance d'une partie réputée inaliénable du territoire de la Grande Chine, en violation de la loi) est désormais strictement prohibée et sévèrement réprimée par la *Loi de Sécurité Nationale* adoptée à Hong Kong à la mi-2020 -d'où la sulfureuse provocation d'un documentaire de 2019 qui en porte le nom, ovationné au Festival de Cannes de 2021. [370]

Cependant, dans les faits de la règle, et dans la cuisine militaire de cette *soupe populaire*, un véritable défi à l'ordre des choses, quant à lui, doit *se nourrir* toujours de plus que de belles paroles, fussent-elles mises en belle musique : défier le prince requiert de connaître et de savoir comment user de *la ruse* (♦*Sixième Conclusion Dialectique*).

Pour faire valoir *la ruse* à bon escient, avoir à cœur de défier le prince requiert de maîtriser d'abord une certaine dialectique individuelle de l'acte et de l'action -une dialectique de la raison, que l'on trouve inscrite en lettres de feu tout au long de l'Histoire (une thèse fondamentalement hégélienne).

N'est-ce pas ce qu'écrivait, il y a quelques siècles de cela, Jean-Jacques Rousseau (alors qu'il avait fait le choix de l'exil, plutôt que celui de se soumettre au *diktat* de la règle des princes de sa Genève natale), à propos de la condition humaine -et de ces rentes de situation en *servitudes volontaires* que diverses écoles de philosophie et de politique ont nommées : *Maîtres* et *Esclaves* ?

Avec cet aphorisme bien connu, qui reste d'une formidable sagacité et d'une stupéfiante pertinence, au vingt-et-unième siècle plus que jamais :

> (Rousseau) « *L'homme est né libre et partout il est dans les fers. Tel se croit le maître des autres, qui ne laisse pas d'être plus esclave qu'eux* ». [371]

NOTES DE FIN

1 Une transcription du discours intitulé *"Communist China and the Free World's Future, Speech, Michael R. Pompeo, Secretary of State, Yorba Linda, California, The Richard Nixon Presidential Library and Museum, July 23, 2020"* est disponible sur le site officiel du U.S. Department of State, le Ministère des Affaires Etrangères américain: www.state.gov/communist-china-and-the-free-worlds-future/, dernière consultation du 11 août 2020).

2 *Politico Magazine* du 18 juillet 2016 (*'How Trump Is Recycling Nixon's 'Law and Order' Playbook'*): « *Almost 50 years ago, Nixon used fear of crime to tap into a broad array of popular anxieties. Today, even with crime at all-time lows, Trump's trying the same*».

3 [Quakers] *La Vie* du 4 août 2016 *('Les Quakers : il était une foi(s) les trembleurs')*. Josiane Massard-Vincent, *Ecouter le silence quaker* (article), *in* : *Revue Anthropologie et Société*, volume 35, numéro 3, 2011, pp. 233-250 (www.erudit.org/fr/revues/as/2011-v35-n3-as5007734/1007864ar/, consulté le 10 août 2020).

[Iconique] cf. le site chinois Chi Zeng, Senior Website Division, intitulé *'Nixon's 1972 Visit to China-Compromise across a 23-year Ocean of Conflict'* (//www.chizeng.com/nixon/, *ibid.*); cf. aussi le site américain The National Security Archive, 'Nixon's trip to China, declassified records' (nsarchive2.gwu.edu/NSAEBB/NSAEBB106/, *ibid.*).

[One China] cf. le post *'Le principe d'une seule Chine et le problème de Taiwan'*, sur le site //french.peopledaily.com.cn/31966/47370/ 47371/ 3347839.html, *ibid.*).

[SALT I] *Federation of American Scientists, FAS-Weapons of Mass Destruction, Strategic Arms Limitation Talks / SALT I* (fas.org/nuke/control/salt1/intro.htm, *ibid.*).

4 Karl Jaspers, *Introduction à la Philosophie*, Plon 1995 [1959], p. 10.

5 La Préface du *Discours sur l'Origine et les Fondements de l'Inégalité parmi les Hommes* (*Inégalité*, 1755) commence avec une référence à la maxime delphique *'Connais-toi toi-même'* : « *La plus utile et la moins avancée de toutes les connaissances humaines me paraît être celle de l'homme, et j'ose dire que la seule inscription du Temple de Delphes contenait un Précepte plus important et plus difficile que tous les gros Livres des Moralistes* » (Flammarion 2008, *op.cit.*, p. 51).

6 Cf. Jean-Jacques Rousseau, *Inégalité* (1755), *Préface* et *Seconde Partie* ; la citation est de l'*Introduction* de Blaise Bachofen et Bruno Bernardi (Flammarion 2008, *op.cit.*, p. 12).

7 Titre d'un ouvrage de l'helléniste Gabriela Pironti.

8 Cf. Emile Bréhier, *Histoire de la Philosophie* (tome II), 1983 (1930-38), pp. 416-417. Jean-Jacques Rousseau, *Préface, Inégalité* (1755) (Flammarion 2008, *op.cit.*, p. 51) : dégrossir la '*statue de Glaucus*' est un mythe emprunté à Platon (*Rép.* X, 611b-d).

9 Du fugitif de Môtiers, solitaire sur *l'Ile Saint-Pierre*, exilé à l'étranger, sali par Voltaire (*Confessions*, I.VII [119-120]) et la rumeur publique, puis avec les honneurs au Panthéon.

10 Jean-Jacques Rousseau, *Lettres écrites de la Montagne*, I.IX [129], de 1763-1764, répondant aux *Lettres écrites de la Campagne* de 1763 du *Procureur Général de Genève*, après les condamnations de l'*Emile* et du *Contrat Social.*

11 [Dialectique] : « *1. Qui se rapporte au raisonnement dans sa structure et dans ses règles.* [...] *2. P. ext. Qui concerne l'art de raisonner et de convaincre dans un débat* » (CNRTL 2021). Platon, Aristote, Hegel et Marx ont chacun une *méthode dialectique*, qui sont antinomiques (cf. Paul Foulquié, *La Dialectique*, QSJ 363, PUF 1959, 4e éd.).

12 Aristote, *Topiques*, I.11 (104b1-5), I.1 (100a18). Le sujet des *Topiques* d'Aristote est de concevoir « *une méthode de discussion dialectique* [...] *un jeu à deux* ; <dans lequel> *le couple des partenaires incarne à la fois deux oppositions binaires -celles de l'affirmation et de la négation, celle de la victoire et de la défaite* » (Jacques Brunschwig, *Introduction* aux *Topiques, tome 1, Livres I-IV*, Belles Lettres 1967, pp. xxii-xxiv).

13 La citation est de Paul Foulquié, *La Dialectique* 1959, *op.cit.*, p. 22. Sur la dialectique aristotélicienne, cf. Michel Crubellier et Pierre Pellegrin, *Aristote - Le philosophe et les savoirs*, Seuil 2002, pp. 130-142 'La dialectique' : « [p. 130] *Il y a certainement de la part d'Aristote une volonté de rupture avec l'usage antérieur et notamment platonicien.* [p.132] *Pierre Aubenque* [...] *a développé l'idée qu'Aristote renouait avec une conception de la dialectique au moins proto-platonicienne et sans doute même préplatonicienne* [...] *<dans> les Topiques, Aristote en parle comme de la pratique d'un dialogue argumenté entre deux interlocuteurs.* [...] *Le problème* [...] *prend la forme canonique d'une interrogation disjonctive :* « *X EST-IL Y, OU NON ?* ».

14 [Pratique, Théorique] Cet emploi substantivé binaire de la pratique v la théorique est fréquent dans la philosophie de la *Scolastique (*en part. chez Thomas d'Aquin) : la *theōría* (*θεωρία*) est contemplation ou spéculation contemplative ; la *praktiká* (*πρακτικά*), action ou science pratique.

15 Platon, *Politique* (279e6-280a2).

16 Cf. Monique Dixsaut, *Métamorphoses de la dialectique dans les dialogues de Platon*, Vrin 2001.

17 Platon, *République* VII (531d).

18 [*Postuler*], première acception : « *oser explicitement une proposition qui ne fait pas l'objet d'une démonstration et demander qu'on l'admette* » (CNRTL 2019).

19 [*Dichotomie*] « *Méthode de division, de subdivision binaire* [...] *En partic., LOG. Division d'un concept en deux autres concepts qui sont généralement contraires et qui recouvrent toute l'extension du premier* » (CNRTL 2019).

Sur la méthode, cf. Monique Dixsaut, *Métamorphose de la dialectique dans les dialogues de Platon*, Vrin 2001, pp. 124-130 'Diviser et rassembler' ; notre *mode binaire (ET/ET)* suit l'analyse de Monique Dixsaut sur la dialectique du *Phèdre* (pp. 103-132) : « (p. 121) *Pour faire de la dialectique, il faut un véritable dialecticien,* [...] *un dialecticien philosophe <qui> non seulement décide de la méthode à employer, mais est aussi le seul à pouvoir l'appliquer adéquatement, son juste discernement ne relevant, lui, d'aucune méthode (comme le dira Kant, il y a les règles, et il y a l'application des règles, mais il n'y a pas de règles d'application des règles)* ».

20 -Aristote, *Catégories* X.

-Une *balance Roberval* : instrument à deux plateaux, au *centre* de gravité juste au-dessous du pivot central. Sur la balance divine : *Hymne homérique à Hermès*, v. 324.

21 -Le mot grec [dikè] (*δίκη*) signifie : « *Règle, d'où :* I. *Usage, manière d'être ou d'agir ;* II. *Ce qui sert de règle : droit, justice, justesse ;* III. *Action judiciaire, procès, débats, jugement, peine* ». Quant à l'adjectif [díkaios] (*δίκαιος*), il signifie : « I. *Conforme au droit :* [1]*observateur de la règle* [2]*(en parlant d'actions) juste, honnête, convenable ;* II. *Conforme à la règle :* [1]*régulier* [2]*propre (à)* [3]*bien proportionné, bien équilibré ;* III. [1]*avoir le droit de* [...] [2]*être digne de* [...] [3]*avoir le devoir de* [...] » (Grand Bailly 1950).

-Ce thème dichotomique des *droits* et des *devoirs* a été largement repris, p. ex. par GWF Hegel (cf. p.ex. *Principes de la Philosophie du Droit*, §299), chez qui le *'zu geniessen'* (*droit* citoyen) est le pendant (*zwei Seiten*) du *'zu leisten haben'* (*devoir* citoyen).

22 Jean-Jacques Rousseau, *Inégalité* (1755), *Seconde Partie* (Flammarion 2008, *op.cit.*, p. 127).

23 Les définitions sont tirées du CNRTL (*Centre National de Ressources Textuelles et Lexicales*), version 2018-2019.

24 Montesquieu, *Esprit des Lois*, Livre I, Chapitre III : « *Je n'ai point séparé les lois 'politiques' des 'civiles'. Car comme je ne traite point des lois, mais de l'esprit des lois ; et que cet esprit consiste dans les divers rapports que les lois peuvent avoir avec les diverses choses,* [...] ». Cf. l'*Introduction* de Victor Goldschmidt, *in* : Montesquieu, *De l'Esprit des Lois I*, Garnier-Flammarion 1979, pp. 33-34 : « *L'idée directrice <de l'Esprit des Lois> n'est pas celle de causalité, mais celle, bien plus subtile, de 'convenance', et le terme employé* [...] *est celui de rapport ou de relation.* [...] *Montesquieu, en reliant les lois des nations à celles de la nature, fait voir que, 'dans ce rapport', même les lois de la nature n'ont pas une inflexibilité que ne puisse vaincre le génie du législateur* ».

25 Aristote, *Catégories* VII.

26 [Acte/Puissance] Aristote, *Physique* I.8 (191b26-34), II.2 (201b31-33), *Métaphysique* Θ.6 (1048a25-1048b35).

27 Aristote, *Catégories* II (1a20-1b9), *Catégories* V (2a19-27).

28 [*Postuler*] (seconde acception) « *Admettre à titre d'hypothèse dans une recherche, une théorie* » (CNRTL 2019).

29 Emile Durkheim, *Les règles de la méthode sociologique*, PUF Quadrige 1981 [1937] (20e éd.) : « *Est 'fait social' toute manière de faire, fixée ou non, susceptible d'exercer sur l'individu une contrainte extérieure ;* [...] *qui est générale ans l'étendue d'une société donnée tout en ayant une existence propre, indépendante des manifestations individuelles* ».

30 Les *faits sociaux* dont il s'agira ici font l'objet d'une observation de terrain d'un ouvrage de la présente série : cf. Chap. 2, Vol. 1, *Quelle Morale pour la Règle au XXIème siècle*, Schulthess 2020 ; cf. *Les Faits du droit*, Rockdale 2021 (éd. numérique) ; cf. *Les Labyrinthes du droit*, Rockdale 2022 (éd. papier, sous presse).

31 [*Phénoménologie*] « *Méthode qui propose un retour aux choses mêmes, à leur signification, en s'en tenant non aux mots, mais aux actes où se dévoile leur présence* » (CNRTL 2019).

32 [UE] Cf. p.ex. le '*Livre blanc sur la gouvernance*', communication de la *Commission des Communautés européennes* du 25 juillet 2001, intitulée '*Gouvernance européenne - Un livre blanc*' [COM (2001) 428 final, Journal officiel C 287/1 du 12.10.2001].

33 Il s'agit alors de l'*ordre* et de la *règle juste* et *morale*. Saint Augustin, *La Cité de Dieu*, Livre XV.5 (trad. libre) : « *Les frères <Romulus et Remus> étaient tous deux citoyens de la Cité terrestre, tous deux prétendaient à être fondateurs de Rome. Or à deux, ils ne pouvaient avoir autant de gloire que seul ; car une puissance partagée est toujours amoindrie. Ici, l'un d'eux veut se l'attribuer en totalité : il supprime son compétiteur, accroissant par son crime un empire qui sinon aurait été moins grand, mais plus juste* ».

34 Benoît Bovay, *Procédure administrative*, Stämpfli 2015 (2e éd), pp. 69-70.

35 En référence à Aristote, dans les faits, il s'agit bien d'un changement (*μεταβολή*) qui a mené à une *altération* dans la *nature* du système (*ἀλλοίωσις κάθ ' οὐσίαν*) dans un mouvement (*κίνησις*) de *corruption* (*φθορά*) au sens du : *-De Generatione et Corruptione* I.1 (314a) (altération) ; *-Physique* III.1 (200b25-201b15) (mouvement) ; *-Métaphysique* Z.4 (1029b12-1030b14) (substance), *Métaphysique* Θ.1 (1045b27-1052a12) (puissance et actualisation).

36 Conférence du 29 décembre 1972 à *l'American Association for the Advancement of Science* intitulée « *Predictability: Does the Flap of a Butterfly's Wings in Brazil Set off a Tornado in Texas?* », *in*: *Revue Alliage*, no 22 de 1995, pp. 42-45.

37 Francis Fukuyama, *The End of History and the Last Man*, Free Press 1992. Paul Kennedy, *The Rise and Fall of the Great Powers*, Random House 1987. Immanuel Kant, *Zum ewigen Frieden* (1795), art. III : « [...] *On est arrivé au point où toute atteinte au droit en un seul lieu de la terre est ressentie en tous* » (trad. Proust-Poirier, *in* : Kant, *Vers la Paix perpétuelle*, Gallimard 2006, p. 96).

38 Johann W Goethe, *Der Zauberlehrling* (1797): *« Stehe! stehe! Denn wir haben Deiner Gaben Voll gemessen! - Ach, ich merk' es! Wehe ! Wehe ! Hab' ich doch das Wort vergessen ! »*.

39 Vladimir Jankélévitch, *La musique et l'ineffable*, Seuil 1983, p. 25 : « *Concluons que la musique n'est pas au-dessus des lois, ni exempte des limitations et des servitudes inhérentes à la condition humaine, et que, si l'éthique de la musique est un mirage verbal, la métaphysique de la musique est bien près d'être une figure de rhétorique* ».

40 -[*Jouer*] [1]*N'en faire aucun cas, s'en moquer ;* [2]*refuser d'y accorder de l'importance ;* [3]*manipuler avec habileté les choses de l'esprit et du langage ;* [4]*se livrer, avec une ou plusieurs autres personnes, à un jeu où l'on peut perdre ou gagner ;* [5]*tirer parti de* (CNRTL 2019). Sur la sémantique du *jeu des lois (Carbonnier)*, François Ost & Michel Van de Kerchove, *in* : *Le droit ou les paradoxes du jeu*, PUF 1992, pp. 24-40 'Pour une appréhension dialectique du jeu' (la citation est en p. 24).

-[*Fausser*] A. *Fausser qqch. Manquer à ses engagements ;* B. *Rendre faux qqch :* [1][*Du point de vue de la vérité, de l'authenticité*] [a] *déformer la vérité, l'exactitude, interpréter faussement,* [b-]*falsifier ;* [2][*Du point de vue d'une norme, de la justesse*] [a-](*abstrait*) *faire perdre à une chose son aspect, son caractère normal, la rendre contraire à ce qu'elle doit être, (spécialement) 'fausser une note', 'fausser un instrument' ;* [b](*concret*) *empêcher son fonctionnement, déformer, tordre* (CNRTL 2018). ./.

-[Note] *Signe graphique indiquant la hauteur du son, sa forme, sa durée, son correspondant. (Par analogie) Ton qui tranche parmi les autres tons, détail remarquable qui souligne l'harmonie d'un ensemble ; Marque d'appréciation ; Façon d'agir. Être, rester dans la note : être, rester en harmonie avec qqch. Donner la note : donner le modèle à imiter* (CNRTL 2018).

41 -[Rythme] *(Musique) Ordre et proportion des durées, longues ou brèves, dont l'organisation est rendue sensible par la périodicité des accents faibles ou forts.*

42 -[Mélodie] *Suite de sons ordonnés selon les lois du rythme et de la modulation d'où résulte un air agréable à entendre ; par métonymie : composition musicale formée de plusieurs phrases ayant ce caractère.*

-[Harmonie] [1]*Cohérence, ajustement, accord de sons entre eux ;* [2]*Rapport d'adéquation, relation de convenance existant entre les éléments de l'univers, entre les personnes et les groupes de personnes entre elles ; effet qui en découle.*

43 -[Accord] *Union ou convenance avec ou entre des personnes* [...] *des choses ou des mouvements ; phénomène d'harmonie phonique.* (*Syntaxe d'accord*) *Ensemble des règles régissant l'accord grammatical* (CNRTL 2018). Sur le rapport entre le langage et la musique en politique, cf. Aristote, *Politique* VIII.5-7 (éducation par la musique dans l'Etat idéal) ; cf. Jean-Jacques Rousseau, *Essai sur l'origine des langues* (Flammarion 1993), §XIII (*De la mélodie*), §XIV (*De l'harmonie*), §XV (*Que nos plus vives sensations agissent souvent par des impressions morales*), §XIX (*Comment la musique a dégénéré*) et §XX (*Rapport des langues aux gouvernements*) : *Il y a des langues favorables à la liberté, ce sont les langues sonores, prosodiques, harmonieuses dont on distingue le discours de fort loin. Les nôtres sont faites pour le bourdonnement des divans. Nos prédicateurs se tourmentent* [...], *sans qu'on <ne> sache rien de ce qu'ils ont dit.* [...] *Or je dis que toute langue avec laquelle on ne peut pas se faire entendre au peuple assemblé est une langue servile ; il est impossible qu'un peuple demeure libre et qu'il parle cette langue-là* (p. 126).

-[Harmonisations] *(Au figuré) Action de mettre en équilibre, de coordonner, de rendre harmonieux (en particulier) action d'orienter les lois, les règlements et les normes vers un objectif commun* (CNRTL 2018).

-On trouve la même métonymie chez Platon, *Les Lois* II.665a1-4 (Belles Lettres 1951, p. 55, trad. Des Places) : « *L'ordre du mouvement s'appelait rythme ; celui de la voix, quand le grave et l'aigu se mêlent, portait le nom d'harmonie, et l'ensemble se nommait chorée.* [...] *Les dieux nous avaient donné pour* [...] *diriger nos chœurs Apollon et les Muses et aussi* [...] *Dionysos.*

44 A cet égard, cf. Jean-Jacques Rousseau, *Lettres écrites de la Montagne* I.9 [129] (*Introduction*, §3).

45 Immanuel Kant, *Le Conflit des facultés* (*Conflit de la faculté de philosophie avec la faculté de droit*) de 1798, *in : Opuscules sur l'histoire*, Flammarion 1990 : l'harmonie des deux facultés crée le progrès dans l'*ordre*. Même sans le vouloir ? Cf. Hannah Arendt, *Juger – Sur la philosophie politique de Kant*, Seuil 1991 [1982] : *« Kant, comme tant d'autres après lui, a substitué à une philosophie politique une philosophie de l'histoire* [...] *qui fait partie de la nature. Son sujet est l'espèce humaine entendu comme élément de la création* » (p. 23).

46 Qui évolue de la 'pensée mythique' (*mūthos*) à la 'pensée rationnelle' (*lógos*) ? : c'est la thèse de l'helléniste Jean-Pierre Vernant (p.ex. -*'Du mythe à la raison. La formation de la pensée positive dans la Grèce archaïque', in : Mythe* et *Pensée chez les Grecs II*, Maspero 1980, pp. 95-124 ; -*'Raison, Rationalités grecques', in : Entre Mythe et Politique*, Seuil 199, pp. 229-273 ; -*'Raisons du mythe'* , *in* : *Mythe et Société en Grèce ancienne*, La Découverte 2004 (1974), pp. 195-250 ([p. 203] : « *L'opposition du muthos et du logos sur les doubles formes d'expression et des modes de pensée, en recouvre d'autres qui se dessinent au sein même des traditions religieuses, dans la sphère du mythe* ».

47 Marcel Detienne, *Les Maîtres de vérité dans la Grèce archaïque*, LP 611, LGF 2006. Laurent Pernot, *La Rhétorique dans l'Antiquité*, LP 553, LGF 2000. Jacqueline de Romilly, *Les grands Sophistes dans l'Athènes de Périclès*, LP 479, De Fallois 1988. Léon Robin, *La Pensée grecque et les Origines de l'Esprit scientifique*, Albin Michel 1973 [1923], pp. 157-176 'Eclectisme et Sophistique. E.R. Dodds, *Les Grecs et l'Irrationnel*, Champs Flammarion 1977 [1959], pp. 179-204 'Rationalisme et réaction à l'époque classique'. Olivier Reboul, *Introduction à la rhétorique*, PUF 2017 (4e tirage), pp. 13-54.

48 Bible, *Genèse* 2.18 (*οὐ καλὸν εἶναι τὸν ἄνθρωπον μόνον· ποιήσωμεν αὐτῷ βοηθὸν κατ αὐτόν*).

49 Aristote, *Politique* I, en part. I.2 (1252a24-1253a6) intitulé 'Origine de la famille, du village, de la cité', dans la version Belles Lettres 1991 (trad. Aubonnet).

50 Aristote, *Politique* I.2 (1253a). *Ethique à Eudème* VII.10 (1242a).

51 L'explication du *centre*, du *soi* et des *cercles* grecs dépasse notre cadre : cf. Jean-Pierre Vernant, *L'individu, la mort, l'amour. Soi-même et l'autre en Grèce ancienne*, Gallimard 1989, en part. pp. 210-232 'L'individu dans la cité'.

52 Cf. Aristote, *Politique* I.2 (1252b29-1253a5) : « *La communauté née de plusieurs villages est la cité, parfaite,* [...] *atteignant désormais* [...] *le niveau de l'autarcie complète : se formant pour permettre de 'bien vivre', elle existe pour permettre de 'vivre bien'. C'est pourquoi toute cité existe par nature, tout comme les premières communautés : elle est en effet leur fin.* [...] *La cause finale et la fin, c'est ce qu'il y a de meilleur ; or se suffire à soi-même (l'autarcie) est à la fois une fin et ce qu'il y a de meilleur* » (trad. Aubonnet). Sur les notions d'acte et de *puissance* en Grèce antique, cf. en part. Aristote, *Physique* I & II.

53 Richard Leakey et Roger Lewin, *Les origines de l'homme*, Flammarion 1985 [1977], pp. 249-266 'Perspective de l'humanité' : « [p.255] *Au cours des derniers stades de l'évolution, c'est-à-dire depuis 3 millions d'années environ- il est un schéma de comportement social qui prit de l'importance. Nous pouvons admettre que les forces de sélection naturelle l'ont protégé en l'enfouissant au tréfonds du cerveau humain : c'est* l'esprit de coopération. *Les primates, surtout les primates supérieurs, sont des animaux sociaux. Ils vivent en groupe et s'engagent dans des relations sociales complexes.* [...] *A l'encontre des autres primates, nous incorporons le comportement social à des schémas de subsistance. L'essentiel de l'évolution humaine fut de centrer le groupe social sur une économie de partage* ».

54 Le psychanalyste Sigmund Freud a analysé *le lien social* à sa manière, dans plusieurs ouvrages : *-Totem et tabou* (1912), *-Malaise dans la civilisation* (1930), *-Moïse et le monothéisme* (1939), qui ont été très critiqués : cf. p. ex. Eugène Enriquez, *De la horde à l'état - Essai de psychanalyse du lien social*, Gallimard 1983, en part. pp. 39-273 'Freud et le lien social'.

55 La formation de la cité ('*polis*') aurait été progressivement réalisée autour du *sacré* d'actes cultuels communs : Fustel de Coulanges, *La Cité antique*, Flammarion 1984, en part. pp. 143-154 'La cité se forme' (« [p. 143] *La tribu, comme la famille et la phratrie, était constituée pour être un corps indépendant, puisqu'elle avait un culte spécial dont l'étranger était exclu.* [...] *Ainsi la société humaine* [...] *n'a pas grandi à la façon d'un cercle qui s'élargirait. Ce sont au contraire de petits groupes qui, constitués longtemps à l'avance, se sont agrégés les uns aux autres. Plusieurs familles ont formé la phratrie, plusieurs phratries la tribu, plusieurs tribus la cité* »).

56 Platon, *Lysis*. Aristote, *Ethique à Nicomaque*, *Ethique à Eudème*.

57 L'Etat fort de Thomas Hobbes, *Léviathan* (1651), est critiqué par Jean-Jacques Rousseau dans son *Discours sur l'origine et les fondements de l'inégalité parmi les hommes* (1755), puis justifié dans *Du Contrat Social* (1762). Platon (*Lois*, III) expose une version du mythe du 'bon sauvage'. Dans son ouvrage intitulé *La Dissociété* (Seuil 2006-2011), l'économiste Jacques Généreux procède à une revue socio-économique des différentes doctrines de coopération collective.

58 Aristote, *Politique* I.2 (1253a) : « *La cité est au nombre des réalités qui existent naturellement* ».

59 Pour Platon, nonobstant l'ordre naturel ('*kósmos*') dans lequel il inscrit le *sensible*, l'homme est seul responsable de la *Constitution* de la Cité : Platon, *Lois* III (676a-ss) (*origine des constitutions*) et Platon, *République* V (471d-475e) (*réalisation de la cité*) -ce point étant essentiel dans la *philosophie politique* de Platon. Selon Karl Popper (*La Société ouverte et ses ennemis*, tome 1, Seuil 1979 [1962]), ce « *programme politique* [...] *est parfaitement totalitaire* » (p. 195), Platon s'étant évertué dans ses *Dialogues*, selon Karl Popper, à prêcher le retour d'Athènes à une « *société close, magique et tribale* » (p. 199), en luttant contre les changements politiques de la cité vers plus d'ouverture dans le « *développement du commerce et des communications maritimes* » (p. 203) : « *Peut-on sérieusement contester que Platon ait été un homme de parti et un politicien totalitaire ? Pour avoir échoué dans l'immédiat, sa croisade pour la destruction de la société <ouverte> qu'il abhorrait n'a, en définitive, que trop bien réussi* » (p. 196).

60 Ce qui suit est explicité par un des fondateurs de l'*Anthropologie sociale*, Claude Lévi-Strauss, en particulier à propos du *Discours* de Jean-Jacques Rousseau ('*Jean-Jacques Rousseau, Fondateur des Sciences de l'Homme*', *in : Anthropologie Structurale Deux*, Plon 1996 [1973], pp. 45-75).

61 Gilbert Murray, *Five stages of Greek religion*, Watts & Co. 1935. Gustave Glotz, *La cité grecque*, Albin Michel 1968, pp. 9-41 'Formation de la cité'. Fustel de Coulanges, *La cité antique*, Hachette 1912 (« *Introduction : de la nécessité d'étudier les plus vieilles croyances des anciens pour connaître leurs institutions* »), pp. 1-130, en part. chapitre IX pp. 103-110 'L'antique morale de la famille'. Claude Lévi-Strauss, *Anthropologie Structurale*, tome 1, Agora Pocket 7, Plon 1974 [1958] et *Anthropologie Deux* 1996 [1973], *op.cit*. Cf. GWF Hegel, *Principes de la Philosophie du droit*, §211 : « *Les lois en vigueur dans une nation ne perdent pas la propriété d'être coutumes parce qu'elles sont écrites et codifiées* » (Gallimard 1940, p. 221, trad. Kaan).

62 François Ost et Michel Van de Kerchove, *Le droit ou les paradoxes du jeu* 1992, *op.cit.*, pp. 10-11.

63 Immanuel Kant en fait « *un jeu de onze quilles* » ; et il oppose le « *politique pratique, hommes en général et chefs d'Etat en particulier* » au « *politique théorique, philosophes* » (*in : Vers la Paix perpétuelle* 2006, *op.cit.*, p. 76).

64 Aristote, dont les réflexions socio-politiques et naturelles doivent, selon nous, être considérées comme le reflet dans un rétroviseur : les vies de Platon (428-347 av. J.-C.) et d'Aristote (384-322 av. J.-C.), ainsi que les évènements politiques de la cité d'Athènes, obéissent à une *chronologie* ; et contrairement à Platon, dont la vie se situe au début du mouvement d'ouverture politique de la cité d'Athènes, celle d'Aristote est à un moment différent, qui est le début de la construction des empires (avec Alexandre Le Grand, 356-323 av. J.-C., son élève), ce que sa philosophie (en particulier sa *Philosophie politique* ou sa *Philosophie naturelle*), alors déjà dépassée pour son époque, ne reflète aucunement.

65 [*Cosmos*] (*κόσμος*) « I. *Ordre, d'où :* [1]*bon ordre* [2]*bienséance* [3]*discipline* [4]*organisation, construction ;* II. *Régulateur, magistrat suprême ;* III. *Ordre (univers)* [...] IV. *Parure, ornement* » (*Grand Bailly* 1950).

66 « *La 'polis' a concentré presque toutes les aspirations de l'esprit grec* » (Gilbert Murray, *Five stages of Greek religion*, Watts & Co 1935, p. 80). Gustave Glotz, *La cité grecque*, Albin Michel 1968, en part. pp. 241-270 'La justice'. Louis Gernet, *Droit et institutions en Grèce antique*, Champs 106, Flammarion 1982. Marcel Detienne, *Les Grecs et nous*, Perrin 2005 pp. 143-174 'des comparables sur les balcons du politique'. Moses I Finley, *Démocratie antique et Démocratie moderne*, PBP 271, Payot 1972 [1973]. Le mouvement de regroupement des tribus (la '*société close*' de Karl Popper) en cités se continua avec le mouvement d'ouverture des cités (la '*société ouverte*' de Karl Popper), puis dans la dissolution des cités dans l'empire panhellénique d'Alexandre le Grand, puis dans celui de Rome.

67 Platon, *Lois* I (644d-645c ; 804b) : « [...] *<dansant pour les dieux, leur offrant leurs jeux>* [...] *ce faisant, ils mèneront une vie conforme à leur nature, puisqu'ils ne sont pour l'essentiel que des marionnettes, même s'il leur arrive d'avoir part à la vérité* [...] ».

68 Respectivement : Platon (*Timée, République*) ; Aristote (*Métaphysique* Λ 1072a25) ; Plotin (*Ennéades* VI 9.5) ; Pythagore. Cf. André-Jean Festugière, *Epicure et ses dieux*, Quadrige PUF 1946, pp. 1-12 'Le fait religieux au seuil de l'ère hellénistique'.

69 Cf. Platon, *Lois* X ; *Sophiste* (265c-ss). Pierre Hadot, *Le voile d'Isis*, Folio Essais 502, Gallimard 2004.

70 Peut-être un jeu de mots ? ; qui est peu relevé par les commentateurs (Martin Heidegger le note) : -Créon (*Κρέων*), -royal (*κρέων*), -maître (de *κρείων*) ; -il faut (de *χρεώ*, *χρῆ*) ; -qui a une créance (de *χρέος*) ; -proclamé (de *χράω*).

71 Sophocle, *Antigone*, vv. 450ss. Dépouille, vv. 205-206.

72 Louis Gernet, *Introduction*, p. cciii 'Le droit platonicien', *in : Les Lois*, Tome XI-1, *Les Belles Lettres* 1992 (4e éd.)

73 Au sens de « [*Naturalisme*] *doctrine, système qui considère la nature comme principe fondamental* » (CNRTL 2019), la *Nature* étant un *idéal* (« *ce qui représente la perfection pour quelqu'un dans ce domaine* »), au sein de sa philosophie *idéaliste* (« *qui ramène l'existence à l'idée, à la pensée considérée en particulier ou en général* »).

74 Platon, *Les Lois* (716c), traduction Des Places, Tome XI-2, *Les Belles Lettres* 1951.

75 -[*Matérialisme*] « *Doctrine qui, rejetant l'existence d'un principe spirituel, ramène toute réalité à la matière et à ses modifications* » (CNRTL 2019.

-[*Positivisme*] « [1]*Doctrine qui rejette l'existence d'un droit naturel et n'admet que le droit positif ;* [2]*Doctrine qui qui se caractérise par le refus de toute spéculation métaphysique et l'idée que seuls les faits d'expérience et leurs relations peuvent être objets de connaissance certaine* » (CNRTL 2019).

76 Protagoras d'Abdère (Ve siècle av. J.-C.), Jean-François Pradeau (dir.), *Les Sophistes*, GF 1338, Gallimard 2009, pp. 45-90.

77 Platon, *Théétète* (151e8-152c3, 161c2-d2, 166d1-8, 167b1-d4). Platon, *Cratyle* (385e6-386a3). Platon, *Lois* IV (716c).

78 Jacqueline De Romilly, *Les grands Sophistes* 1988, *op.cit.*, pp. 152-153.

79 Platon, *Théétète* (161c2-d2).

80 Jacqueline De Romilly, *Les grands Sophistes* 1988, *op.cit.*, p. 153.

81 Ce que nous avons appelé le '*Sein Kampf mit Recht*' dans l'*Introduction* de cet ouvrage (cf. volume 1 de l'édition 2020).

82 Platon, *République* (327a-621d).

83 Platon, *Premier Alcibiade* (en part. 124b-c, 128a-135e).

84 Platon, *Lettre VII*, *Apologie de Socrate*, *Criton*.

85 Dans son ouvrage *La Société ouverte* (tome 1, 1979 [1962], *op.cit.*) le philosophe politique Karl Popper proposa la théorie que Platon était un fervent partisan du retour à la *société close*,

./.

c'est-à-dire à un tribalisme fondé sur le droit naturel qui permettait de justifier, par la 'divinité-mesure', *que justice veut dire inégalité, et que la collectivité prime l'individu* (p. 225 et Note no 56, pp. 333-336). Selon Popper, Platon aurait trahi volontairement son maître-à-penser (Socrate) et se serait servi de la philosophie socratique pour sa propre propagande politique, qui était, selon Popper, radicalement contraire à l'enseignement socratique : ainsi Platon, « [225] *secrètement, savait qu'il travestissait la pensée de son maître* ; [226] *dans le champ du raisonnement logique, <il s'agissait d'une> lutte menée à travers le retournement de l'argument humaniste de Socrate contre ses propres assises* ; [229] *en ennemi de la justice, <Platon> n'en parvint pas moins à convaincre des hommes intègres qu'il était son défenseur ; en faisant de Socrate son héros, il persuada les autres qu'il combattait aussi pour la liberté de pensée* ; [...] *il est le premier à avoir utilisé la technique qui consiste à faire appel aux sentiments humains et à la morale à des fins qui en sont précisément la négation* ». La théorie de Popper a fait long feu et a rapidement rejoint les plus obscures oubliettes de la philosophie libérale.

86 Platon, *Les Lois*, 890d (*savoir-faire* traduisant *l'art de la technique*, *τέχνη*).

87 Platon, *ditto*, 624a-969d.

88 Bible, *Matthieu* 16.18.

89 Platon, *Les Lois*, 639b et 640a. Sur l'origine sociale des lois, et sur une sorte de Contrat Social originel, cf. Platon, *Gorgias* 483b, *Les Lois* X.889e, et *République* II.358e (Glaucon).

90 Platon, *Les Lois*, 715d.

91 Platon, *ditto*, 715c.

92 Platon, *ditto*, 719d-e.

93 D'un avis concordant pour *Les Lois*, Karl Popper (*op.cit.*) estime (à juste titre si l'on admet sa thèse de la trahison de Socrate) que *le totalitarisme* de Platon transparait également dans *La République* (pour lui, l'ordre véritablement prôné par Platon n'offre aucune *liberté*). Moins partisane, Jacqueline de Romilly (*La Grèce antique à la découverte de la liberté*, Editions De Fallois 1989) décrit, à l'aide d'un dialogue entre l'ex-roi de Sparte et le roi de Perse de Hérodote (qui figure dans Hérodote, *Les Enquêtes*, VII.103) : « (p. 39) [...] *La prise de conscience de la liberté politique commence au début du Ve siècle*. [...] (p. 40) *Dans ce texte lumineux, d'abord une constatation de fait : les barbares obéissent à un maître et les Grecs, eux, sont tous 'libres'*. [...]

./.

(p. 41) *Or <Démarate, ex-roi de Sparte> dit <à Xerxès, roi de Perse> : "Ils sont libres, certes, mais pas en tout ; car ils ont un maître, la loi, qu'ils craignent bien plus encore que tes sujets ne te craignent <ô Xerxès> : assurément ils exécutent tous ses ordres ; or ce maître leur donne toujours le même : il ne leur permet pas de reculer devant l'ennemi".* [...] *Le 'nomos', roi ou maître, la loi, reine -l'expression se retrouvera souvent dans la pensée grecque.* [...] *La loi est le complément de la liberté grecque, et ce qui fait sa force* ».

94 Sur le tripartisme cosmique, psychologique et civique, cf. p. ex. le chapitre V. 'Justice de la cité, Justice de l'âme' de l'*Introduction* de Georges Leroux à Platon, *La République* (Flammarion 2004, pp. 55-63).

95 *Les Lois* VII, 822e-823a (cf. trad. Diès, XII-1, Belles Lettres 1956, p. 62).

96 -[Liberté, lois] Cf. Hérodote, *Les Enquêtes*, VII.103, *op.cit.* : « *Ils sont libres, certes, mais pas en tout ; car ils ont un maître, la loi, qu'ils craignent bien plus encore que tes sujets ne te craignent <ô Xerxès> : assurément ils exécutent tous ses ordres* ». Cf. Jacqueline de Romilly, *Liberté* 1989, *op.cit.* : « *La loi est le complément de la liberté grecque, et ce qui fait sa force* ».

-[Liberté, limites] Cf. Montesquieu, *De l'esprit des lois*, Livre XII.2 : « *La liberté philosophique consiste dans l'exercice de sa volonté, ou du moins* [...] *dans l'opinion où l'on est que l'on exerce sa volonté. La liberté politique consiste dans la sûreté, ou du moins dans l'opinion que l'on a de sa sûreté. Cette sûreté n'est jamais plus attaquée que dans les accusations publiques ou privées. C'est donc de la bonté des lois criminelles que dépend principalement la liberté du citoyen* ». Cf. les concepts du philosophe politique Isaiah Berlin dénommés *'liberté positive'* (le pouvoir d'être son propre maître : liberté personnelle, privée) et de *'liberté négative'* (le pouvoir de faire sans entrave : liberté sociétale, publique) qu'il a développés dans *Four Essays on Liberty*, Oxford University Press 1969 ; et *Liberty*, Oxford University Press 2002 : « *L'espace de liberté de chacun devait être limité par la loi. Toutefois, les penseurs notamment libéraux (Locke, Mill en Grande-Bretagne, Constant, Tocqueville en France) estimaient qu'il devait y avoir un périmètre minimum de liberté individuelle, et que celui-ci ne devait en aucun cas être violé. Sans quoi, l'individu ne pourrait pas jouir de ses facultés naturelles qui, seules, lui permettaient de poursuivre, même de concevoir, les finalités qui sont tenues pour bonnes, justes, ou sacrées. Une frontière devait donc être tracée entre le domaine de la vie privée et celui de l'autorité publique* ».

./.

-[Ordre naturel] Nous soutenons que cette *architectonique cosmique* est le véritable sujet du *Lysis* de Platon, dans lequel le philosophe analyse les *relations sociales* (dénommées *'philia'*) sous un angle autant psychologique que cosmologique.

97 Platon, *Gorgias*, 507e-508a (trad. Canto-Sperber, Flammarion 2007, p. 274, légèrement modifiée).

98 Léo Strauss, *Droit naturel et histoire*, Champs Essais 824, Flammarion 1986 [1954] distingue 'droit naturel à l'origine' (pp. 83-114), 'droit naturel classique' (pp. 115-151) et 'droit naturel moderne' (pp. 152-279).

99 André-Jean Festugière, *Epicure et ses dieux*, PUF Quadrige 1946, pp. 5 & 9.

100 Le dialogue de Cicéron, *De la Nature des Dieux* (*The Nature of the Gods*, Oxford University Press 2008) passe en revue toutes les opinions philosophiques à l'égard des dieux (Livre I) ; il y discute avec ses interlocuteurs (l'académicien Cotta, le stoïque Balbus et l'épicurien Velleius) les positions du *Stoïcisme* (Livres II-III) et de l'*Epicurisme* (Livre I.B).

101 Emile Bréhier, *Histoire de la Philosophie*, tome 1, PUF Quadrige 1983 (2e éd.) [1931/1938], p. 254 'Ancien stoïcisme'.

102 (*i*) La *théologie* chrétienne remplace par *'Dieu'* le concept philosophique grec de *'Nature'* (pour le *'vrai'* en *Métaphysique*, le *'bien/bon'* en *Ethique* et le *'beau'* en *Esthétique*). Cf. GWF Hegel, *Positivité de la religion chrétienne* (*Frühe Schriften* 1795-1796, Suhrkamp 2017, *Werke* 1, pp. 104-229), en part. *'Unterschied zwischen griechischer Pantasie- u. christlicher positiver Religion'* (pp. 202-215).

(*ii*) Sur la *Scolastique*, cf. GWF Hegel, *Vorlesungen über die Geschichte der Philosophie* II (Suhrkamp 2017, *Werke* 19, pp. 524-600). Emile Bréhier, *Histoire de la Philosophie,* t.1, 1983 [1931/1938], *op.cit.*, pp. 473-479 'La raison et la foi'.

103 Boutade prêtée au physiocrate François Quesnay (1694-1774), citée *in* : Jean Touchard, *Histoire des Idées Politiques*, t.2, PUF 1981 (8e éd.) [1959], p. 412.

104 Respectivement: *The Fable of the Bees: or, Private Vices, Publick Benefits* de 1714; *The Theory of Moral Sentiments* de 1759; et *Utilitarism* de 1863.

105 A cet égard, noter la virulente critique de Michel Villey sur la *Doctrine du droit* de Immanuel Kant (Vrin 2011, première préface, pp. 7-36) : « [pp. 29-30] [...] *Ainsi l'itinéraire de Kant débouche dans le positivisme juridique* [...] *ici encore puis-je accepter la Doctrine de Kant ? à notre avis elle souffre encore du même vice fondamental, cette optique subjectiviste qui paraît si mal conduire à la compréhension du droit. C'est la même malheureuse notion*

./.

étriquée du droit subjectif qui survit ici, transférée par l'individu physique qui en était titulaire [...] à la personne morale publique, 'volonté générale' du peuple ou [...] du prince ».

106 Le 'délire poétique' est inspiré par les Muses, cf. Platon, *Ion*.

Sur le 'délire rituel', cf. Platon, *Phèdre*. Quant aux 'danses bacchiques', cf. Platon, *Les Lois* (815c-d, 790e). Cf. E.R. Dodds, *Les Grecs et l'Irrationnel*, Champs-Flammarion 1977 [1959].

107 Technique des *surréalistes*, tel que le fut André Breton (*Manifeste du Surréalisme*, 1924).

108 Cf. Serge G. Fafalen, *Quelle Morale pour la Règle au XXIe siècle, Vol. 1 Les Labyrinthes du droit*, Schulthess 2021 (deuxième volume, nouvelle série, édition Rockdale 2022 [sous presse]), en part. le §2 du Chapitre 2, intitulé 'Règle des Idéologies', traitant du sort de la règle dans la période soviétique et post-soviétique, notamment au sein de la criminalité organisée.

109 Allan Bullock, *Hitler and Stalin. Parallel Lives*, First Vintage Books 1991, en part. pp. 687ss *'Hitler's New Order'* et pp. 889ss *'Stalin's New Order'*.

110 [Validité] « *Caractère de ce qui est fondé en droit ; la qualité d'un acte qui n'est entaché d'aucune cause de nullité* ».

[Valeur] « [1]*Qualité, [...] qui rend digne d'estime* (personne ou chose) ; [2]*Qualité objective correspondant à un effet souhaité, à un but donné, efficacité, validité d'une chose ;* [3]*Caractère, qualité de ce qui est désiré, estimé parce que donné et jugé comme objectivement désirable ou estimable ;* [4]*Durée relative d'une note de musique* » (CNRTL 2018).

111 Cf. la *Constitution* de la République Populaire de Chine de 1982 [2004] (mjp.univ-perp.fr/constit/cn1982.htm) ; et les différentes informations disponibles sur le site : french.china.org.cn/china/archives/etatstructure/node_2060550.htm. Sites consultés le 22 juillet 2020.

Pour un avis américanisé, cf. Francis Fukuyama, *Political Order and Political Decay*, Profile Books 2015, pp. 354-369 *'The struggle for law in China'* : « [p. 369] *La création d'un Etat de droit qui limiterait l'autorité politique en Chine est encore en cours de progrès. Un précédent pour l'étendre la règle de droit a été établi nonobstant, et une plus grande adhésion à la Constitution chinoise est un pas vers de futures réformes* » ; et pp. 370-385 *'The Reinvention of the Chinese State'* : « [p. 374] *Le gouvernement chinois contemporain est centralisé, massif et extraordinairement complexe. Le parti reste en contrôle du gouvernement dupliquant sa structure bureaucratique de haut en bas et surveillant les activités à tous les niveaux.* [...] *La Constitution chinoise actuelle n'est pas une mauvaise base sur laquelle construire une graduelle affirmation de la loi* ».

112 GWF Hegel, *Principes de la Philosophie du droit*, §218 : plus le sociétal (‘*Bürgerlische Gesellschaft*’) est puissant, plus il peut se permettre d’adoucir la peine des crimes ; et §209 *‘la cristallisation déficiente [mangelhaft] <des droits de l’homme en tant qu’homme> aux fins de s’opposer à la vie concrète de l’Etat’*.

113 Noter la progression dans l’autocratisme du Président Donald Trump, selon des médias indépendants : [1] *The Guardian* du 5 juillet 2019 *‘Donald Trump wants to be a dictator. It’s not enough just to laugh at him’*. [2] *Foreign Policy* du 14 février 2020 *‘Trump Is Failing His Dictatorship Test’*. [3] *Police1-Lexipol* du 22 juin 2020 *‘Chicago mayor expects influx of federal agents but warns ‘we do not welcome dictatorship’’*. [4] *Business Insider* du 23 juillet 2020 *‘Trump's not just 'playing' dictator anymore’*.

114 [1] [HKHRDA] Le *Hong Kong Human Rights and Democracy Act of 2019* du 27 novembre 2019 (Public Law No 116-76, S.1838, 116th Congress 2019-2020).

[2] [HKAA] Le *Hong Kong Autonomy Act* du 14 juillet 2020 (Public Law No 116-149, H.R. 7440, 116th Congress 2019-2020).

[3] [OFAC Sanctions] Communiqué du 7 août 2020 du *US Department of The Treasury* intitulé *‘Treasury sanctions individuals for undermining Hong Kong’s autonomy’*, imposant des sanctions OFAC (suite au E.O. 13936 du 14 juillet 2020) sur onze individus, dont la HKSAR *Chief Executive* Carrie Lam et les Directeurs des Bureaux de Chine responsables pour les affaires de Hong Kong (Zhang Xiaoming et Luo Huining) et pour la Sécurité Nationale à Hong Kong (Zheng Yanxiong et Eric Chan).

115 [*Humanisme*] « [1]*Attitude philosophique qui tient l'homme pour la valeur suprême et revendique pour chaque homme la possibilité d'épanouir librement son humanité, ses facultés proprement humaines ;* [2]*Altruisme, amour des hommes* » (CNRTL 2019).

116 Jusqu’à des assignations en justice visant l’Administration Trump, par les ‘mouvements de droits civils’ et les Gouverneurs : *CBS Chicago* du 23 juillet 2020 *‘Black Lives Matter Chicago Files Federal Lawsuit, Seeking To Block Federal Agents From Policing Protests’*.

117 *Amnesty International* du 23 juin 2020 *‘USA: End unlawful police violence against Black Lives Matter protests’* (www.amnesty.org/en/latest/news/2020/06/usa-end-unlawful-police-violence-against-black-lives-matter-protests/).

118 Aristote, *Ethique à Nicomaque*, V.7 (1131a10-1131b24).

119 Platon, *République* II (359c-360d). L'anneau de Gygès ayant le pouvoir de rendre invisible celui qui le porte, il donne lieu à une discussion sur la nature de la *justice* et de l'*injustice* : « [360b-c] *Supposons qu'il existe deux anneaux,* [...] *l'un au doigt du juste, l'autre au doigt de l'injuste : personne ne serait assez fort, semble-t-il, pour rester juste,* [...] *ne pas toucher aux biens d'autrui,* [...] *<ne pas> s'introduire dans les maisons, s'unir à qui lui plaît, tuer les uns, libérer les autres,* [...] *accomplir dans la société humaine selon son bon vouloir, égal à un dieu* ». Cf. aussi Cicéron, *De Officiis*, III.8 (35-39).

120 Hésiode, *Les Travaux et les Jours*, vv. 105-201 (mythe des races) et vv. 202-282 (fable sur la justice).

121 Jean-Pierre Vernant, *Méthode structurale et Mythe des races*, pp. 86-106 in : *Mythe et Pensée chez les Grecs*, La Découverte 1996 (1965).

122 Cf. p.ex. le '*Manuel pour la pratique de l'éducation aux droits de l'homme avec les jeunes*' publié par le *Conseil de l'Europe* (disponible sur www.coe.int/fr/web/compass/ table-of-contents, consulté le 8 août 2020), en particulier son ch. 4 'Comprendre les droits de l'homme', sec. 2 'L'évolution des droits de l'homme' (qui parle de *trois générations successives* de 'droits de l'homme').

123 Cf. Ronald Dworkin, *Taking Rights Seriously*, Harvard University Press 1977.

124 Jean-Claude Fraisse, *La notion d'amitié dans la philosophie antique*, Vrin 1974. Platon, *Lysis*. Aristote, *Ethique à Nicomaque*, VIII-IX (1155a3-1172a15) et *Ethique à Eudème*, VII (1234b18-1246a26).

125 Cf. la *Revue Historique des Armées*, No 255 de 2009, 'Les étrangers dans l'armée française', en part. l'article de Jean-François Brun, intitulé 'Les unités étrangères dans les armées napoléoniennes : un élément de la stratégie globale du Grand Empire' (pp. 22-49).

126 Article 18§4 de la HKSAR *Basic Law* 1997 (« *In the event that the Standing Committee of the National People's Congress decides to declare a state of war or, by reason of turmoil within the Hong Kong Special Administrative Region which endangers national unity or security and is beyond the control of the government of the Region, decides that the Region is in a state of emergency, the Central People's Government may issue an order applying the relevant national laws in the Region* »).

127 Cf. *SCMP* (*South China Morning Post*) du 1er juillet 2019.

128 Cf. *HKFP* (*Hong Kong Free Press*) du 22 septembre 2019.

129 Marcel Mauss, *Essais de Sociologie*, Editions de Minuit 1968-1969, pp. 89ss « [...] *relever les faits de la civilisation* [...] *de l'éthologie collective, c'est-à-dire des caractères des sociétés, et de chaque société* » (p. 89). Claude Lévi-Strauss, *Race et Histoire, in* : *Anthropologie Deux* 1996 [1973], *op.cit.*, pp. 377-422 : « [pp. 421-422] *La nécessité de préserver la diversité des cultures dans un monde menacé par la monotonie et l'uniformité n'a certes pas échappé aux institutions internationales.* [...] *C'est le fait de la diversité qui doit être sauvé,* [...] *il faut écouter le blé qui se lève, encourager les potentialités secrètes, éveiller toutes les vocations à vivre ensemble.* [...] *La diversité des cultures humaines est derrière nous, autour de nous, et devant nous* ».

130 C'est un des objets de la question *'Qu'est-ce que l'homme ?'* chez Immanuel Kant, en particulier dans sa *Critique de la Faculté de Juger* (GF 1088, Flammarion 2000) : (Alain Renaut) « *Ce qu'invite à penser la Critique de la Faculté de Juger et qu'exploite la philosophie politico-juridique de Kant, c'est précisément qu'en devenant, au fil du processus de culture, sujet de droit dans l'espace politique de la cité visant la réalisation de l'idée républicaine, le propre de l'homme est non d'opposer, mais d'articuler en lui, la nature et la liberté* » (p. 67).

Cf. aussi : Hannah Arendt, *La Crise de la culture*, Folio Essais 113, Gallimard 1972 [1954] : « [pp. 287-288] *Pour le véritable humaniste, ni les vérités du scientifique, ni les vérités du philosophe, ni la beauté de l'artiste, ne peuvent être absolues,* [...] *ne pas subir de contrainte était la question décisive,* [...]*cet humanisme est le résultat de la 'cultura animi', d'une attitude qui sait prendre soin préserver et administrer les choses du monde,* [...] *arbitre et médiateur entre les activités purement politique et celles purement fabricatrices* ».

131 Pour la thèse contraire, cf. Ronald Dworkin, *Justice for hedgehogs*, Harvard University Press 2011, qui défend l'unité objective des valeurs éthiques et morales en matière politique (pp. 327-415).

132 Traduction d'un passage du website de la Commission Européenne, pages intitulées *Justice and the Rule of law* (//ec.europa.eu/int ernational-partnerships/topics/justice-and-rule-law_fr) -ref. 2015 *The EU's Policy Framework on support to transitional justice, part of the implementation of the EU Action Plan on Human Rights and Democracy, 2015-2019.*

Sur 'l'Etat de droit' dans l'Union, cf. le Document de Référence No 15 de 2012, dans la *Collection Outils et Méthodes*, édité (en 2013) par la Direction Générale du Développement et Coopération de

./.

la Commission, et intitulé *Le Soutien à la justice et à l'Etat de droit, Analyse des expériences acquises et lignes directrices pour les futurs programmes européens de coopération au développement*.

Sur 'la Règle de Droit' dans l'Union, cf. la Communication de la Commission du 30 septembre 2020 intitulée *Rapport 2020 sur l'état de droit. La situation de l'état de droit dans l'Union européenne* (COM [2020] 0580) ; et la Communication de la Commission du 20 juillet 2021 intitulée *Rapport 2021 sur l'état de droit. La situation de l'état de droit dans l'Union européenne* (COM [2021] 0700).

133 Cf. la Résolution du Parlement européen du 8 juillet 2021 sur *l'élaboration de lignes directrices relatives à l'application du régime général de conditionnalité pour la protection du budget de l'Union* (2021/2071(INI)) : *« §19. Met l'accent sur le lien clair qui existe entre le respect de l'état de droit et la bonne exécution du budget de l'Union, conformément aux principes de bonne gestion financière : économie, efficience et efficacité, tels qu'énoncés dans le règlement financier ; rappelle que, conformément à l'article 5 du règlement, « [l]a Commission vérifie si le droit applicable a été respecté et, au besoin, prend toutes les mesures appropriées pour protéger le budget de l'Union »*.

Cf. *Euranet Plus News* du 10 juillet 2020 (*'EU recovery fund: Rule of law conditions might be sacrificed*). *European Parliament News* du 21 juillet 2020 (*'EU summit compromise: positive step for recovery, inadequate in the long-term'*): «*Parliament remains firmly against watering down the mechanism to reduce or suspend EU funding if a Member State disrespects the rule of law, and this issue should not be put off but addressed now. Parliament has stood ready to enter into negotiations under co-decision to continue building a Europe of fundamental rights* ». *Reuters* du 21 juillet 2020 (*'EU delays strict rule-of-law conditions for recovery fund'*). *Financial Times* du 22 juillet 2020 (*'EU pandemic recovery package stokes rule-of-law dispute'*): « *Hungary's leader claims 'huge victory' by stopping effort to make handouts dependent on good governance* ».

134 Communiqué de presse du 15 juillet 2021 de la Commission européenne, intitulé *Valeurs fondatrices de l'UE : la Commission ouvre des procédures contre la Hongrie et la Pologne pour violation des droits fondamentaux des personnes LGBTIQ* (//ec. europa.eu/commission/press corner/detail/fr/ip_21_3668). Sur la question des valeurs LGBTIQ+ défendues par l'UE, cf. la Communication de la Commission européenne du 12 novembre 2020, intitulé *Union of Equality : EU LGBTIQ Equality Strategy 2020-2025* (COM [2020] 698 final).

135 La question soulevée par la Commission avait déjà été identifié par la Décision du Conseil du 20 décembre 2017 (COM [2017] 835 final, 2017/0360 [NLE]) relative *à la constatation d'un risque clair de violation grave, par la République de Pologne, de l'état de droit.* Repris dans les Communications précitées des *Rapports 2020 et 2021 sur l'état de droit* (COM [2020] 0580 du 30 septembre 2020 et COM [2021] 0700 du 20 juillet 2021).

136 Web post du 8 octobre 2021 de Anna Wójcik (co-founder & editor of *'Rule of Law in Poland'*), intitulé *The Constitutional Tribunal, headed by Julia Przyłębska, ruled that the CJEU's interpretation of Articles 1 and 19 of the EU Treaty is incompatible with the Constitution. The Prime Minister used the Constitutional Tribunal to block judges from invoking CJEU judgments and to have a para-argument in the negotiations with the European Commission* (//ruleoflaw.pl/legal-polexit-julia-przylebskas-constitutionaltribunal-held-that-cjeu-judgments-are-incompatible-with-the-constitution/).

137 Extrait (§M.13) de la Proposition de Résolution du 19 octobre 2021 du Parlement européen *sur la crise de l'état de droit en Pologne et la primauté du droit de l'Union* (2021/2935 [RSP]) (//www.europarl.europa.eu/doceo/document/B-9-2021-0532_FR.html#_ftnref8). Pour le vote, cf. le Communiqué de presse du Parlement européen du 8 octobre 2021, intitulé *Poland : lead MEPs urge the Commission to activate conditionality mechanism (//www.europarl.europa.eu/news/en/press-room/20211008IPR14520/poland-lead-meps-urge-the-commission-to-activate-conditionality-mechanism*), qui est *in reaction to Thursday's verdict by Poland's Constitutional Tribunal stating that Poland's Constitution has primacy over EU law.*

138 Extrait (§M.1 et §M.11), *ditto.*

139 Cour de Justice de l'Union européenne, Communiqué de presse no 192/21 du 27 octobre 2021 dans le cadre de *l'Ordonnance du vice-président de la Cour dans l'affaire C-204/21R, Commission c/ Pologne* (//curia.europa.eu/jcms/upload/docs/application/pdf/2021-10/cp210192fr.pdf).

140 Titre d'un article du quotidien Le Temps du 28 octobre 2021 : « *Démocratie - A Genève, on vote sur 'tout et sa grand-mère' - Ces trois dernières années, on dénombre à Genève dix fois plus de scrutins cantonaux que dans le canton de Vaud ou du Valais. En cause : la polarisation politique, la culture du conflit, et quelques singularités* ».

141 -Cette votation historique du 6 décembre 1992 avait donné lieu à une participation populaire exceptionnelle, de 78,7%, avec un vote final de 50,3% en faveur du rejet de l'adhésion à l'EEE.

-Le Parlement suisse a adopté la motion parlementaire no 14.3219 (Lukas Reimann, UDC/SG) du 21 mars 2014, intitulée *Retirer la demande d'adhésion à l'UE et dire les choses telles qu'elles sont*, en date du 1er mars 2016 (//www.parlament.ch/fr/ratsbetrieb/suche-curia-vista/geschaeft?AffairId=20143219).

-Cf. sur le site de la RTS-Radio-Télévision Suisse, l'article du 6 décembre 2017 intitulé *Il y a 25 ans, le "dimanche noir" du vote sur l'EEE bouleversait la Suisse* : *«'C'est un dimanche noir' : le 6 décembre 1992, le Conseiller Fédéral Jean-Pascal Delamuraz commentait le non cinglant à l'Espace économique européen (EEE). Vingt-cinq ans plus tard, cette date reste dans les mémoires pour avoir marqué le début de la voie bilatérale* ».

142 FF 2012 9038 (aboutissement). FF 2013 7837 (Projet). FF 2013 7783 (Message No 13.086). FF 2014 4943 (Arrêté fédéral). FF 2015 1687 (votations).

143 Votation No 580 du 9 février 2014 sur *l'Initiative populaire du 14.02.2012 'Contre l'immigration de masse'* (FF 2014 3957). Le Message du Conseil fédéral du 7 décembre 2012 recommandait le rejet de l'Initiative (FF 2013 279), tout en peignant le diable sur la muraille : « *<La proposition d'une> réorientation générale de la politique suisse d'immigration par une réglementation concernant l'ensemble des catégories d'immigrés* [...] *n'est, en particulier, pas compatible avec l'Accord sur la libre circulation des personnes entre la Suisse et l'Union européenne (UE) et la convention correspondante de l'Association européenne de libre-échange (AELE). Une acceptation de l'initiative remettrait en question les relations bilatérales mises en place avec les pays qui sont nos partenaires en Europe et serait préjudiciable à l'économie suisse. Elle entraînerait également une charge administrative supplémentaire* ». Après que, en 2013 (No 12.098, FF 2013 6575), le Conseil national et le Conseil des Etats eurent rejeté l'initiative (resp. 140/54 et 37/5), et après l'entrée en vigueur de l'initiative le 9 février 2014 (RO 2014 1391), choisissant de sauvegarder les relations avec l'Union européenne, le Parlement suisse amenda le texte légal dans le cadre d'une Loi d'application du 16 décembre 2016, en retenant une *'préférence indigène allégée'* -toutefois pas totalement compatible avec l'accord de libre circulation des personnes entre l'UE et la Suisse (ACLP). Cf. l'art. 121a de la Constitution Fédérale suisse intitulé *Gestion de l'immigration*, et ses références (AF du 27.09.2013. ACF du 13.05.2014. RO 2014 1391. FF 2011 5845. FF 2012 3611. FF 2013 279 6575. FF 2014 3957).

144 *L'accord entre la Confédération suisse, d'une part, et la Communauté européenne et ses Etats membres, sur la libre circulation des personnes* (ALCP, RO 0.142.112.681) est en vigueur depuis le 1er juin 2002, avec une extension de 2004 aux dix Etats ayant adhéré à l'Union, de 2006 à la Bulgarie, de 2009 à la Roumanie, et de 2016 à la Croatie).

145 Extrait du Communiqué du Conseil fédéral du 16 juin 2017, posté sur le site du Conseil fédéral, intitulé *Mise en œuvre de l'art. 121a Cst. : le Conseil fédéral arrête les grandes lignes des modifications d'ordonnances.*

146 Cf. le *Rapport sur les résultats de la procédure de consultation sur la Gestion de l'immigration (art. 121a Cst.), etc.* du Secrétariat d'État aux migrations de novembre 2017 (COO.2180.101.7.692).

147 Cf. le website du SEV : *Brève histoire de la migration en Suisse* (//sev-online.ch/fr/le-sev/was_machen_wir/le-sev-active-en-faveur-de-ses-membres/ohne-uns/geschichte.php/).

148 Caritas Suisse, prise de position publique de mars 2011 intitulée *'Migration : un plus pour la Suisse - Relations entre Etat social et migration : la position de Caritas'.*

149 FF 2018 5837 (aboutissement). FF 2019 4859 (Projet), FF 2019 4807 (Message No 19.026). FF 2019 8179 (*Arrêté fédéral relatif à l'initiative populaire Pour une immigration modérée (initiative de limitation)* du 31 décembre 2019). FF 2020 8449 (votations).

150 Publié au Journal officiel No L 114 du 30/04/2002, pp. 0006–0072 [22002A0430(01)].

151 Dépêche ATS Berne du 30 septembre 2021 '*Le Parlement libère le milliard de cohésion*'. Pour la première tranche de 2017, cf. le Communiqué de presse de l'UDC du 23 novembre 2017 *'Un scandale : le Conseil fédéral fait à l'UE un cadeau de 1,302 milliard de francs d'argent des contribuables'* ; et pour la seconde tranche de 2021, celui de l'UDC du 30 septembre 2021 *'Les girouettes du PLR <Parti Libéral Radical> et du Centre offrent 1,3 milliard d'argent public à l'Union européenne'*.

152 FF 2017 5027 (aboutissement). FF 2018 5027 (Message No 17.046). FF 2018 3615 (*Arrêté fédéral relatif à l'initiative populaire Le droit suisse au lieu de juges étrangers (initiative pour l'auto-détermination)* du 15 juin 2018). FF 2019 5651 (Votation no 624).

153 Dans tout ce développement, les références au texte du TUE sont faites à celui de la *version consolidée* parue au Journal Officiel C-326 du 26 octobre 2012 (//eur-lex.europa.eu/legal-content/FR/TXT/?uri=cel ex%3A12012M%2 FTXT).

154 Tribune de Valéry Giscard d'Estaing, ancien Président français et ancien Président de la Convention Européenne, parue dans le quotidien Le Monde du 26 octobre 2007 (Valéry Giscard d'Estaing et 'la boîte à outils' du traité de Lisbonne), qui estime que : *L'intégralité des propositions du premier traité institutionnel, rejeté par les citoyens français et hollandais en 2005, se retrouve dans le texte de Lisbonne, 'mais dans un ordre différent'.*

155 La *Charte des Droits Fondamentaux de l'Union européenne* développe ces concepts dans ses différentes sections, cf. la version 2012 de la Charte, (JO C 326/391 du 26 octobre 2012) : *Préambule ; I. Dignité ; II. Libertés ; III. Egalité ; IV. Solidarité ; V. Citoyenneté ; VI. Justice* (la version en vigueur est celle du 7 juin 2016, 2016/C 202/02, JO C 2020/389). Cf. l'Art. 6 TUE 2012 (*version consolidée*).

156 *Bundesverfassungsgericht*, BVerfG, 2 BvE 2/08 vom 30.6.2009, Absatz-Nr. 1-421 (//www.bverfg.de/entscheidungen/es20090630_2bve000208.html).

157 Cf. le *Règlement (UE) No 1295/2013 du Parlement européen et du Conseil du 11 décembre 2013 établissant le programme 'Europe créative' (2014 à 2020) : « (1) Le traité sur le fonctionnement de l'UE tend à créer une union sans cesse plus étroite entre les peuples de l'Europe, et donne notamment pour mission à l'Union de contribuer à l'épanouissement des cultures des États membres dans le respect de leur diversité nationale et régionale,* [...]. *Dans ce contexte, l'Union, s'il y a lieu, soutient et complète les actions des États membres en faveur du respect et de la promotion de la diversité culturelle et linguistique* ».

158 Regulation (EU, Euratom) 2020/2092 du Parlement européen et du Conseil du 16 décembre 2020 *relatif à un régime général de conditionnalité pour la protection du budget de l'Union,* document 32020R2092, Journal Officiel de l'Union européenne LI 433/1.

159 Propos rapportés sur le site de la Heinrich Böll Stiftung, article du 25 mai 2020 de Anders Schröder, intitulé *A (partial) defense of the Frugal Four* (//www.boell.de/en/2020/05/27/partial-defense-frugal-four).

160 [Borg] cf. le Petit Journal du 22 août 2017 (Vie publique. Anders Borg, le scandale estival) ; Business Insider du 7 août 2017 (Sweden's former finance minister is being investigated for inappropriate behaviour after 'blacking out' at a party) ; et les pages spéciales du Aftonbladet (en suédois), l'un des plus importants quotidiens nordiques (//www.aftonbladet.se/story/anders-borgs-fylleskandal).

./.

[Rochefort] cf. L'Express du 2 septembre 2016 (L'eurodéputé Robert Rochefort arrêté pour exhibition sexuelle chez Castorama) : « *François Bayrou, lui aurait demandé de quitter ses fonctions de vice-président du parti, selon son entourage. 'Cette histoire est folle. Si elle est vraie, elle est grave', a-t-il commenté* ». Il a plaidé coupable (Le Point du 9 novembre 2016).

[Luperto] Cf. l'information du site LCI du 11 novembre 2014 (Belgique : un homme politique soupçonné d'exhibitionnisme) : « *Les faits se seraient produits* [...], *dans les toilettes de la station-service de Spy, en Belgique.* [...] *Problème, selon la presse belge : il aurait commis des faits d'exhibitionnisme sur des mineurs. Quatre plaintes auraient été déposée depuis le mois d'avril 2014.* [...] *Âgé de 40 ans, Jean-Charles Luperto était considéré comme une étoile montante du socialisme belge* ». Selon la presse (Le Soir du 29 septembre 2009), l'intéressé a été condamné à une peine de *deux mois de prison avec sursis et à une amende de 600 euros pour outrage public aux mœurs*.

[Griveaux] Il ne s'agit pas là d'exhibitions publiques, mais privées, et de la diffusion de supports sans le consentement de l'intéressé (probablement à des fins politiques), ce qui est interdit par la loi française au titre de la violation de la vie privée : deux personnes qui avaient diffusé la vidéo en ligne ont été mis en examen (cf. France Bleu du 18 février 2020 'Affaire Griveaux : Piotr Pavlenski mis en examen et placé sous contrôle judiciaire'). L'affaire a fait grand bruit nonobstant, cf. Le Monde du 14 février 2020 (Benjamin Griveaux renonce à la Mairie de Paris après la diffusion de vidéos intimes à caractère sexuel) : « *L'affaire a mis en émoi la Macronie* [...], *alors que les images se répandaient comme une traînée de poudre sur les réseaux sociaux*. [...] *Cette nouvelle est un coup dur pour <le Président> Emmanuel Macron* ». Sur le fonctionnement de la Justice et la philosophie de cette problématique qui concerne les valeurs, cf. Le Point du 18 février 2020 (Vidéos intimes de Griveaux : <l'avocat> Juan Branco sème la zizanie chez les avocats, du 21 février 2020 (<Le philosophe> Pascal Bruckner – Affaire Griveaux : les justiciers de la vertu) et du 27 février 2020 (Les confidences de Benjamin Griveaux aux policiers).

Nota bene : Jusqu'à leur éventuelle condamnation définitive par la Justice, toutes les personnes mises en cause dans ces affaires bénéficient de la présomption d'innocence.

161 Propos faits en allemand à *Die Zeit* et rapportés en anglais par l'hebdomadaire Politico du 8 janvier 2020 (*London calling (again) for Ursula von der Leyen*).

162 Cette formule très parlante de Virginie Malingre et de Jean-Pierre Stroobant dans Le Monde du 12 septembre 2019 (*Commission européenne : Ursula von der Leyen, entre équilibre et équilibrisme. La future présidente de l'exécutif européen donne des gages à des Etats aux intérêts antagonistes*).

163 Tribune de la future Présidente de la Commission publiée dans plusieurs journaux européens dans le cadre de la LENA-Leading European Newspaper Alliance et rapportés par Le Monde du 16 septembre 2019 (« *Protéger le mode de vie européen* » : *Ursula von der Leyen justifie l'intitulé d'un portefeuille de commissaire*).

164 Cf. la page du site officiel de l'Union européenne intitulée *Les priorités de la Commission européenne* (//ec.europa.eu/info/strategy/priorities-2019-2024_fr), qui reprend sa tribune de campagne : *Une Union plus ambitieuse. Mon programme pour l'Europe, par la candidate à la présidence de la Commission européenne, Mme Ursula von der Leyen. Orientations politiques pour la prochaine Commission européenne 2019-2024'* (//ec.europa.eu/info/sites/default/files/political-guidelines-next-commission_fr.pdf).

165 Partie des responsabilités 2019-2024 assignées au Commissaire Margaritis Schinas, cf. la page qui lui est dédiée sur le site de l'Union (//ec.europa.eu/ commission/commissioners/2019-2024/schinas_en#responsibilities).

166 Partie des responsabilités 2019-24 assignées à la Commissaire Jourová, cf. la page dédiée sur le site de l'Union (//ec.europa.eu/commission/commissioners/2019-2024/jourova_en) ; cf. aussi la 'synthèse' du site *Touteleurope.eu* du 1er décembre 2019, intitulée *Qui sont les nouveaux commissaires européens ?*

167 La '*Neuvième Symphonie*', dont le livret du quatrième mouvement a été inspiré par le poème '*An die Freude*' du poète allemand Johann Christoph Friedrich von Schiller (1759-1805, idéaliste romantique et historiciste, théoricien de l'esthétique), a été composée en tant que 'musique officielle' pour fêter, en 1845, le *Système de Vienne* (cf. Esteban Buch, *Beethoven's Ninth-A Political History*, University of Chicago Press 2003 [1999], pp. 66-86 'Beethoven and the Concert of Europe'), c'est-à-dire l'Ordre international du *Congrès de Vienne* de 1815 -qui dût se confronter quelques temps plus tard au *nationalisme* romantique et libéral des nombreuses *Révolutions* européennes de 1848 (dénommées '*Printemps des Peuples*').

168 Rudolf Haym, *Hegel et son temps-Leçon sur la genèse et le développement, la nature et la valeur de la philosophie hégélienne*, Gallimard 2008 [*Hegel und seine Zeit*, Berlin 1857], p. 203 (trad. Osmo).

169 « *Ô <mes> amis, pas sur ce(s) ton(s) !* ».
Sur le thème, cf. Stephen Hinton, *Not 'Which' Tones? The Crux of Beethoven's Ninth*, article rédigé pour la *American Musicological Society in Phoenix, Arizona*, paru dans le *19-th Century Music XXII/I (Summer 1998)* (*web.stanford.edu/~shinton/not which tones.pdf*).

170 *RT.com* du 15 septembre 2018 *'Me & Orban fought Brussels quotas' : Czech PM takes credit for derailing 'absurd' EU migrant sharing'*.

171 Prévues à l'article 7 *TUE* 2012 (version consolidée) : *1. Sur proposition motivée d'un tiers des États membres, du Parlement européen ou de la Commission européenne, le Conseil, statuant à la majorité des quatre cinquièmes de ses membres après approbation du Parlement européen, peut constater qu'il existe un risque clair de violation grave par un État membre des valeurs visées à l'article 2 [...]. 3. [...] le Conseil, statuant à la majorité qualifiée, peut décider de suspendre certains des droits découlant de l'application des traités à l'État membre en question, y compris les droits de vote du représentant du gouvernement de cet État membre au sein du Conseil.*

172 Règlement (UE) 2021/692 du Parlement européen et du Conseil du 28 avril 2021 établissant le programme 'Citoyens, Egalité, Droits et Valeurs' et abrogeant le règlement (UE) no 1381/2013 du Parlement européen et du Conseil et le règlement (UE) no 390/2014 du Conseil (PE/23/2021/INIT, Journal Officiel L 156 du 5 mai 2021).

173 Le Quotidien du 20 octobre 2021 (Jens Weidmann, le président de la Bundesbank, démissionne). Les Echos du 20 octobre 2021 (Jens Weidmann va quitter la présidence de la Bundesbank).

174 Marcel Detienne, *Comparer l'incomparable*, Seuil 2009 [2000]

175 A cet égard, partant de ce constat, l'ethnologue Claude Lévi-Strauss (*in : Race et Histoire, Anthropologie Deux* 1996 [1973], *op.cit.*, pp. 377-422, en part. p. 418) émettait la thèse (très hegélienne, et à notre avis, fondée) que la diversité des cultures est une condition du « *jeu en commun* » de cette « *coalition dont résulte le progrès* » ; et qu'inversement, « *l'homogénéisation* » des cultures en diminue les « *chances de gain, [...] d'autant plus fécondes que les cultures sont diversifiées* ».

176 -Cf. le Time du 27 septembre 2014 (Pro-Democracy Students Storm Government Square in Hong Kong): *"This is a violation of human rights," said student leader Alex Chow over a loudspeaker, of police refusing to let those inside leave to use the bathroom or get food and water. Chow was arrested on Saturday for his role in the disturbance.*

177 [Nomination au Prix Nobel] cf. le China Daily du 7 février 2018 (Nomination for activists reveals US dirty tricks): "*A group of US congressmen nominating Joshua Wong* [...] *Nathan Law* [...] *and Alex Chow* [...] *for the Nobel Peace Prize over their role in the illegal 'Occupy Central' movement should be viewed from the perspective of this long history of American foreign interference,* [...]. *In their Nobel nomination, the congressmen highlight the subsequent jailing of the trio for 'Occupy' involvement. But they conveniently neglected to mention that they were jailed not for their so-called 'peaceful' demonstration, but for their incitement to use violence, which resulted in injuries to several security guards.*"

[Capitole] cf. le Time du 11 janvier 2021 (China Has Reacted to the Storming of the U.S. Capitol by Comparing It to the Wrecking of Hong Kong's Legislature). Le quotidien chinois Global Times du 7 janvier 2021 (Chinese netizens jeer riot in US Capitol as 'Karma,' say bubbles of 'democracy and freedom' have burst) résume bien la problématique : "[...] *When they saw rioters in Hong Kong storming the Legislative Council Complex, scrawling graffiti, smashing and robbing items, instead of condemning the violence, US politicians hailed the 'courage' of these mobs, Western media praised the 'restraint' of the rioters, and House Speaker Nancy Pelosi even called it a 'beautiful sight'. Now, this 'beautiful sight' is taking place in the US.* [...] *A photo of protesters seemingly holding Pelosi's office chair has also gone viral on Sina Weibo, prompting netizens to joke that there's still a smell of 'flattery' left on the chair which Pelosi would call 'a beautiful sight'.* [...] *Many Chinese netizens 'confessed' in their comments that they saw the 'chaos in the US' as revenge: after inciting so much chaos around the world under the pretext of 'freedom and democracy', the US finally tasted the 'karma' of its double standards.*"

[FBI] cf. la page intitulée *Most Wanted for U.S. Capitol Violence* sur le site officiel du FBI (//www.fbi.gov/wanted/capitol-vio lence) qui comporte une série de vidéos de la prise d'assaut qui sont destinées à appréhender les suspects, ainsi que la liste des personnes mises en examen (*defendants*) devant la juridiction fédérale pour *'crimes commis au Capitole des Etats Unis'*.

178 Un des plus importants litiges jamais jugés par la *High Court of Justice* de Londres (*Chancery Division, Queen's Bench Division, Commercial Court*), in re. Berezovsky v Abramovich [2012] EWHC 2463 (Comm). Le Jugement fait 498 pages ; le litige portait sur une somme de *plus de 5.6 milliards de dollars* (§1 Introduction). Sur le concept de *'krysha'* (littéralement : le toit, en Russe), cf. §§51-57.

179 Aristote, *Ethique à Nicomaque*, V (1129a3-1138b14), en part. V.8 'Justice corrective'.

180 Bible, *Mathieu* 5.19-21. Marie Balmary, *Le Sacrifice interdit-Freud et la Bible*, LP 4220, Grasset & Fasquelle 1986. Marcel Detienne et Jean-Pierre Vernant, *La Cuisine du sacrifice en pays grec*, Gallimard 1979.

181 Cf. Sigmund Freud, *-L'Avenir d'une illusion* (1927) qui s'interroge sur l'avenir de la civilisation ; et *-Malaise dans la culture* [ou *Malaise dans la civilisation*] (1930) qui constate ce malaise. Quant à sa constatation de : « *l'impossibilité d'éliminer les 'pulsions de nature élémentaire* », cf. les *Propos d'actualité sur la guerre et la mort, in : Les Désillusions de la guerre* (Flammarion 2017, trad. Blondel, pp. 55-56). Pour le charlatanisme reproché à Sigmund Freud, cf. Dr. Pierre Debray-Ritzen, *La Psychanalyse, cette imposture*, Albin Michel 1991 ; Jacques Van Rillaer, *Freud & Lacan, des charlatans ? Faits et légendes de la psychanalyse*, Mardaga 2019 et le commentaire de cet ouvrage grand public sur le site Santé du Figaro Magazine, daté du 1er janvier 2020 (Sigmund Freud, grand maître de l'esbroufe ?).

182 René Girard, *La Violence et le Sacré*, Editions Bernard Grasset 1972, pp. 480-481.

183 Tous ces faits du droit, et le droit de leur fait, font l'objet de développements adéquats dans le deuxième chapitre intitulé 'OBSERVER' de la présente série.

184 *Le Parisien* du 29 février 2004.

185 Thomas Hobbes, *De Cive* (1642), X.11 (*Le Citoyen*, Flammarion 1982, p. 204, trad. Sorbière).

186 Cf. p.ex. l'article de décembre 2018 de l'American Bar Association (ABA) intitulé *"When is it okay for a lawyer to lie?"*.

187 Platon, *Apologie de Socrate* (17b-18a).

188 Platon, *Criton* (50e-51c).

189 Cf. Carole et Carlos Ghosn, *Ensemble, toujours. Leurs confidences sur une année d'enfer*, Editions de l'Observatoire 2021. Et le site web de Carlos Ghosn (//carlosghosn.info).

190 Résolution du 17 avril 1998 (E/CN.4/RES/1998/41) de la Commission UN sur les Droits de l'Homme, Question de détention arbitraire (//www.refworld.org/docid/3b00f0ba2c.html). *Opinions adopted by the Working Group on Arbitrary Detention at its eighty-eighth session, 24–28 August 2020, Opinion No. 59/2020 concerning Carlos Ghosn (Japan)* (A/HRC/WGAD/2020/59, //www.ohchr.org/Documents/Issus/Detention/Opinions/Session88/A_HRC_WGAD_2020_59_Advance_Edited_Version.pdf).

191 -Cf. France24 du 10 juin 2019 (Tokyo prison that held Ghosn opens doors to answer critics): « *'We think the conditions are good,' said the warden, Shigeru Takenaka, as he led visitors around the facility in Kosuge, whose modern buildings were completed in 2012 and can house up more than 3,000 detainees.* [...] *'The menus are prepared by nutritionists, they are balanced', said Takenaka. Those who are on the larger side or do exercise have the right to larger portions,' added Takenaka, apparently baffled by the foreign criticism of the facility.* [...] *Like many prisons, the facility also has its own shop, where visitors can buy snacks, magazines and other items to give detainees.* [...] *Two or three times a week, detainees can wash in a facility similar to that at a mid-range Japanese hotel, with shower and a tub for bathing -- also spotlessly clean. And they have access to an open-air space for exercise of 30 minutes a day, if they choose.* ».

-Cf. Nippon.com du 3 avril 2020 (Tokyo's Micro-Apartments See a Surge in Popularity: The Secret of Living in a 'Shoe-Box'). Video sur BBC Capital du 29 juillet 2019 (The cupboard-sized flats of Tokyo). Japan Times du 20 avril 2019 (Downsized dwellings: Inside Tokyo's tiny living spaces): « *Twenty-five-year-old Sotaro Ito lives in a 9.46-square-meter apartment with a loft in the capital's retro-hip Koenji district. His apartment looks more like an office cubicle, with a desk and computer chair dominating a third of the room.* [...], *there isn't enough space for him to stretch out his body* ». Nikkei Asian Review du 18 avril 2018 (Apartments shrink as Hong Kong's property tycoons prosper) : à Hong Kong, « *Des appartements plus petits que 200 pieds carrés, ou 18,6 mètres carrés, la taille d'une place de parking, qui se vendent aussi rapidement que les promoteurs peuvent les construire* ».

-Cf. Le Parisien du 9 janvier 2020 (Carlos Ghosn : ce que la justice lui reproche au Japon et en France). Financial Times du 14 mai 2019 (Lavish Versailles party exposes Carlos Ghosn's major misjudgment Former chairman of Renault and Nissan spent €635,000 on 2014 event, paid for by his company). Japan Times du 24 janvier 2020 (French investigators to move ahead with Ghosn prosecution over Versailles party).

192 Cf. Heidi News du 2 janvier 2020 (Carlos Ghosn : un fantôme 'caché dans un étui d'instrument de musique') : « *A la fin de la représentation, ils ont remballé leurs instruments et ont dissimulé Carlos Ghosn dans une grande caisse avant de se rendre dans un petit aéroport local* ».

[193] Cf. Les Echos du 19 juillet 2021 (Le cerveau de l'évasion de Carlos Ghosn condamné à deux ans de prison au Japon). Cf. Huffington Post du 24 février 2021 (Trois complices de l'évasion de Carlos Ghosn condamnés à de la prison en Turquie). Cf. Huffington Post du 4 mars 2021 (Carlos Ghosn revient sur sa fuite qui lui a rappelé 'Midnight Express') : « *L'échec, c'était la mort. J'étais déjà dans une mort lente, cela aurait été en l'occurrence une mort précipitée. (...) J'avais le choix entre la vie et la mort, je n'ai pas hésité", ajoute l'ancien patron de Renault-Nissan* ». BBC News du 2 janvier 2020 (Carlos Ghosn : Interpol issues 'red notice' for Nissan ex-boss's arrest).

[194] Marcel Detienne, *Apollon le couteau à la main. Une approche expérimentale du polythéisme grec*, TEL Gallimard 2009 [1998] : « [10] *Un 'dieu sans défaut', Apollon ?* [...] *Sa colère éclate avant toute autre ; le son terrible de ses flèches donne la mort aux mulets, aux chiens et aux hommes par centaines.* [...] *La première épiphanie d'un dieu 'qui semble aimer par-dessus tout, les jeux, les danses, les chants', le montre 'semblable à la nuit', Archer de la mort venant lui-même 'faire mourir', apollúnai en grec, qui fait si bien écho à son propre nom, Apollon* ».

[195] Cf. Le §2 (La pandémie de Covid-19 et l'Etat de droit) du Rapport 2021 sur l'état de droit - La situation de l'état de droit dans l'Union européenne du 20 juillet 2021 (COM [2021] 700 final) : « *La pandémie de COVID-19 a causé des difficultés particulières dans le domaine de l'état de droit. Les impératifs de santé ont nécessité l'adoption de mesures extraordinaires pour lutter contre la pandémie, en bouleversant souvent la vie quotidienne et en restreignant ainsi les droits fondamentaux. Le caractère urgent des mesures peut mettre à rude épreuve la légitimité démocratique ainsi que le fonctionnement normal des systèmes constitutionnels et juridiques et des administrations publiques* ».

Cf. le §1 (Introduction) du *Rapport 2021 sur l'état de droit. La situation de l'état de droit dans l'Union européenne* du 20 juillet 2021 (COM [2021] 700 final) : « *1.* [...] *L'état de droit fait non seulement partie intégrante de l'identité démocratique de l'UE et des États membres, mais il est également essentiel au fonctionnement de l'Union, ainsi que pour maintenir la confiance des citoyens et des entreprises dans les institutions publiques.*

./.

Les principes clés de l'état de droit, à savoir, légalité, sécurité juridique, interdiction de l'exercice arbitraire du pouvoir exécutif, protection juridictionnelle effective par des juridictions indépendantes et impartiales respectant pleinement les droits fondamentaux, séparation des pouvoirs, soumission permanente de toutes les autorités publiques aux lois et procédures établies, et égalité devant la loi, sont communs à tous les États membres, sont inscrits dans les constitutions nationales et traduits dans la législation ».

196 [FRANCE] cf. la Recommandation CM/Rec (2010)12 du Comité des Ministres aux Etats membres sur les juges : indépendance, efficacité et responsabilités, adoptée par le Comité des Ministres le 17 novembre 2010, lors de la 1098e réunion des Délégués des Ministres, et son Annexe CM/Rec (2010)12. Cf. Virginie DUVAL (Présidente de l'Union syndicale des magistrats), *Indépendance du Parquet, le combat continue*, Gazette du Palais, 6 février 2018, n° 5, p. 31 (//union-syndicale-magistrats.org/web2/themes/fr/userfiles/fichier/publication/npj/npj422/22_NPJ422 .pdf). Cf. Le Rapport 2021 sur l'état de droit - Chapitre consacré à la situation de l'état de droit en France du 20 juillet 2021 (SWD [2021] 712 final) : « *Les initiatives de longue date visant à renforcer l'indépendance de la justice, notamment en renforçant les compétences du Conseil supérieur de la magistrature, n'ont pas progressé sur la voie de l'adoption, qui nécessiterait un vote à la majorité qualifiée dans les deux chambres du Parlement* ».

[SUISSE] cf. l'Initiative populaire intitulée *'Sur la justice'* dont la votation est prévue au 28 novembre 2021 : « *Pour le Conseil fédéral et le Parlement, le tirage au sort n'est pas une procédure adaptée à la désignation des juges fédéraux. C'est le hasard qui déciderait plutôt que le scrutin démocratique. En outre, rien n'indique qu'aujourd'hui, les juges fédéraux ne prennent pas leurs décisions de manière impartiale. Le système actuel a fait ses preuves.* [...] *Pour le comité d'initiative, le système actuel ne permet pas aux juges fédéraux de rendre des arrêts en toute indépendance, parce qu'ils doivent craindre de ne pas être réélus. De plus, les candidats non affiliés à un parti n'ont aucune chance d'être élus. L'initiative sur la justice veut corriger cette situation* » (//www.admin.ch/gov/fr/accueil/documentation/votations/20211128/initiative-sur-la-justice.html.

197 (Art. 16 Déclaration) « *Toute société dans laquelle la garantie des droits n'est pas assurée, ni la séparation des pouvoirs déterminée, n'a point de constitution* ».

198 Régis Fraisse (Conseiller d'Etat), *L'article 16 de la Déclaration, clef de voûte des droits et libertés*, Les Nouveaux Cahiers du Conseil constitutionnel, no 44 de juin 2014 (Le Conseil constitutionnel et le procès équitable), reproduit sur le site du Conseil constitutionnel (//www.conseil-constitutionnel.fr/nouveaux-cahiers-du-conseil-constitutionnel/l-articlcle-16-de-la-declaration-clef-de-voute-des-droits-et-libertes).

199 Les Echos.fr du 20 juillet 2021 (Bruxelles tente de placer l'Etat de droit au coeur du débat public européen) : « *Là réside le vrai changement : l'Etat de droit, au même titre que les stratégies économiques, n'est plus une chasse gardée strictement nationale et tend à être traité comme un bien commun des Vingt-sept* ».

200 Site d'Vie Publique' de la République Française, fiche thématique du 4 mars 2021 intitulée *'Quelles institutions incarnent le pouvoir exécutif, législatif et judiciaire au sein de l'Union européenne ?'* (//www.vie-publique.fr/fiches/20326-pouvoir-executif-legislatif-et-judiciaire-au-sein-de-lunion-europeenne).

201 Cf. la fiche thématique intitulée *Quelles institutions incarnent le pouvoir exécutif, législatif et judiciaire au sein de l'Union européenne ?* du 4 mars 2021, sur le site Vie Publique, République Française (//www.vie-publique.fr/fiches/20326-pouvoir-executif -legislatif-et-judiciaire-au-sein-de-lunion-europeenne).

202 Aristote, *Politiques*, IV.12 (1296b1-3). Thomas Hobbes, *De Cive*, VII. Jean-Jacques Rousseau, *Du Contrat social*, III.2 & 10.

203 Thomas Hobbes, *De Cive* (1642) VII.7 (*Le Citoyen*, Flammarion 1982, *op.cit.*, pp. 171ss). *En un pacte, on dit 'je ferai', et en une loi l'on 'ordonne' de faire* est une citation qui figure en *ditto*, XIV.2 (*op.cit.*, p. 244).

204 La citation est tirée des *Politiques* d'Aristote (IV.10, 1295a1-24), qui font la distinction entre trois formes de tyrannies. Contrairement à ce qui est souvent écrit de manière erronée (souvent par des intérêts partisans), l'analyse politique d'Aristote y constate que seule est critiquable la troisième de ces formes, celle qui *passe pour être la forme extrême de la tyrannie et qui correspond à la royauté absolue* (1295a16-18) -le stade ultime dans l'évolution de la forme initiale. Car cette troisième forme est la seule tyrannie dans laquelle le tyran exerce *un pouvoir sans rendre de comptes, sur des sujets de la même classe ou d'une classe supérieure, et dans la perspective de son propre intérêt de gouvernant et non dans l'intérêt des gouvernés.* Seule cette troisième forme de tyrannie doit être *maintenue* par la pure violence : *contre la volonté des sujets, car aucun homme libre ne peut en endurer volontairement une telle règle* (1295a19-24).

./.

Sur la tyrannie antique, la différence d'approche entre les analyses politiques d'Aristote et de Platon figure en *Politiques* V.11-12 (1313a34-1316b27).

205 Les citations de ce paragraphe sont tirées du *De Cive* de Thomas Hobbes (IV.10 ; XIII.2-4), qui distingue par ailleurs le 'peuple', qui est toujours roi (*rex est populus*) et 'auteur' de l'autorité souveraine (dont le souverain, *persona civilis* en charge, n'est que'l'acteur'), de la 'multitude', qui peut être régie ou régissante (pour l'explication de la différence, cf. VI.1). La formule *salus populi suprema* est récurrente dans son œuvre. La notion d'autorisation et l'explication positive de la distinction entre 'auteur' et 'acteur' figure dans son *Léviathan* (XVI-XVII).

206 La formule est un titre d'un ouvrage du sociologue anthropologue des religions Marcel Detienne (paru au Seuil en 2000), un pamphlet socio-politique qui prône le comparatisme, et une méthode d'analyse sociologique inspirée de celle de Georges Dumézil, qui mélange Histoire et Anthropologie dans la recherche de comparaisons structuralistes entre les sociétés qui puissent transcender leurs différences.

207 Cf. l'article du 8 mars 2021 de l'IFRI-Institut Français des Relations Internationales, intitulé *Diplomatie chinoise : de « l'esprit combattant » au « loup guerrier »* (Politique Etrangère, vol. 86, no 1, Printemps 2021) : « *Au printemps 2020, l'ambassade de Chine en France a publié cinq tribunes s'en prenant aux médias, experts et politiciens occidentaux, censés chercher à 'calomnier' et 'stigmatiser' la Chine.* [...] *Pour Pékin, affirmer la voix de la Chine au-delà des frontières est prioritaire pour répondre à un rapport de force déséquilibré favorisant les États-Unis et l'Occident. Le discours officiel théorise ce déséquilibre en affirmant que la Chine souffre d'un déficit de 'droit de parole international' ; ce concept apparaît vers 2008, et est repris et amplifié sous Xi Jinping : le Bureau de l'Information du Conseil d'État* [...] *en 2017, la 'nécessité de renforcer le droit de parole international de la Chine, et de rompre avec le schéma de base d'un discours international où 'l'Occident est fort et nous sommes faibles'* ». La phrase en italique est tirée d'un article de France Culture du 16 avril 2021, intitulé *Chine : la diplomatie des « loups guerriers »*.

208 (CEDH) Convention Européenne des Droits de l'Homme : *Convention de sauvegarde des droits de l'homme et des libertés fondamentales*, signée à Rome le 4 novembre 1950 (pour la Suisse : RS 0.101, entrée en vigueur le 28 novembre 1974) : « *1. En cas de guerre ou en cas d'autre danger public menaçant la vie de la nation, toute Haute Partie contractante peut prendre des*

./.

mesures dérogeant aux obligations prévues par la présente Convention, dans la stricte mesure où la situation l'exige et à la condition que ces mesures ne soient pas en contradiction avec les autres obligations découlant du droit international ».

209 Bible, *Exode* 21.23-25 ; *Lévitique* 24.17-22 ; *Genèse* 9.6. Platon, *Lois* X, 872e : « *Justice-Dikè qui veille pour venger le sang,* [...] *a recours à la loi* <*du talion*>, [...] *décrétant que l'auteur de tels crimes subirait inévitablement les mêmes violences que celles qu'il a infligées* ».

210 Art. 15 du *Code Pénal Suisse* de 1937 (*CPS*, RS 311.0). Comparer avec le 'plan international' (Maxime Lefebvre, *Le Jeu du Droit et de la Puissance*, PUF 2018 [5e éd.], p. 176) : « *Les Etats-Unis ont défini de longue date la doctrine de la 'légitime défense préventive', qui est juridiquement contestée,* [...] *appliquée contre l'Irak en 2003* »

211 Communiqué de presse d'Amnesty International du 19 septembre 2019 (*Hong Kong: Arbitrary arrests, brutal beatings and torture in police detention revealed*).

Cf. L'article du Washington Post du 24 décembre 2019 (*In Hong Kong crackdown, police repeatedly broke their own rules — and faced no consequences*).

Et la Réponse des forces de Police de Hong Kong, publiée le 24 décembre 2019 (*Statement from the Hong Kong Police in response to questions from The Washington Post*): *"While many such reports accuse Police officers of using excessive force, they rarely if ever mention what these protesters did and were doing before showing police action captured in that one snap shot of what is claimed to be 'excessive'. It is very unfortunate that, in general, many media and online reports use short and edited videos that are taken out of context and fail to show the full picture of how radical protesters' use of extreme violence has necessitated a justifiable Police response.* [...] *Using force has always been our last resort and then only to achieve a specific purpose such as ensuring the compliance of an arrested person; unfortunately, when violent protesters attempt to escape police use of force needs to be commensurate with the resistance shown.* [...] *The Police will continue to maintain the city's public safety and bring all lawbreakers to justice. It is of utmost importance that members of the public understand and join hands with the Police to restore the order of Hong Kong as soon as possible".*

212 Cf. CNN World du 1er juillet 2019 (*What Hong Kong's colored police warning flags mean*). Cf. le *Manuel des Procédures de Police* sur le site officiel de la HKSAR Police (//www.police.gov.hk/ppp_en/11_useful_info /pgo.html) ; son *Code d'Ethique et d'Intégrité* rappelle que toute activité de police est soumise aux *restrictions spécifiques* de l'Ordonnance sur la HKSAR Police, Cap. 232) (§7) et aux règles de *discipline* de la législation subsidiaire (§8). Ce Code se réfère explicitement à des *valeurs* (§§19-20), dont la diffusion et l'enseignement à l'interne est assurée par un programme *ad hoc* (*Living the Values*, §21) (//www.police.gov.hk/info/doc/ethics&IntegrityPaper.pdf).

213 [France] L'ACAT France, qui se présente en tant qu'*ONG œcuménique de défense des droits de l'homme créée en 1974, association loi 1901 reconnue d'utilité publique et d'éducation populaire*, a publié un rapport d'enquête non daté (probablement de 2016 ?) et foncièrement objectif ([10] *Policiers et gendarmes contribuent au maintien des valeurs de la démocratie. Leur mission, difficile et nécessaire, vise en premier lieu à 'garder la paix'. Dans l'immense majorité des cas, ils l'accomplissent dans le respect des droits fondamentaux et des valeurs démocratiques, et ce, parfois, dans des conditions ardues. Chaque année, des agents sont blessés ou tués dans l'exercice de leur mission. D'un autre côté, chaque année, de nombreuses personnes allèguent avoir subi des violences policières, sont grièvement blessées ou décèdent lors d'interventions de police ou de gendarmerie. Si ces faits sont rares au regard du nombre d'interventions policières enregistrées quotidiennement, ils justifient néanmoins que les citoyens demandent des comptes aux autorités de police et de gendarmerie*). Ce rapport intitulé *L'Ordre et la Force, enquête sur l'usage de la force par les représentants de la loi en France*, qui comprend un chapitre détaillé sur la difficulté de faire valoir des droits contre l'Autorité pour une allégation d'usage de force excessive -depuis le stade du dépôt de plainte à celui d'une condamnation judiciaire (*Obtenir justice : le parcours du combattant*, pp. 73-92). L'ACAT conclut que l'on *ne peut que constater un manque de volonté des autorités françaises à être transparentes sur les faits allégués d'usage illégal de la force et à débattre du sujet. Si les faits sont relativement rares,* [...] *l'enquête de l'ACAT démontre néanmoins que les cas répertoriés sont lois d'être anodins. Les victimes se comptent par dizaine.* [...] *Des réformes législatives devraient ainsi encadrer l'usage de certaines armes.* (*//www.acatfrance.fr/public/rapport_violences_policieres _acat.pdf*).

./.

[USA] Blog du Huffington Post du 6 décembre 2017 (*Police Killings Surpass the Worst Years of Lynching, Capital Punishment, and a Movement Responds*) qui évoque *des centaines de meurtres par la Police qui ne sont pas dénoncés à la Justice*, et un niveau de violence policière *qui est simplement inimaginable dans un pays démocratique et riche*, ainsi que la *totale impunité avec laquelle la police tue, avec des policiers qui sont en théorie responsables pour leurs actes de par la loi, mais en pratique presque jamais inculpé pour une infraction criminelle, et dans les rares cas où ils le sont, presque jamais condamnés*. Jusqu'à l'affaire *George Floyd* de mai 2020 ? Avec les excès contraires dont la Justice américaine a le secret : au pénal, une peine de prison de 22.5 ans pour Derek Chauvin, le policier reconnu coupable de meurtre ; et au civil, une transaction de 27m USD de dommages-intérêts en faveur des proches) (//www.huffpost.com/entry/police-killings-lynchings-capital-punishment_b_8462778).

214 Cf. les articles du SCMP du 3 janvier 2018 pour les références et les citations du paragraphe ; du SCMP du 21 janvier 2019 (*Top court denies last-ditch appeal bid by ex-Hong Kong policeman Frankly Chu, who was jailed for hitting bystander during Occupy protests*) ; du HKFP du 21 janvier 2019 (*Hong Kong's top court rejects final appeal by retired cop Frankly Chu over Occupy pedestrian assault*).

215 [Policiers] Ref. DCCC No. 980/2015, CACC 38/2017 (//legalref.judiciary.hk/lrs/common/ju/ju_frame.jsp?DIS=123313&currpage=T). Cf. SCMP du 7 avril 2020 (*Five Hong Kong policemen jailed for beating pro-democracy protester Ken Tsang during 2014 Occupy movement lose final appeal bid*). *Ditto* du 17 février 2017 (*Outraged Hong Kong police officers condemn court verdict in Ken Tsang assault case*): « *Senior officer calls for 'restraint' as Junior Police Officers' Association says court decision to jail seven members of the force for two years was 'beyond their acceptance level'* ». HKFP du 26 juillet 2019 (*Two Hong Kong cops freed over activist Ken Tsang assault case, five others have jail terms reduced*).

[Activiste] Ref. KCCC 443/2016. BBC News du 26 mai 2016 (*Hong Kong protests: 'beaten' activist found guilty of assault*). *Ditto* du 30 mai 2016 (*Ken Tsang: 'Beaten' Hong Kong protester sentenced for assault*): « *Magistrate Peter Law told the court that he was convinced beyond reasonable doubt that Tsang was the one who poured an unknown liquid over 11 police officers and subsequently resisted arrest by two others. 'Although he did not have a specific target, he clearly knew there were many officers below', he said, adding that it showed 'hostility'* ». ./.

Cf. le site 'ejinsight' du Hong Kong Economic Journal, post du 21 mars 2017: « *I have done things that were not allowed by the law, and I will be held responsible for my own actions. This I have never denied," Tsang said in a Facebook post* ».

216 Cf. le Communiqué de presse de Amnesty International du 19 septembre 2019 intitulé *'Hong Kong: arbitrary arrests, brutal beatings and torture in police detention revealed'* (Hong Kong: révélations sur des arrestations arbitraires, des passages à tabac brutaux et des tortures en garde à vue policière) (//www.amnesty.org/en/latest/press-release/2019/09/hong-kong-arbitrary-arrests-brutal-beatings-and-torture-in-police-detention-revealed/): *"The evidence leaves little room for doubt – in an apparent thirst for retaliation, Hong Kong's security forces have engaged in a disturbing pattern of reckless and unlawful tactics against people during the protests. This has included arbitrary arrests and retaliatory violence against arrested persons in custody, some of which has amounted to torture."*

217 China Daily du 1 août 2019 (*HK police deserve the full support and respect of citizens*). *Ditto* du 25 septembre 2019 (*Unfair media coverage of HK police must be rebutted*).

218 Commentaire de Xinhua News, rapporté par le SCMP du 29 septembre 2019.

219 Titre du *Monde* du 12 novembre 2019, avec *AFP, AP* et *Reuters* (A Hongkong, l'Etat de droit au bord de l'effondrement total).

220 [George Floyd] cf. The New York Times du 10 juillet 2020 (*George Floyd Protests-A Timeline*). BBC News du 19 juillet 2020 (*Portland protests: Oregon sues over unlawful detentions*). AP News du 26 juin 2021 (*Chauvin gets 22 1/2 years in prison for George Floyd's death*) et du 13 mars 2021 (*Floyd family agrees to $27M settlement amidst ex-cop's trial*). AP News 'Derek Chauvin', dedicated website (//apnews.com/hub/derek-chauvin).

221 [Adama Traoré] cf. le Figarovox du 4 juin 2020 (Les vérités qui dérangent sur l'affaire Adama Traoré). Cf. Valeurs Actuelles du 4 juin 2020 (Les manifestations pour Adama Traoré sont une imposture). Cf. Le Monde du 13 juin 2020 (Rassemblements contre les violences policières : au moins 15 000 manifestants à Paris). Cf. L'Express du 22 juillet 2020 (Adama Traoré : la justice indemnise son ancien codétenu pour violences sexuelles avérées). Cf. Mediapart du 16 juillet 2021 (Trois des gendarmes mis en cause dans le décès d'Adama Traoré ont été décorés pour l'avoir interpellé).

222 Cf. le dossier du magazine *Foreign Affairs* de mai-juin 2018, intitulé *Is Democracy Dying ? A Global Report*, en particulier l'article en pp. 29-33 de Yasha Mounk et Roberto S. Foa, *The End of the Democratic century. Autocracy's global ascendance*.

223 Martin Heidegger, *Sein und Zeit* 1927 (Kap. 4 §§25-27), pour qui le '*Das Man*' est tel que: « *Jeder ist der Andere und Keiner er selbst* ». Cf. l'article de Luce Fontaine-De Visscher, intitulé *La pensée du langage chez Heidegger, in* : *Revue Philosophique de Louvain*, Année 1966 no 82, pp. 224-262.

224 [Synallagmatique] « [*Droit : en parlant d'un contrat, d'une convention. Par opposition à 'unilatéral'*] *Dans lequel chaque partie s'oblige vis-à-vis de l'autre* » (CNRTL 2019).

225 [Démocratie antique] Moses I. Finley, *Démocratie antique* 1976 [1973] (précédé de *Tradition de la démocratie grecque* par Pierre Vidal-Naquet). Jacqueline De Romilly, *Liberté* 1989, *op.cit.*, p. 176 : « *Les Grecs ont concilié un sens irrépressible de la liberté avec une vision lucide de tout ce qui y faisait obstacle. La liberté grecque s'est voulue aussi respectueuse de la loi des dieux que de celle de la cité. Et elle a trouvé dans ce respect même sa source la plus vive* ». [Liberté antique] Jacqueline de Romilly, *Liberté* 1989, *op.cit.*, pp. 69-81.

226 [1] Aristote, *Politique* I.2 (théorie génétique de l'Etat), *Politique* I.3-6 (théorie de l'esclavage) ; *Economique* I.1-3 (différence entre économique et politique, propriétés). Aristophane, *Lysistrata* (grève du sexe à but politique).

[2] Vers le '*Droit des gens*' : la théorie d'Aristote sur l'esclavage fut au centre des arguments de la *Controverse de Valladolid* (1550-1551) qui opposa le moine dominicain Bartolomé de Las Casas (avec ses thomistes '*Trente Propositions très Juridiques*') au théologien Juan Ginés de Sepulveda (avec son traité aristotélicien '*Des Causes d'une Juste Guerre contre les Indiens*') quant à la politique d'exploitation et aux exactions liberticides de la couronne (espagnole) de Charles Quint envers les Amérindiens et qui menèrent à l'adoption des '*Leyes Nuevas*' (nouvelles lois) de 1542 confirmant l'interdiction de leur esclavage (déjà condamné les *Lois de Burgos* de 1512 et par deux bulles papales de 1537) et la suppression progressive des *encomiendas*, une forme de traite et de servage inhumains pratiquée par les colons (cf. *Histoire de la Philosophie*, II vol. 1, Gallimard 1973, pp. 243-257 'Du Génocide au Droit des Gens').

[3] Jean Touchard, *Histoire des Idées Politiques*, t.1, PUF 1978 [1959], pp. 257-267 'L'influence et les idéaux politiques de l'humanisme chrétien', en part. pp. 265-266' 'Prolongement de l'humanisme chrétien'. Bartolomé de Las Casas, *Très brève relation de la destruction des Indes*, La Découverte 1996 : « [p. 50] *Chez ces tendres brebis* [...] *les Espagnols sont entrés comme des loups, des tigres et des lions très cruels, affamés* [...]).

227 Cicéron le résume dans son *Traité du Destin* §39 (*in* : *Les Stoïciens*, Gallimard 1962, t.1 XVII, p. 488, trad. Bréhier).

228 [1] Le débat entre '*excellence naturelle*' (défendue par Platon-Socrate) et '*excellence qui s'enseigne*' (défendue par le sophiste Protagoras) est le sujet du *Protagoras* de Platon : « *Je ne te cacherai pas le fonds de ma pensée : personnellement, je ne crois pas que l'excellence soit matière à enseignement.* [...] *J'affirme en effet que les Athéniens sont <naturellement> doués d'excellence* » (*Protagoras* 319a-319b3) : *Platon plaide l'essentialisme* (le primat de l'essence).

[2] En revanche, *Aristote*, dans son scientisme, tout pilier du '*droit naturel classique*' qu'il soit (cf. Léo Strauss, *Droit naturel* 1986 [1954], pp. 114-151) *plaide le conceptualisme* (le primat de la conformité du concept à l'essence qu'il exprime) ; Aristote inscrit son éthique *anthropocentriste* dans la thèse de Protagoras, avec sa *Nature* (le sujet de sa *Physique*) qui joue un rôle-*cadre finalisé*, dont l'homme ne peut sortir (ses *quatre causes*, déterministes, sont partie de la définition de la *nature* : *Physique*, II [192b9-200b11]); pour Aristote, s'il y a un *choix* (i.e. *une liberté*) il ne peut porter que sur l'*actualisation*, et certes pas sur la *potentialité* (cf. *Physique* II.9 [en part. 200a30-35]) ; ainsi dans son *Ethique* : « *Ce n'est ni par nature, ni contrairement à la nature que naissent en nous les vertus, mais la nature nous a donné la capacité de les recevoir, et cette capacité est amenée à maturité par l'habitude. En outre, tout ce qui survient en nous par nature, nous le recevons d'abord à l'état de potentialité, et c'est plus tard que nous l'actualisons* [...] *Pour les vertus, au contraire, leur possession suppose un exercice antérieur, comme c'est le cas pour les autres arts* [...] *c'est en faisant que nous les apprenons* [...] *c'est en pratiquant les actions justes que nous devenons justes* » (*Ethique à Nicomaque* II.1 [110223-1103b1], trad. Tricot, Vrin 2012 [1990], pp. 94-95).

Cf. Pierre-Marie Morel, *Aristote*, Flammarion 2003 : « [p. 182] *Tous les vivants tendent naturellement vers l'accomplissement de leur fin, et ainsi vers leur bien. Cette introduction* <de l'Ethique à Nicomaque> *indique que l'homme ne déroge pas à la règle commune, en ce sens naturelle, mais qu'il le fait d'une manière qui lui est propre, au travers d'activités spécifiquement humaines.* [...] [p. 183] *L'action morale réussie est une fin absolue* [*EN VI.2, 1139b4*] ».

[229] Sur la base de l'*Ethique* platonicienne et de l'héritage socratique du vertueux 'bel-et-bon' (*kaloskagathos*) ? A cet égard, cf. le *Mythe d'Er le Pamphylien* (*République* X [608c-621d]) qui combine la théorie de la survivance de l'âme ('*la doctrine de l'âme*' de ses *Phèdre* et *Phédon*), son retour à une existence terrestre (la '*réminiscence*' de son *Ménon* ; ou la '*métensomatose*' de son *Phèdre*) et le choix personnel effectué par chacun de la vie qu'il va mener : « *De la vertu, personne n'est le maître, chacun selon qu'il l'honorera ou la méprisera, en recevra une part plus ou moins grande. La responsabilité appartient à celui qui choisit* [le lot divin]. *Le dieu quant à lui n'est pas responsable* » (*République* X [617e]).

[230] Art. 1 et art. 4 de la *Déclaration des Droits de l'homme et du citoyen* de 1789 : « (Art. 4) - *La liberté consiste à pouvoir faire tout ce qui ne nuit pas à autrui : ainsi, l'exercice des droits naturels de chaque homme n'a de bornes que celles qui assurent aux autres Membres de la Société la jouissance de ces mêmes droits. Ces bornes ne peuvent être déterminées que par la Loi* ». *Préambule* de la *Déclaration d'Indépendance* de 1776: « *We hold these truths to be self-evident, that all men are created equal, that they are endowed by their Creator with certain unalienable Rights, that among these are Life, Liberty and the pursuit of Happiness* ».

[231] Sur la question du *mécanisme* v *finalisme* chez Immanuel Kant, cf. Alain Renaut, *Découvrir la philosophie, t.3-La Raison et le Réel,* Odile Jacob 2010, pp. 152-168 'Sciences du vivant, sciences de l'homme'.

[232] Immanuel Kant, *Qu'est-ce que les Lumières ?* (GF 1303, Flammarion 2006, p. 45, trad. modifiée, Kant souligne).

[233] La citation est d'Honoré-Gabriel Riqueti, Comte de Mirabeau (1749-1791) (Mirabeau) tirée de son *Second discours sur la Déclaration des Droits de l'Homme* du 18 août 1789 (cité dans *Orateurs de la Révolution française, I. Les Constituants*, Pléiade Gallimard 1989, p. 667). Le titre *Law's Empire* (L'Empire de la Loi) est celui d'un ouvrage du philosophe du droit Ronald Dworkin, de 1986, qui prône la *théorie de l'interprétation* en matière de droit ('legal interpretivism'), qui critique la *théorie positiviste* ('legal positivism') prônée par son tuteur, HLA Hart (*The Concept of Law*, 1961), et qui propose des modèles de juges en justice appelés 'Juge Hercule' (verticalité) et 'Juge Hermès' (horizontalité).

[234] Karl Marx, *La Sainte Famille (Die heilige Familie, oder Kritik der kritischen Kritik gegen Bruno Bauer und Konsorten)* (1845), Chapitre Sixième (*Die absolute kritische Kritik oder die kritische Kritik als Herr Bruno*) III(c) (*Dritter Feldzug der absoluten Kritik - Kritische Schlacht gegen die französische Revolution*), [129].

[235] C'est tout le thème de l'ouvrage de philosophie morale de Immanuel Kant, intitulé la *Critique de la Raison Pratique* (1788).

[236] Cf. Saint Augustin, *De libero arbitrio* (388-395) (*La Grâce et le Libre arbitre, Œuvres III,* Pléiade Gallimard 2002, pp. 880-929 ; la citation est en X.22, p. 901).

[237] Karl Marx, *La Sainte Famille, op.cit.*, Chapitre Sixième III(c) précité [129].

[238] Edmund Burke, *Reflections on the Revolution in France* (1790).

[239] Hannah Arendt, *Essai sur la révolution*, TEL Gallimard 1967 [1963], p. 166. Cf. *ditto*, l'entier du Chapitre III, *La quête du bonheur*, pp. 166-204 et Chapitre IV, *Constitutio libertatis*, pp. 205-263).

[240] Karl Marx, *La Sainte Famille, op.cit.*, Chapitre Sixième III(d) (*Kritische Schlacht gegen den französischen Materialismus*) [132].

[241] Karl Marx, *La Sainte Famille, op.cit.*, Chapitre Sixième III(d) [137]: « *Endlich konnte Herr Bauer wieder in Hegel finden, daß die Substanz, wenn sie nicht zum Begriff und Selbstbewußtsein fortgeht, sich in die "Romantik" verläuft.* [...] *Um jeden Preis aber mußte der "Geist" über seinen "Widersacher", den Materialismus, ein "einfältiges Schicksal" verhängen* ».

[242] Jean Wahl, *Traité de Métaphysique*, Payot Paris 1953, pp. 513-528 'L'être évaluant et la valeur' et pp. 547ss 'La liberté' (citation en p. 522). Cf. François Grégoire, *Les Grands Problèmes Métaphysiques*, QSJ no 623, PUF 1969.

[243] Aristote, *Politique* IV.4 (1290a30-1290b4).

[244] John Stuart Mill, *On Liberty* (1859), Chapter 1, un essai philosophique sur l'utilitarisme et « *la lutte entre la Liberté et l'Autorité* ». Les citations sont en pp. 61 de la traduction française (Gallimard 1990, *De la liberté*).

[245] La citation est de l'introduction de François Furet et Ran Halévi, *Orateurs de la Révolution* 1989, *op.cit.*, p. LXXXII. Le sujet de *La pensée hostile à 1789 qui rejette la Révolution française comme une ensemble de principes faux et nuisibles* (*ditto*) a occupé Karl Marx notamment dans *La Sainte Famille* (*Bataille critique contre le matérialisme français*, pp. 564-575 de *Œuvres III* 1982, *op.cit.*). Sur ce sujet, cf. aussi Jean Touchard, *Idées Politiques*, t.2., 1981 [1959], *op.cit.*, pp. 450-476 'La pensée révolutionnaire' et pp. 477-510 'Réflexions sur la Révolution', en part. §2 'La politique dans la philosophie de Kant', pp. 488-492.

246 Il s'agit d'un recours contre l'adoption d'une loi de l'Etat du Texas (*'Senate Bill 8'*) qui tend à limiter très sérieusement le droit à avorter. Cf. The New York Times du 1er septembre 2021 (Supreme Court, Breaking Silence, Won't Block Texas Abortion Law): « *The Supreme Court refused* [...] *to block a Texas law prohibiting most abortions, less than a day after it took effect and became the most restrictive abortion measure in the nation.* [...] *As the law came into force, Democrats assailed it and pledged to fight to retain abortion rights in Texas and nationwide. In a statement, President Biden said the measure 'blatantly violates' the constitutional right to abortion established by Roe v. Wade* ».

Roe v Wade [410 U.S. 113 (1973)] du 22 janvier 1973 est l'arrêt de référence de la Cour Suprême, qui a légalisé l'avortement et limité le droit des Etats à adopter des lois anti-avortement. La décision de 1973 a été édictée sur la base du *principe de liberté* qui découle de la *'due process clause'* du Quatorzième Amendement de la Constitution fédérale américaine (établissant la protection constitutionnelle du droit à la liberté individuelle, contre les ingérences et les actes de l'Etat qui ne sont pas justifiés par une norme ; à propos de ce droit, appelé 'privacy', cf. le §127 de la décision de 1973).

Pour un survol historique du droit de l'avortement dans le monde, cf. les §§ 35-48 *ditto*.

247 Dit le Marquis et Député-révolutionnaire Trophime-Gérard de Lally-Tollendal (1751-1830) à la tribune de la Constituante à l'occasion de *Second discours sur la Déclaration des Droits de l'Homme* du 19 août 1789 (cité dans Orateurs de la Révolution française 1989, *op.cit.*, p. 355).

Lally-Tollendal est l'auteur de l'adjonction à propos de la *distinction des vertus et des talents* dans l'article VI de la Déclaration de 1789.

Voir le discours de Mirabeau à cette occasion (*ditto*, pp. 667-674).

248 Sur ces questions, cf. François Furet et Mona Ouzouf, *Dictionnaire critique de la Révolution française*, Flammarion 1988, sous les entrées 'Constitution' (pp. 537-553) et 'Droits de l'homme' (pp. 685-695).

249 [TUE/TFUE] Versions consolidées du Traité sur l'Union européenne et du Traité sur le fonctionnement de l'Union européenne (2012/C 326/01) du 26 octobre 2012.

./.

[Pacte M&A] Communication de la Commission au Parlement européen, au Conseil, au Comité économique et social européen et au Comité des régions sur un nouveau 'Pacte sur la Migration et l'Asile' du 23 septembre 2020 (COM (2020) 609 final) : « *'Nous adopterons une approche axée sur l'humain et empreinte d'humanité. Le sauvetage des vies humaines en mer n'est pas optionnel. Et les pays qui remplissent leurs obligations juridiques et morales ou qui sont plus exposés que les autres doivent pouvoir compter sur la solidarité de toute notre Union européenne.* [...] *Nous devons tous intensifier nos efforts en la matière et prendre nos responsabilités' (La Présidente von der Leyen, Discours sur l'Etat de l'Union 2020)* ».

250 Cf. p.ex. l'arrêt de la Grande Chambre de la CJUE du 17 décembre 2020 (ECLI:EU:C:2020:1029) qui sanctionne la Hongrie. Sur cette thématique, cf. l'article intitulé *Au-delà de la casuistique ? La part de la Cour de justice dans la construction du droit des migrations de l'Union européenne* du 6 avril 2021, en ligne sur le site web du Conseil Constitutionnel (//www.conseil-constitutionnel.fr/publi cations/titre-vii/au-dela-de-la-casuistique-la-part-de-la-cour-de-justice-dans-la-construction-du-droit-des-migrations) : « *Comme juge du droit des étrangers, la Cour attache une importance particulière aux procédures et garanties procédurales du droit des migrations de l'UE. Mais la Cour de justice est aussi juge de l'intégration européenne. La volonté de préserver les équilibres institutionnels de la construction européenne affecte son travail de pesée des droits des étrangers et de la compétence migratoire des Etats* ».

251 Cf. p.ex. Le Figaro du 15 mars 2019 (Hongrie : Viktor Orban affiche son alliance avec la Pologne) : *« Le premier ministre hongrois Viktor Orban, menacé d'exclusion du Parti populaire européen (PPE, droite), s'en est pris aujourd'hui au 'cauchemar' du fédéralisme européen, affirmant travailler à une 'renaissance' de l'Europe centrale menée par la Hongrie et la Pologne* ». Le *Groupe de Visegrad* (ou V4) est une organisation intergouvernementale réunissant des pays de la région d'Europe centrale (Hongrie, Pologne, Tchéquie et Slovaquie), destiné à « *préserver et promouvoir la cohésion culturelle, la coopération au sein du Groupe Visegrad en augmentant la diffusion de valeurs en matière de culture, d'éducation de science et d'échange d'information* » (//www.visegradgroup.eu).

252 Vers de Nicolas Boileau, *Satires, Satire I, Adieu d'un poète à la ville de Paris* (1660), vv. 51-52. La note ad v.52 de l'édition Hatier 1921 (*Satires : extrait des œuvres classiques de Boileau*) mentionne une précision de Boileau sur ce 'Rolet' : « *Procureur très-décrié, qui a été dans la suite condamné à faire amende honorable et banni à perpétuité* ».

253 -[Twitter] Déclaration de Eric Brion, accusé par la créatrice de la plateforme, rapportée par *Le Point* du 25 septembre 2019 'L'initiatrice du *#MeToo* français condamnée pour avoir diffamé l'homme qu'elle accusait de harcèlement'. *France-24* du 25 septembre 2019 'Sandra Muller, à l'origine de *#balancetonporc*, condamnée pour diffamation'. [Joxe] *Le Parisien* du 22 janvier 2020 'Ariane Fornia, qui accusait Pierre Joxe d'agression sexuelle, condamnée pour diffamation'.

254 Cf. L'Express du 4 octobre 2018 (#balancetonporc : ces plaignantes désormais accusées) : « *Un an après le début du mouvement, plusieurs personnalités médiatiques mises en cause intentent des procès en diffamation* ». Le Monde du 14 avril 2021 (Pierre Joxe perd en appel son procès en diffamation contre Alexandra Besson) : « [...] *la cour reconnaît l'excuse de bonne foi à la jeune femme* ».

255 Cf. L'article de Thierry Vissol sur le site Euronews. com/culture du 15 septembre 2021 (Why the ideologies behind 'Woke' and Cancel Culture are putting our democracy in jeopardy). Bloomberg Opinion du 19 septembre 2021 (Why Wokeism Will Rule the World): «*The woke movement could be the next great U.S. cultural export — and it is going to do many other countries some real good* ».

256 Notons que Karl Marx, *La Sainte Famille, op.cit.*, Chapitre Sixième III(d) [137] fait une allusion similaire à Spinoza : « *Dans l'Histoire de la Philosophie de Hegel, Bruno Bauer a cru puiser l'idée que le matérialisme français s'est formé à l'école de Spinoza. Or en consultant un autre ouvrage de Hegel* [La Phénoménologie de l'Esprit], *il aurait appris que théisme et matérialisme sont deux courants d'un seul et même principe fondamental, si bien que Spinoza avait deux écoles qui se disputaient du sens de son système* » (cf. Karl Marx, *Œuvre III-Philosophie*, Pléiade Gallimard 1982, p. 573).

257 La citation est recomposée avec les mots de David Colon, *Propagande. La manipulation de masse dans le monde contemporain*, Champs Flammarion 2021, pp. 9-18 (Introduction. Quelques idées reçues sur la propagande).

258 Cf. Hannah Arendt, *The Origins of Totalitarianism*, Penguin Classics 2017 [1966], pp. 446-476 'Totalitarian propaganda'. David Colon, *Propagande. La manipulation de masse dans le monde contemporain*, Champs Flammarion 2021.

259 La citation du paragraphe est recomposée des mots de la conclusion du libéral Friedrich Hayek, *La Route de la Servitude* (PUF Quadrige 2016 [1944], p. 252). Sur le dialogue de politique économique publique, soutenu jusqu'à la fin de la seconde guerre mondiale, entre J.M. Keynes (interventionnisme) et F. Hayek (libéralisme), cf. Filomena de Sousa, *Keynes : The Object of Hayek's Passion* (article), Cambridge Journal of Economics, vol. 45/1 de janvier 2021, pp 1-18.

260 Friedrich Hayek, *La Route de la Servitude* (PUF Quadrige 2016 [1944], pp. 236-237). Posée en 1944 avec sincérité aux fins de soutenir l'anti-planisme hayékien contre l'interventionnisme keynésien, cette question exemplifie selon nous la perversion du langage de propagande des régimes démocratiques libéraux : de nos jours, ce sont les démocraties libérales, et non les autocraties socialistes, qui ont adoptées les politiques du *'Quoi-qu'il-en-coûte'* et de *'l'helicopter money'* (QEs), tout en en acceptant (ignorant ?) les risques systémiques de long terme.

261 Partout dans le monde, la mainmise des pouvoirs économiques sur les médias : cf. p.ex. les rapports de *RSF-Reporters Sans Frontières* à cet égard (p.ex. *'Médias : les oligarques font leur shopping : la nouvelle enquête de RSF'* du 20 juillet 2016, mise à jour du 24 avril 2019) ; plusieurs enquêtes *RSF* disponibles sur rsf.org/fr/rapports/medias-les-oligarques-font-leur-shopping-la-nouvelle-enquete-de-rsf, consulté le 29 septembre 2019)

262 Sur les moyens employés par les Etats-Unis à des fins de manipulations antidémocratiques, cf. John Perkins, *Confessions of an Economic Hitman*, Plume Penguin 2006 : « [p. xi] *Les tueurs à gage économiques sont des professionnels qui défraudent les pays du monde de milliards* [...] *leur boîte à outils : rapports financiers frauduleux, élections truquées, pots-de-vin, extorsion, sexe et meurtre. Ils jouent un jeu aussi vieux que le monde, mais qui a pris une nouvelle et terrifiante dimension à cette époque de globalisation* [...] *je sais : j'en étais un* »

263 La preuve que les LIBÉRALISMES du XXIe siècle seraient devenus des *totalitarismes* se trouve chez Friedrich Hayek (au Chapitre XI 'La fin de la vérité' de la *Servitude* 2016 [1944], *op.cit.*, trad. Blumberg) : l'histoire et le *mantra* du capitalisme (*to get rich is glorious/greed is good*) lui donnent tort, puisqu'ils montrent

./.

l'exact envers de ce que Hayek entendait décrier, soit la prétendue abomination du 'socialisme' et la grandeur alléguée du 'libéralisme' : « *La manière la plus efficace de diriger les efforts de tous vers l'objectif du 'plan social'* [chez Hayek : 'socialisme', 'planisme', 'totalitarisme'], *c'est d'amener chacun à croire à cet objectif. Il ne suffit pas que tout homme soit obligé de travailler à la réalisation des mêmes buts pour que le système totalitaire fonctionne bien. Il est essentiel que les gens les adoptent. Il faut désigner au gens un but, le leur imposer ; mais il faut aussi qu'il devienne un article de foi, une croyance générale qui fera agir les individus avec toute la spontanéité désirée* ». Cf. Marcel Detienne, *Les Grecs et nous*, Chapitre 4, pp. 89-110 (La bouche de la vérité, largement ouverte).

264 Cf. Moses I. Finley, *L'invention de la politique*, Flammarion 1985 [1983], pp. 21-49 (Etat, Classe et Pouvoir). Cf. Aristote, *Politique* III (1279b6-40) : « [6] *Ce raisonnement rend donc évident semble-t-il que la souveraineté d'une minorité ou d'une majorité n'est qu'un accident, propre soit aux oligarchies, soit aux démocraties, dû au fait que partout, les riches sont en minorité et es pauvres en majorité* [...] [7] *La vraie différence qui séparent entre elles démocratie et oligarchie, c'est la pauvreté ou la richesse* » (trad. Jean Aubonnet, Aristote, *Politique*, tome II.1, Belles Lettres 1971, p. 69). Cf. Pierre Vidal-Naquet, *La démocratie grecque vue d'ailleurs*, Flammarion 1990, monographies intitulées *La formation de l'Athènes bourgeoise, essai d'historiographie 1750-1850* (pp. 160-209) et *La place de la Grèce dans l'imaginaire des hommes de la Révolution* (pp. 211-235).

265 https://www.state.gov/summit-for-democracy/.

266 Cf. le Communiqué de presse du 23 décembre 2021 de la Maison-Blanche, intitulé *Summit for Democracy Summary of Proceedings* (//www.whitehouse.gov/briefing-room/statements-releases/2021/12/23/summit-for-democracy-summary-of-proceedings/).

267 Le Monde du 25 novembre 2021.

268 Cf. le Communiqué du 23 décembre 2021 de la Maison-Blanche précité: « *(1) strengthening democracy and defending against authoritarianism ; (2) fighting corruption ; (3) promoting respect for human rights* ».

269 Cf. le Communiqué de presse du 9 décembre 2021 de la Maison-Blanche, intitulé *Fact Sheet: Announcing the Presidential Initiative for Democratic Renewal* (//www.whitehouse.gov/briefing-room/statements-releases/2021/12/09/fact-sheet-announcing-the-presidential-initiative-for-democratic-renewal/).

270 Foreign Policy du 10 décembre 2021, article intitulé *Why China Is Freaking Out Over Biden's Democracy Summit. Beijing's overreaction to the virtual summit is telling,* de M. Ohlberg, senior fellow & B.S. Glaser, director, Asia Program, U.S. German Marshall Fund à Berlin.

271 White Paper du 4 décembre 2021 communiqué par le *China's State Council Information Office* (release: Xinhua), intitulé *"China: Democracy That Works"*, (//www.china-embassy.org/eng/zgyw/202112/t20211204_10462468.htm), en particulier le §5, intitulé *'A New Model of Democracy'*: « *In promoting democracy, China has undergone a difficult process of selection, experimentation, practice and development. China has created and developed whole-process people's democracy in line with its national conditions. This is a form of democracy with distinctive Chinese features which at the same time reflects humanity's universal desire for democracy. It has fueled the development of the country and driven the revitalization of the nation. It has contributed a new model to the international political spectrum* ».

272 Expression de la tyrannie sans compromis : « *Des 'règles de langages' méticuleusement mises au point pour tromper et pour camoufler, nulle n'eut d'effet plus décisif que ce premier décret du temps de guerre, émis par Hitler, dans lequel on avait remplacé le mot 'meurtre' par l'expression 'accorder une mort miséricordieuse' Lorsque l'officier de police demanda à Eichmann si l'ordre d'éviter 'des souffrances inutiles' n'avait pas un côté ironique,* [...] *il ne comprit même pas la question, tellement la conviction était encore ancrée en lui que le péché impardonnable n'était pas de tuer des gens, mais de leur infliger des souffrances inutiles* » (Hannah Arendt, *Eichmann à Jérusalem*, Gallimard 2002, p. 213).

273 Cf. §242 du *Par-delà bien et mal* de Friedrich Nietzsche (1886) (Folio Essais 70, Gallimard 1971, p. 162, trad. Heim) : « *Je veux dire ceci : que la démocratisation de l'Europe est en même temps, et sans qu'on le veuille, une école des* tyrans, *ce mot étant pris dans toutes ses acceptions, y compris la plus spirituelle* ».

274 Voltaire, *Alzire ou les Américains*, tragédie de 1736, vv. 53-58. Les *Lettres Philosophiques* ont conduit le libraire de Voltaire à la Bastille ; le Parlement condamna l'ouvrage qui fut brûlé publiquement ; et Voltaire tomba sous le coup d'une lettre de cachet (ordre d'incarcération) et s'exila au château du Marquis de Chatelet à Cirey en Champagne, où il acheva d'écrire la tragédie *Alzire* (cf. René Pomeau, *Voltaire et son temps, tome 1, 1694-1759*, Fayard 1995, Chapitre 19).

275 Alain Supiot, *L'Esprit de Philadelphie*, Seuil 2010, pp. 103-108 ('La renaissance féodale').

276 Le concept nietzschéen 'd'*éternel retour*', qui est *ontologique* et *existentialiste*, et permet une réponse au *'nihilisme'* par 'l'*amor fati*', diffère de celui des anciens Grecs (qui est *métaphysique*): « *Le retour éternel est le 'marteau' que Nietzsche apporte à l'élite de l'humanité pour qu'elle fracasse les idoles et sculpte la figure du Surhomme : 'la doctrine de Retour Eternel, Marteau dans la main de l'homme le plus puissant' (Fragments 69)* » (Jean Granier, *Nietzsche*, QSJ 2042, PUF 1997 (6e éd.), p. 108 ; cf. aussi Gilles Deleuze, *Nietzsche et la philosophie*, Quadrige PUF 1997 [1962], pp. 217-222 'Dionysos et Zarathoustra'. Sur le 'retour' en *Métaphysique* : cf. Mircea Eliade, *Le Mythe de l'Eternel Retour*, Gallimard 1969, pp. 158-182 'La terreur de l'histoire' avec « *l'homme historique (moderne)* ».

277 Platon, *La République* VIII (543a-IX 576b) (timocratie, oligarchie, démocratie, tyrannie) ; Aristote, *Politique* III.7 (1279a22-1279b10) (vertueuses/déviantes : royauté/tyrannie, aristocratie/oligarchie, républicaine/démocratie).

Pour Aristote (*Pol.* III.8), la démocratie est une la forme déviante du gouvernement par les pauvres, tout comme l'oligarchie, qui est la forme déviante du gouvernement par les riches : « *Et la richesse, et la liberté, sont les raisons invoquées par les uns et les autres pour réclamer le pouvoir* » (1280a5-6, trad. Tricot).

278 Respectivement : (*i*) répression sévère de la volonté de la majorité à l'auto-détermination ; (*ii*) imposition forcée d'un plan d'austérité très critiqué (Varoufakis) ; (*iii*) non-respect de volonté exprimée de la majorité de sortir de l'UE ; (*iv*) non-respect par l'UE de la volonté de la Nation de limiter les migrations qui lui ont été imposées.

279 Cf. §201 du *Par-delà bien et mal* (Friedrich Nietzsche, 1886) (Gallimard 1971, *op.cit.*, pp. 113-114, trad. Heim) : « *Celui qui scrute la conscience de l'Européen moderne, décèlera dans les mille replis et recoins de la moralité le même, sempiternel impératif, celui de la crainte grégaire : 'Nous voulons un jour,* n'avoir plus rien à craindre'. *Un jour.* [...] *La volonté et la voie qui mènent à ce point s'appellent aujourd'hui, dans toute l'Europe, le 'progrès'* ».

[280] Joseph de Maistre, *Considérations sur la France* (1797) (Editions Complexe, 1988, p. 87). L'émanent politologue Pierre Manent écrit dans sa Préface (*ditto*, p. VII) : « *Les Considérations sur la France paraissent en 1797. Pour la première fois, les victimes de la Révolution parlent, non pour gémir ou insulter, non pour répandre leurs griefs, mais pour s'efforcer de comprendre ce qui s'est passé, tout ce qui s'est passé, et aussi pour envisager l'avenir probable.* [...] *Plus que les Réflexions de Burke, les Considérations fondent la tradition de la réaction, ou de la contre-révolution, de ce courant de pensée qui, au lieu de critiquer la Révolution pour telle ou telle de ses mesures, ou pour ses 'excès' en général, la rejette toute entière, dans son principe, comme contraire à la nature - même de l'homme social et moral* ».

[281] Hannah Arendt, *Du Mensonge à la Violence*, Calmann-Lévy 1972, p. 25. Lewis Carroll, *Alice's adventures in Wonderland and Through the looking-glass*, Oxford University Press 2009, 'Prefatory Poem': « *Thus grew the tale in Wonderland / Thus slowly one by one / Its quaint events were hammered out / And now the tale is done* ». La référence à Lewis Carroll est de plus en plus prégnante en matière diplomatique et politique : p.ex., en avril 2018, à une réunion du *Conseil de Sécurité* de l'ONU suite à l'*affaire Skripal*, l'Ambassadeur de Russie aux Nations-Unies cite Lewis Carroll dans le texte en exprimant son rejet de la condamnation britannique sans preuve

[282] Hannah Arendt, *Totalitarianism* 2017 [1966], pp. 472-474 *'Totalitarian propaganda'*. Dans son ouvrage *Du mensonge à la violence*, Calmann-Lévy 1972 (*'Crises of the Republic'*, 1972), Hannah Arendt parle du colloque organisé en 1970 par le *Barreau de New York* sur le thème : « [p. 53] *Le droit est-il mort ?* », en concluant : « [p. 104] *A la différence d'autres pays, en dépit des bouleversements dus aux changements et aux échec subis,* [...] *notre République possède peut-être encore les instruments traditionnels qui lui permettent d'envisager l'avenir avec une certaine confiance* ». Que pourrait-on en dire en 2020 ?

[283] [Formes de gouvernement] Cf. Immanuel Kant, *Projet de Paix Perpétuelle* de 1795 (*Bréal* 2002, p. 51, première traduction de 1796) : « *La forme de la souveraineté (forma imperii) dont il ne peut y avoir que trois formes : l'autocratie,* [...] *l'aristocratie,* [...] *la démocratie* ».

./.

[Nomothète, droit et force] Cf. Jean-Jacques Rousseau, *Du Contrat social* de 1762 (Flammarion 2001, pp. 45-46), chez qui le 'plus fort' est un illégitime souverain : « [I.3] *Le plus fort n'est jamais assez fort pour être toujours le maître, s'il ne transforme sa force en droit et l'obéissance en devoir. De là le droit du plus fort ; droit pris ironiquement en apparence et réellement établi en principe.* [...] *Convenons que la force ne fait pas droit et qu'on est obligé d'obéir qu'aux puissances légitimes* ».

284 En contradiction avec celui de John Rawls (*Theory of Justice*, 1971 ; *Justice as Fairness*, 2001), le *voile d'ignorance* est ici un instrument supplémentaire en mains du souverain-nomothète, destiné à servir ses intérêts.

285 Aristote, *Métaphysique* Θ.1 (1045b27-1052a12) (*puissance* et actualisation). Aristote, *Physique* IV.1 (208a25-209a30) (*lieu*), *Physique* IV.6-9 (213a11-217b29) (*vide* et *néant*).

286 Art. 24 al. 1 du *Code Civil Suisse* de 1907 (*CCS*, RS 210)

287 Andreas Bucher, *Personnes physique et Protection de la personnalité*, Helbing & Lichtenhahn 1999 (4e éd.), § 347, pp. 83ss.

288 Et *l'exil* de la Rome antique : cf. Ovide, *L'Exil et le Salut*, Arléa 1999 (*'Tristia' & 'Epistulae ex Ponto'* ; trad. Labre) : « [I§1, p. 23] *Petit livre, je ne dis pas non : tu iras à Rome sans moi, à Rome où ton maître n'a plus le droit d'aller !* [...] [I§1, p. 28] *La route est longue ; hâte-toi. Moi, je vais devoir vivre à l'extrémité du monde, sur une terre bien éloignée de ma terre !* ».

289 Platon, *Apologie de Socrate* et Platon, *Criton*. Paul Veyne, *'Les Présupposés de la cité grecque, ou Pourquoi Socrate a refusé de s'évader'* (*in : L'Empire gréco-romain*, Seuil 2005, pp. 79-116) : « [p. 114] *Condamné injustement, il aurait pu s'évader,* [...] *mais les Lois lui dirent en songe de n'en rien faire : « A quoi songes-tu Socrate ? A nous ruiner, nous, les Lois, et avec nous la cité elle-même ? » (Criton 50a-b). Comme on voit, ce serait trop peu dire que de dire que seules les lois permettent à une cité de se maintenir : elles seules font qu'il y ait une cité (Aristote, Rhétorique I.4 1360a19, Politique 1310a 35) : c'est là ce qui nous sépare des Anciens et qui nous ferait penser que la conduite de Socrate est incompréhensible, absurde.* [...] [p. 115] *Or Socrate n'est pas un membre de quelque 'population' athénienne, mais le souverain de cette cité ou du moins un membre de ce souverain collectif ; il est à la fois sujet et souverain de cette cité et c'est comme souverain qu'il se laisse mettre à mort : il ne va pas donner le mauvais exemple et scier la branche sur laquelle est assis tout membre du corps civique souverain. Il se sent moins responsable devant sa cité que copropriétaire patrimonial et il ne veut pas compromettre l'avenir de ce patrimoine* ».

290 Cf. FP (Foreign Policy) du 18 juin 2020 (*Trump's Anti-Immigration Crusade Is About to Strike at the Heart of the U.S. Economy*).

291 Pierre-Marie Dupuy et Yann Kerbrat, *Droit International Public*, Dalloz 2016 (13e éd.), pp. 2-7.

292 *Ibid.*, p. 5 (« [...] *une société conflictuelle et délibérante* ») ; *ibid.*, p. 53 (« *Le territoire 'marqueur de souveraineté' constitue la base matérielle sur laquelle le gouvernement peut exercer son autorité. Il est également directement lié à la population qu'il stabilise à l'intérieur de ses limites* », *ibid.*, p. 63 (« *La conception moderne du territoire <est> marquée par sa stabilité, laquelle implique la détermination exacte du champ d'application spatiale de la souveraineté* »).

293 Le rôle des trois Pouvoirs de l'Empire britannique victorien -notablement du Parlement au 19ème siècle- dans le cadre du formatage politico-économique du mouvement anti-Chine et pro-guerre, né de volontés individuelles hétéroclites et culmina en force collective unifiée est le sujet de notre ouvrage intitulé *The Rule of Fair Play, British Gunboat Lawfare* -dont le premier volume, *(Vol 1) India, China and the First Opium War (1600-1842)*, a été publié en décembre 2021 (Rockdale Law & Geopolitics).

294 *Ditto.*

295 Cf. Alain Supiot, *L'esprit de Philadelphie-La justice sociale face au marché total*, Seuil 2010, pp. 64-70 ('Le darwinisme normatif').

296 Jacques Généreux, *L'autre société*, Seuil 2011, pp. 88-105 ('Que signifie la liberté ?', 'Compétition ludique et rivalité mimétique', 'Le don de la loi', 'Comment apprend-t-on la loi').

297 Citation attribuée par l'ex-*Ministre des Finances* de la Grèce, Yanis Varoufakis, à Christine Lagarde, alors *Directrice Générale* du *FMI-Fonds Monétaire International*, dans son ouvrage éponyme (*Adults in the Room-My battle with Europe's Deep Establishment*, Vintage 2018, la citation est en p. 2).

298 *Ibid.*, pp. 10-12.

299 Pierre-Marie Dupuy et Yann Kerbrat, *DIP* 2016, *op.cit.*, pp. 607-724.

300 Immanuel Kant, *La Religion dans les Limites de la simple Raison* de 1793 (Vrin 2000, trad. Naar modifiée) : « *La morale fondée sur le concept de l'homme, en tant qu'être libre s'obligeant pour cela même, n'a besoin ni de l'Idée ni d'un Etre différent, supérieur à lui, pour connaître son devoir, ni d'un autre mobile que la loi même pour l'observer* ».

301 Ernst Cassirer, *La Philosophie des Lumières*, Fayard 1966, p. 243 et p. 245.

302 Cf. §260 du *Par-delà bien et mal* de Friedrich Nietzsche (1886) (Gallimard 1971, *op.cit.*, p. 183, trad. Heim) « *Il existe donc une morale des maîtres et morale des esclaves.* [...] *Les civilisations supérieures ont tenté de concilier ces deux morales,* [...] *plus souvent encore elles se mélangent sans s'accorder,* [...] *elles coexistent même quelque fois* [...] ».

303 Xénophon de Colophon, fr. 15 (Clement, *Stromates*, V.109.3), cité *in:* Geoffrey S. Kirk, John E. Raven & Malcolm Schofield, *The Presocratic Philosophers*, Cambridge University Press 2013 (2nd ed.) [1957], pp. 168-169.

304 Analogie avec la disposition de l'art. 186 du *Code Pénal Suisse* de 1937 (*CPS*, RS 311.0).

305 Analogie avec les dispositions des art. 258-260, 275-275ter et 285 *CPS*.

306 Analogie avec les dispositions des art. 173-178 *CPS*.

307 Cf. les dispositions de l'art. 47 de la *Loi sur les Banques* (*LB*, RS 952.0) et les art. 272-273 *CPS*.

308 Dans une interview au *Figaro* du 26 octobre 2000, citée dans le Jugement de la High Court of Justice de Londres dans l'affaire qui opposa les oligarques russes Boris Berezovsky v Roman Abramovich (re. [2012] EWHC 2463 (Comm), §636), le Président russe, Vladimir Poutine, aurait déclaré : « *De manière générale, je ne pense pas que l'Etat et les oligarques sont des ennemis irréconciliables. Je pense plutôt que l'Etat a une matraque en main, qu'il utilisera seulement une fois. Pour frapper à la tête de manière décisive. Cette matraque, nous ne l'avons pas utilisée ; nous l'avons seulement prise en main –et cela a été suffisant pour attirer l'attention publique. Mais si nous nous fâchons pour de bon, nous n'hésiterons pas à nous en servir. Au besoin, nous détruirons tout instrument de chantage, quel qu'il soit* » (cf. Serge G. Fafalen, *Les Labyrinthes du droit* (série *Quelle Morale pour la Règle au XXIe siècle, Volume* 1, édition Schulthess 2020 ; ou deuxième volume, nouvelle série, édition Rockdale 2022 [sous presse]).

309 GWF Hegel, *Phénoménologie de l'Esprit*, Partie B (1807 *'Phänomenologie des Geistes', 'B. Selbstbewußtsein, IV. Die Wahrheit der Gewißheit seiner selbst'*). Friedrich Nietzsche, *Contributions à la Généalogie de la Morale*, I §10 (1887 *'Zur Genealogie der Moral', Erste Abhandlung : Gut und Böse, Gut und Schlecht,* §10) : « *La révolte des esclaves en morale commence lorsque le 'ressentiment' devient lui-même créateur et producteur de valeurs.* [...] *Tandis que toute morale aristocratique naît d'un triomphant 'Oui' à elle-même, la morale des esclaves dit dès le début 'Non' à un 'dehors', à un 'autre', à un 'non-soi-même' ; et ce 'Non' est son action créatrice* ».

310 L'invasion américano-britannique suspendit le *Programme 'Pétrole-contre-Nourriture'* (*'Oil-for-Food'*) qui avait été prévu par la *Résolution* 986 d'avril 1995 et la *Résolution* 1409 de mai 2002 ; ce *Programme* reprit avec la *Résolution* 1483 de mai 2003, qui permit une corruption à très large échelle, sous la protection de la France, de la Russie et de la Chine, qui aurait servi à financer le terrorisme ; et mené à un scandale à propos de la gestion du *Secrétaire Général* des Nations Unies, Kofi Annan (avec la *Résolution* 1538 d'avril 2004), ainsi qu'à de nombreuses procédures pénales dans la plupart des pays du *Conseil de Sécurité.*

311 *Résolution* 1973 du 17 mars 2011, proposée par la France, le Liban et le Royaume-Uni, pour une intervention militaire internationale dans la guerre civile libyenne, qui a été fondée sur le Chapitre VII de la *Charte des Nations Unies* de 1945.

312 *Le Monde* du 21 juillet 2020 ('Le Parlement égyptien approuve une possible intervention en Libye')

313 Cf. The Guardian du 15 mai 2017, *Adults in the Room: My Battle with Europe's Deep Establishment by Yanis Varoufakis (review).*

314 Chapitre VI et Chapitre XIV de la *Charte des Nations Unies* de 1945, en part. l'art. 92.

315 Descriptif officiel de la *Cour International de Justice* (cf. p. ex. p. 2 du *Communiqué de presse* no 2018/37 du 25 juillet 2018, en relation avec une violation du Traité de 1955 entre l'Iran et les USA).

316 Cf. Maxime Lefebvre, *Le Jeu du Droit* 2018, *op.cit.*, p. 37 : « *Le véritable moteur* <du droit international en tant qu'instrument et enjeu entre les mains des Etats> *reste la souveraineté étatique. Les organisations internationales, dotées par les Etats d'une relative autonomie, ne sont pas souveraine. Guy de Lacharrière a mis en évidence que les Etats ont une 'politique juridique extérieure', c'est-à-dire une politique à l'égard du droit qui n'est pas nécessairement déterminée par le droit, autrement dit une politique instrumentalisant le droit dans le sens de leurs intérêts (La Politique juridique extérieure, 1983)* ».

317 Platon, *Phèdre* (230d, 270b, 274e). Jacques Derrida, *La Pharmacie de Platon* (1968), *in :* Platon, *Phèdre*, GF 1268, Flammarion 1989, pp. 257-387 (citation en pp. 264-265) « *Ce phármakon, cette médecine, ce philtre, à la fois remède et poison <qui> s'introduit dans le corps du discours avec toute son ambivalence. Ce charme, cette vertu de fascination, cette puissance d'envoûtement,* [...] *tour-à-tour ou simultanément bénéfiques et maléfiques.* [...] *Opérant par séduction, le phármakon fait sortir des voies et des lois générales, naturelles et habituelles* ».

318 Cf. Serge G. Fafalen, *Quelle Morale pour la Règle au XXIe siècle. Vol. 1. Les Labyrinthes du droit*, Schulthess 2020, Chapitre II *Observer*, en part. §§ II.7E, II.8D.

319 Cf. Platon, *Phédon* (58e) : détermination et bonheur de Socrate de mourir, opposés à la douleur de Phédon de le perdre

320 Chez Thomas Hobbes, le *'Léviathan'* est l'unité formée par la somme des puissances individuelles : « *Un Dieu Mortel*, [...] *à qui nous devons paix et protection ; par l'Autorité à lui confiée par chacun dans le 'Common-wealth'* [littéralement : bien commun, habituellement traduit par 'République'] *<il est la multitude unie en une seule personne> il a l'usage d'un si grand Puissance et d'une si grande Force, rassemblées en lui, que, par la terreur qu'ils inspirent, il est à même de façonner les volontés de tous d'imposer la paix domestique et l'assistance mutuelle contre les ennemis à l'étranger. En lui réside l'Essence du 'Common-wealth',* [...] *appelé Souverain, il a le pouvoir souverain ; tout autre individu est son Sujet* » (Part II, Chapter XVII, *Léviathan*, Penguin Classics 1985, pp. 227-228). Sur l'effort de survie au moyen de la force, cf. le *'conatus'* chez Spinoza (*Ethique* III, *Propositions* VI-VII).

321 Maxime Lefebvre, *Le Jeu du Droit* 2018, *op.cit.*, pp. 12-14.

322 P.ex. GWF Hegel (*Principes de la Philosophie du droit*, 1821) et Raymond Aron (*Paix et Guerre entre les Nations*, 1962).

323 Cf. §334, §§338-340 et §§341-360 des *Principes de la Philosophie du droit* de GWF Hegel de 1821 (GF 664, Flammarion 1992 pp. 384-398) ; §§139-140 et *Introduction* pp. 36-40 sur l'inéluctabilité du mal et de la guerre et « *la volonté du mal dans la moralité* ».

324 Raymond Aron définit la 'puissance' comme « *la capacité d'une unité politique d'imposer sa volonté aux autres unités* » (cité par Maxime Lefebvre, *Le Jeu du Droit* 2018, *op.cit.*, p. 13 -l'expression *'Droit de Genève'* figure en pp. 169-173).

Raymond Aron, *Paix et guerre entre les nations*, Calmann-Lévy 1962, pp. 691-750 ('Au-delà de la politique de puissance : 1. La paix par la loi / 2. La paix par l'empire') : « [p. 691] *La politique internationale a été, toujours par tous, reconnue pour ce qu'elle est, politique de puissance, sauf, à notre époque, par quelques juristes ivres de concepts, ou quelques idéalistes qui confondaient leurs rêves avec la réalité.* [...] *Les juristes déploraient d'être contraints d'ignorer ou de légaliser la guerre et les moralistes s'en prenaient à l'essence de la conduite diplomatico-stratégique, au fait que cette conduite, même en temps de paix, se réfère à l'éventualité de la guerre, c'est-à-dire de la contrainte et de la violence* ».

[325] Francis Fukuyama, *Political Order and Political Decay*, Profile Books 2015, pp. 524-548 « *Le développement politique est similaire à l'évolution biologique à plusieurs égards. Ce dernier est basé sur l'interaction de deux principes, modification et sélection ; il en va de même avec la politique* ». Dans *The End of History and the Last Man* (Free Press 1992), Francis Fukuyama défend la thèse d'une évolution vers un état universel et homogène, culminant dans la *liberté* de la vraie démocratie. Cet auteur déchante aujourd'hui, mais il allègue que les problèmes sont à court terme, cf. son article dans le *Wall Street Journal* du 6 juin 2014 (*'At the 'End of History' Still Stands Democracy'*): « *The problem in today's world isn't just that authoritarian powers are on the move but that many existing democracies aren't doing well either.* [...] *So has my end-of-history hypothesis been proven wrong, or if not wrong, in need of serious revision? I believe that the underlying idea remains essentially correct, but I also now understand many things about the nature of political development that I saw less clearly during the heady days of 1989.* [...] *When observing broad historical trends, it is important not to get carried away by short-term developments. The hallmark of a durable political system is its long-term sustainability, not its performance in any given decade* ».

[326] Sur le *'facteur religieux dans les relations internationales'*, cf. Maxime Lefebvre, *Le Jeu du Droit* 2018, *op.cit.*, pp. 48-54. Samuel P. Huntington, *The Clash of Civilizations and the Remaking of World Order*, Simon & Schuster 1996.

[327] Friedrich Nietzsche, *Par-delà bien et mal* §62 (Gallimard 1971, *op.cit.*, p. 78, trad. Heim légèrement modifiée) -Nietzsche parle de ce qu'il considère être les méfaits du *Christianisme*, propos que nous généralisons à tout discours égalitariste dominant en politique contemporaine.

[Concepts] Cf. Gilles Deleuze et Félix Guattari, *Qu'est-ce que la Philosophie ?* Les Editions de Minuit 1991, p. 10.

[328] Cf. Jean-Baptiste Jeangène Vilmer, *Théories des relations internationales*, Que-Sais-Je ? PUF 2020, Chapitre 2 Le réalisme, pp. 23-42.

[329] Maxime Lefebvre, *Le Jeu du Droit* 2018, *op.cit.*, titre du chapitre 14, pp. 567-611.

330 Re., e.g., the 21 January 2022 *Conversation with Representative Ami Bera*, a video posted by the Council of Foreign Relations on its website (cfr.org), notably @42:35-47:40. *"Representative Bera (D-Cal) is Chairman of the House Subcommittee on 'Asia, the Pacific, Central Asia and Non-Proliferation' at the U.S. Congress and is interviewed by Jim Sciutto, CNN Chief National Security Correspondent"*.

331 Eschatologie biblique (*Apocalypse* de Saint-Jean) et politique (*Fin de l'Histoire et de l'Homme* de Francis Fukuyama).

332 Le '*natura daedala rerum*' de Immanuel Kant (*Vers la Paix perpétuelle* 2006, *op.cit.*, Annexe I, p. 98)

333 Emile Bréhier, *Histoire de la philosophie*, t.1, PUF Quadrige 1983 (1931), pp. 60-61 ('Empédocle d'Agrigente'). Ce que Immanuel Kant appelle *'l'insociable sociabilité'* des hommes (*Opuscules sur l'histoire*, Flammarion 2014, p. 75, trad. Piobetta) : « *J'entends ici par antagonisme* l'insociable sociabilité *des hommes, c'est-à-dire leur inclinaison à entrer en société, inclination qui est cependant doublée d'une répulsion générale à le faire, menaçant constamment de désagréger cette société. L'homme a un penchant à* s'associer. [...] *Il manifeste aussi une grande propension à* se détacher <*s'isoler*> »).

Cf. aussi, Immanuel Kant, *Critique de la Faculté de Juger, Analytique du Sublime* § 9, (Flammarion 2000, *op.cit.*, p. 259). L'économiste Jacques Généreux examine qui de la *sociabilité* ou de l'*insociabilité* est en premier (*L'autre Société*, Seuil 2011, pp. 53-105 'Grandir parmi les siens' ; *La Dissociété*, Seuil 2011, pp. 339-437 'II. La nature de la société'). Chez Friedrich Nietzsche, l'opposition binaire *Dionysos/Apollon* fait naître la *tragédie grecque* (*Naissance de la Tragédie*, Gallimard 1977, p.52, trad. Haar & al.) : « *Comme si la démocratie athénienne avait pu imaginer d'incarner l'immutabilité de la loi morale dans le cœur du peuple -lequel finirait toujours par l'emporter en raison sur les transgressions et les excès passionnels des rois* ».

334 Cf. Maxime Lefebvre, *Le Jeu du Droit* 2018, *op.cit.*, p. 13.

335 Cf. Jean-Baptiste Jeangène Vilmer, PUF 2020, *op.cit.*, Chapitre 3 Le libéralisme, pp. 43-60.

336 Immanuel Kant, *Zum ewigen Frieden. Ein philosophischer Entwurf* (deuxième édition de 1796), VIII, 349-350.

337 Leo Strauss & Joseph Cropsey, *Histoire de la philosophie politique*, Quadrige/PUF 1994 [1963], Emmanuel Kant, p. 640.

338 [1] Respectivement intitulés *Zum ewigen Frieden. Ein philosophischer Entwurf* (1795/1796); *Verkündigung des nahen Abschlusses eines Traktats zum ewigen Frieden in der Philosophie* (1796).

[2] La première traduction française du *Zum ewigen Frieden. Ein philosophischer Entwurf* de 1795 traduisait le titre par *Projet de paix perpétuelle* (trad. Dekens, Bréal 2002 ; trad. Wisman, La Pléiade, 1986) ; d'autres traducteurs ont nommé cette œuvre, à tort selon nous, *Vers la Paix perpétuelle* (trad. Proust/Poirier, Gallimard 2006).

[3] Immanuel Kant parle de « *doux rêve* » (*cf. Vers la Paix perpétuelle* 2006, *op.cit.*, p. 76). Sur le rêve en question, cf. Maxime Lefebvre, *Le Jeu du Droit* 2018, *op.cit.*, pp. 16-21 : « *La paix par l'interdépendance. L'idéal d'une paix perpétuelle a toujours aiguillonné l'imagination des philosophes. A des degrés divers, ceux-ci se sont appuyés sur le droit, régulateur de la violence entre les Etats comme entre les individus.* [...] *Les libéraux remplacent la guerre par l'interdépendance,* [...] *contrairement aux réalistes qui parlent de système,* [...] *les libéraux raisonnent en termes de société, voire de communauté* ».

Sur la question (débattue entre libéraux et réalistes) de liens entre interdépendance et conflit en matière géopolitique, cf. Edward D. Mansfield et Brian M. Pollins, *The Study of Interdependence and Conflict* (article), *in :* Journal of Conflict Resolution, Vol. 45 No 6 (Dec 2001), pp. 834-859, Sage Publications 2001.

339 Immanuel Kant, *Zum ewigen Frieden. Ein philosophischer Entwurf* (1796), VIII, 355

340 *Ditto.*

341 *Ditto.*

342 *Ditto,* VIII, 369 et VIII, 381-386. *Verkündigung des nahen Abschlusses eines Traktats zum ewigen Frieden in der Philosophie*, VIII, 419-422 (sec. 2 - *Perspective douteuse d'une prochaine Paix Perpétuelle en Philosophie*).

343 *Ditto,* VIII, 354.

344 Immanuel Kant, *Zum ewigen Frieden, op.cit.*, VIII, 370 (*Appendice I - Sur l'opposition qui se trouve entre la Morale et la Politique, au sujet de la Paix Perpétuelle*). La traduction est celle de Hans Wisman, Emmanuel Kant, *Œuvres Philosophiques*, Tome III - Les Derniers Ecrits, La Pléiade Gallimard 1986, p. 365.

345 *Ditto,* VIII, 360-368 (*Premier Supplément – De la garantie de la Paix Perpétuelle*) : « *Ce qui garantit la paix n'est pas autre chose que la Grande Artiste, Nature (natura daedala rerum), dont la marche mécanique annonce à l'évidence la finalité de faire naître la concorde, à partir des discordes des hommes, malgré eux-mêmes* » (VII, 360).

346 Titre de l'Appendice II de *Zum ewigen Frieden, op.cit.*, VIII, 381-386.

347 Cf. par exemple, Bruce Russett, John R. Oneal and David R. Davis, *The Third Leg of the Kantian Tripod for Peace: International Organizations and Militarized Disputes, 1950-85* (article), *in:* International Organization (MIT Press), Vol. 52 No. 3 (Summer 1998), pp. 441-467. Edward D. Mansfield et Brian M. Pollins, *The Study of Interdependence and Conflict* (2001), *op.cit.*, p. 839.

348 *Ditto*, VIII, 356-357.

349 Immanuel Kant, *Verkündigung* (1796), *op.cit.*, VIII, 420 (sec. 2 - *Perspective douteuse d'une prochaine Paix Perpétuelle en Philosophie*): « *Sein Rat ist wie die Versicherung jener guten Freunde, die den* Schafen *antrugen: wenn diese nur die Hunde abschaffen wollten, mit ihnen wie Brüder in beständigem Frieden zu leben. Wenn der Lehrling diesem Rate Gehör giebt, so ist er ein* Spielzeug *in der Hand des Meisters* ».

350 Maxime Lefebvre, *Le Jeu du Droit* 2018, *op.cit.*, p. 17.

L'expression *jeu à somme nulle* provient de la *Théorie des jeux* des mathématiciens et des économistes (cf. Ken Binmore, *Game Theory and Social Contract* : vol. 1 *'Playing fair'*, MIT Press 1994 ; vol. 2 *'Just playing'*, MIT Press 1998).

351 *Zum ewigen Frieden*, art. III (trad. Proust/Poirier, 2006, pp. 93-97 et trad. anonyme de 1796, Bréal 2002).

352 *Ditto.*

353 Edward D. Mansfield et Brian M. Pollins, *The Study of Interdependence and Conflict* (2001), *op.cit.*, p. 855.

354 'De l'effet physique de la philosophie', §1 A.2 *Verkündigung* 1796, *op.cit.* (GF 1303, Gallimard 2006, *op.cit.*, p. 137).

355 Immanuel Kant, *Was heisst: sich im Denken orientieren?* (1786) (GF 1303, Gallimard 2006, pp. 53-72).

356 Immanuel Kant, *Beantwortung der Frage: was ist Aufklärung?* (1784) (GF 1303, Gallimard 2006, pp. 43-51).

357 §1 *Verkündigung* 1796 (GF 1303, Gallimard 2006, *op.cit.*, pp. 135-136). Le *'libre-arbitre'* distingue l'homme de l'animal, qui est, quant à lui, soumis par la nature à son *instinct* et incapable de se *perfectionner* ; cf. Jean-Jacques Rousseau, *Inégalité* (1755), Première Partie (Flammarion 2008, *op.cit.*, pp. 78ss).

358 Maxime Lefebvre, *Le Jeu du Droit* 2018, *op.cit.*, pp. 173-177.

359 *Charte des Nations Unies*, Chapitre VI. Maxime Lefebvre, *Le Jeu du Droit* 2018, *op.cit.*, pp. 177-186.

360 Cf. les déclarations à la BBC du Secrétaire Général de l'ONU de cette époque, Kofi Annan (*BBC News* du 16 septembre 2004).

361 Cf. le site dédié sur *The Guardian* (www.theguardian.com/media /julian-assange).

362 Cf. *DW-Deutsche Welle* du 28 avril 2017 (*Can whistleblowers be recognized as refugees?*). *The Guardian* du 7 juin 2013 (*NSA Prism program taps in to user data of Apple, Google and others*) et son interview du 13 septembre 2019 (*www.theguardian.com/us-news/ng-interactive/2019/sep/13/edward-snowden-interview-whistleblowing-russia-ai-permanent-record*, consulté le 25 juillet 2020).

363 Homère, *Odyssée* XII (vv. 151-200).

364 *Ulysse*, qui symbolise les ruses de la raison, est *polúmetis* (c'est-à-dire : 'aux mille tours') : il fait boucher avec de la cire les oreilles de ses compagnons ; et se fait attacher au mât de son bateau -chez Jean-Pierre Vernant et Marcel Detienne, Ulysse est *le poulpe*, qui lutte contre *le renard* (cf. *Les Ruses de l'intelligence. La Mètis des Grecs*, Flammarion 1974, pp. 32-57).

Quant au *prince* (« *il principe* »), c'est le souverain-nomothète générique et pluriel de la féodalité médiévale (« *lo stato* »), pour qui Niccolò Machiavelli écrivit son traité éponyme de 1532.

365 Immanuel Kant, *Prolégomènes à toute Métaphysique future* (1783) (Vrin 1993, p. 22, trad. Guillermit).

366 Comparer avec la *musique* et la *danse* dans la morale nietzschéenne, p.ex. dans Friedrich Nietzsche, *Par-delà bien et mal*, §216 : « *Aujourd'hui la pose morale nous dégoûte. C'est là un progrès.* [...] *C'est la musique dans nos pensées, la danse dans notre conscience, qui refusent de se mettre à l'unisson de ces litanies puritaines, de ces prêches moralisants, de ce vertuisme* » (Gallimard 1971, *op.cit.*, p. 136, trad. Heim).

367 Chez Homère, *Ulysse* le prend juste après le piège des *Sirènes* (*Odyssée* XII). Chez Platon, Socrate le refuse (Platon, *Critias*).

368 Cf. les discours à la tribune de la 73e Session de l'Assemblée Générale des Nations Unies de septembre 2018 des Présidents américain (Donald Trump), français (Emmanuel Macron) et suisse (Alain Berset), du Premier Ministre anglais (Teresa May) et des Ministres des Affaires Etrangères russe (Sergey Lavrov) et chinois (Wang Yi).

369 Cf. F. Nietzsche, *Par-delà bien et mal*, §216, citation précitée.

370 Cf. France24 du 16 Juillet 2021 (In late surprise, Cannes screens powerful tribute to Hong Kong democracy protests): « *In a last-minute addition to its line-up, the Cannes Film Festival has given a world premiere to Kiwi Chow's "Revolution of Our Times", a defiant chronicle of Hong Kong's 2019 pro-democracy protests, taking a diplomatic gamble on a sensitive topic that could provoke China's ire* ».

371 Jean-Jacques Rousseau, *Du Contrat Social* (1762), Livre Premier, Chapitre 1 (Flammarion 2012, p. 42).

Made in United States
Orlando, FL
04 November 2026

90200390R00149